学ぶ人は、
変えて
ゆく人だ。

目の前にある問題はもちろん、

人生の問いや、

社会の課題を自ら見つけ、

挑み続けるために、人は学ぶ。

「学び」で、

少しずつ世界は変えてゆける。

いつでも、どこでも、誰でも、

学ぶことができる世の中へ。

旺文社

松本 聡

大学受験

ココが出る!! ☞

地理ノート

地理総合，地理探究

改訂版

旺文社

本書の特長と利用法

■日常学習から受験まで使える

　本書は，教科書の予習・復習などの日常学習から，共通テストまでを対象に，さまざまな角度から幅広く利用できるように構成された書き込み式の整理・演習ノートです。

　内容構成は，センター試験，共通テストを基礎資料とした出題単元別の全32テーマからなります。実際の共通テストに照応した図版を選定し，見やすい形にして可能な限り収録しています。

■「ココが出る!!」で具体的な傾向や勉強のポイントを提示した

　それぞれのテーマごとに学習のポイントを「ココが出る!!」として示しました。学習する上での具体的な傾向と対策になります。また，過去の共通テストにおいてとりわけ出題頻度の高い用語をピックアップしました。

■テーマごとに問題演習ができる

　それぞれのテーマには，適宜「実戦演習」がついています。近年の共通テストからテーマに即した良問を精選してあり，書き込み整理で覚えた知識を効率よく確認して，演習していくことができます。また，各問題には，解く際の助けとなるよう，青字でヒントを付しています。

■過去のセンター試験・共通テストを分析，レベルに応じた学習ができる

　本書は，受験地理の全範囲・レベルを網羅しているために，基本から応用レベルまで幅広い用語を収録しています。そこで本書では，学習の目安として，以下のように下線を付しました。

• 標準レベル…共通テストにおいて出題頻度が高い用語，必ずわかるようにしておきたい基礎的な用語で，赤色下線を付しています。

• 難関レベル…共通テストにおいて出題頻度は低いものの，ここまでは押さえてほしいと思われる用語です。黒色下線を付しています。

• 重要ポイント…共通テストの正誤判定などでポイントとなる部分には，青色波線を付しています。

著者紹介

松本聡（まつもと　さとる）
河合塾，河合塾マナビス講師。
大学（地理学専攻）卒業後，GIS（地理情報システム）関連企業に勤め，統計データの扱いなどを学ぶ。その後，教職に転じ高等学校で講師を務めながら，2002年より現職。
全地区配信の映像授業と，対面授業では中部地区の各校舎を中心に幅広い層の指導を担当。
また，「全統共通テスト模試」など多くの模試・教材の作成を担当し，「信頼できる仕事ぶりで，地理に対する思いも熱い」と他の講師からの人望も厚い。
ヨーロッパを中心にこれまで訪れた都市は20を超え，ほとんどの街にお気に入りの飲み屋がある。著書には『松本聡の地理教室』，『大学入学共通テスト 地理B 実戦対策問題集』，『一問一答　地理　ターゲット 2500 改訂版』（以上，旺文社），『地理用語完全解説 G』（共著，河合出版）などがある。

目次

第Ⅰ編 地図でとらえる現代世界
第1章 地球 ································· 006
第1節 地球と地球表面 ················· 006　　**1** 地球

第2章 地図と GIS ······················ 007
第1節 地図と地理情報システム ········· 007　　**1** 地図投影法　**2** 統計地図　**3** 地形図　**4** 新しい地図と
　　　　　　　　　　　　　　　　　　　　　地理情報（リモートセンシングと地理情報システム）

■実戦演習 ································· 016

第3章 現代世界の結びつき ············· 018
第1節 国家と国家群 ··················· 018　　**1** 国家　**2** 国家群
第2節 国際化の進む現代世界 ··········· 021　　**1** 交通　**2** 情報通信　**3** 余暇と観光・リゾート産業
　　　　　　　　　　　　　　　　　　　　　4 貿易　**5** 地域的貿易　**6** 日本の貿易　**7** 対外援助

■実戦演習 ································· 029

第Ⅱ編 自然環境
第1章 地形と防災 ····················· 031
第1節 大地形 ························· 031　　**1** 地形をつくる力と地形の規模　**2** プレートテクトニク
　　　　　　　　　　　　　　　　　　　　　ス　**3** 世界の大地形と資源
第2節 小地形 ························· 035　　**1** 平野の地形　**2** 河川や海洋の作用によって形成された
　　　　　　　　　　　　　　　　　　　　　平野　**3** 沈水海岸　**4** 沿岸流による地形　**5** サンゴ礁
　　　　　　　　　　　　　　　　　　　　　6 氷河地形　**7** 乾燥地形　**8** カルスト地形
第3節 小地形の地形図読図 ············· 041　　**1** 扇状地の読図と災害　**2** 氾濫原と三角州（デルタ）の
　　　　　　　　　　　　　　　　　　　　　読図と災害　**3** 台地　**4** 海岸平野と災害

■実戦演習 ································· 045

第2章 気候と防災 ····················· 048
第1節 気候要素と気候因子 ············· 048　　**1** 気候を特色づける気候要素と気候因子　**2** 地球規模で
　　　　　　　　　　　　　　　　　　　　　みた気温　**3** 世界各地で発達する風　**4** 地球規模でみた
　　　　　　　　　　　　　　　　　　　　　降水
第2節 ケッペンの気候区分と大陸西岸の降水の季節配分 ··· 053　　**1** ケッペンの気候区分　**2** 大陸西岸の降水の季節配分
第3節 植生・土壌と各気候区の特徴 ····· 057　　**1** 植生　**2** 土壌（成帯土壌と間帯土壌）　**3** 各気候区の特
　　　　　　　　　　　　　　　　　　　　　徴①（熱帯）　**4** 各気候区の特徴②（乾燥帯）　**5** 各気候
　　　　　　　　　　　　　　　　　　　　　区の特徴③（温帯）　**6** 各気候区の特徴④（亜寒帯（冷帯）
　　　　　　　　　　　　　　　　　　　　　と寒帯）
第4節 陸水と海洋 ····················· 064　　**1** 陸水　**2** 海洋
■実戦演習 ································· 066

第Ⅲ編 資源と産業
第1章 農林水産業と食料問題 ··········· 070
第1節 農業 ··························· 070　　**1** 農業の発達と成立条件　**2** 自給的農業　**3** 商業的農業
　　　　　　　　　　　　　　　　　　　　　4 企業的農業
第2節 農産物と農業統計 ··············· 079　　**1** 三大穀物　**2** その他の穀物・豆類・イモ類　**3** 嗜好作
　　　　　　　　　　　　　　　　　　　　　物と工芸作物　**4** 地中海性気候地域に適した作物　**5** 畜
　　　　　　　　　　　　　　　　　　　　　産
第3節 世界の食料問題 ················· 085　　**1** 食料供給　**2** 緑の革命

第4節 林業 ………………………………… 087　🔢森林資源　🔢木材生産

第5節 水産業 ……………………………… 089　🔢好漁場の条件　🔢世界の漁業と主な水産国と貿易
　　　　　　　　　　　　　　　　　　　　　🔢世界の主要漁場

■実戦演習 ………………………………… 091

第2章 エネルギー・鉱産資源と工業 ………… 093

第1節 エネルギー・鉱産資源 ……………… 093　🔢エネルギー　🔢一次エネルギー生産　🔢電力　🔢鉱産
　　　　　　　　　　　　　　　　　　　　　資源

■実戦演習 ………………………………… 100

第2節 工業 ………………………………… 101　🔢工業の発達と立地　🔢繊維工業　🔢金属工業　🔢機械
　　　　　　　　　　　　　　　　　　　　　工業　🔢その他の工業

■実戦演習 ………………………………… 106

第Ⅳ編 生活文化と多様性
第1章 生活と文化 ………………………… 108

第1節 環境問題 …………………………… 108　🔢地球環境問題と国際的な取り組み　🔢さまざまな環境
　　　　　　　　　　　　　　　　　　　　　問題　🔢環境保全

■実戦演習 ………………………………… 113

第2節 人口 ………………………………… 115　🔢人口と人口密度　🔢人口の推移　🔢人口転換と人口構
　　　　　　　　　　　　　　　　　　　　　成　🔢人口問題　🔢人口移動

■実戦演習 ………………………………… 122

第3節 村落・都市 ………………………… 124　🔢村落　🔢村落の形態　🔢日本の歴史的村落　🔢世界と
　　　　　　　　　　　　　　　　　　　　　日本の都市の発達　🔢都市の機能と都市圏　🔢都市の発
　　　　　　　　　　　　　　　　　　　　　展　🔢先進国の都市化と都市問題　🔢発展途上国の都市
　　　　　　　　　　　　　　　　　　　　　化と都市問題

■実戦演習 ………………………………… 133

第4節 民族問題 …………………………… 135　🔢民族と領土問題　🔢現代世界の地域区分

第Ⅴ編 世界地誌
第1章 アジア・アフリカ ………………… 141

第1節 東アジア …………………………… 141　🔢アジアの自然環境　🔢中国　🔢朝鮮半島　🔢モンゴル

第2節 東南アジア ………………………… 147　🔢東南アジア地誌　🔢東南アジアの国々

第3節 南アジア …………………………… 151　🔢南アジア地誌　🔢南アジアの国々

第4節 中央・西アジア，アフリカ ……… 154　🔢自然環境　🔢社会　🔢農業　🔢鉱産・エネルギー資源
　　　　　　　　　　　　　　　　　　　　　🔢中央・西アジアと北アフリカの国々　🔢中南アフリカ
　　　　　　　　　　　　　　　　　　　　　の国々

■実戦演習 ………………………………… 161

第2章 ヨーロッパ・ロシアとその周辺 …… 163

第1節 ヨーロッパ ………………………… 163　🔢自然環境　🔢社会　🔢EU　🔢農業　🔢鉱工業

第2節 ロシアとその周辺諸国 …………… 170　🔢自然環境　🔢社会　🔢農業　🔢鉱工業

■実戦演習 ………………………………… 176

第3章 南北アメリカ ……………………… 178

第1節 北アメリカ ………………………… 178　🔢自然環境　🔢アメリカ合衆国　🔢カナダ

■実戦演習 ………………………………… 187

第2節 **中南アメリカ** ……………………………… 188

1 中央アメリカ・カリブ海・南アメリカの自然環境
2 社会　3 農業と水産業　4 鉱産資源　5 中央アメリカ・カリブ海・南アメリカの国々

■実戦演習 ……………………………………………… 193

第4章 **オセアニア** …………………………………… 195
第1節 **オセアニア** …………………………………… 195

1 オーストラリア地誌　2 ニュージーランド地誌　3 太平洋の島々

■実戦演習 ……………………………………………… 199

第Ⅵ編 **現代世界の日本の国土像**
第1章 **日本** ……………………………………………… 201
第1節 **日本の自然環境や産業**

1 地形　2 気候　3 農業　4 林業　5 水産業　6 日本の工業　7 消費行動と消費関連産業　8 日本の都道府県別の人口（第二次世界大戦後）

■実戦演習 ……………………………………………… 214

〔編集協力〕株式会社 友人社　〔本文デザイン〕有限会社 トンブー・グラフィクス　〔本文図版〕幸和印刷株式会社
〔統計データ協力〕合同会社アカラ　〔校正〕稲葉友子，株式会社 東京出版サービスセンター

第1章 地球 第1節 地球と地球表面

1 地球

解答：別冊 p.2

❶ 地球は，やや扁平な回転楕円体であり，半径は約6,400 km，赤道・子午線全周は約 ①＿＿＿＿＿ km である。地軸は公転面の法線（公転面に対して垂直な線）に対して ②＿＿＿＿＿ 度傾いており，地球は太陽の周りを1年かけて公転し，地軸が傾いたまま公転しているため北半球と南半球で季節が逆になる。地球表面には，大陸と周辺の島々からなる陸地と，三大洋と地中海，縁海などの付属海からなる海洋がある。

地理A（12年）1
地理A（08年・追）2

❷ 地球の表面積は約5.1億km²であり，そのうち陸地は約3割を占める。陸地面積が最大となる陸半球の中心は，③＿＿＿＿＿ の西部の地点。この地点の ④＿＿＿＿＿（地球の中心をはさんだ正反対の地点）には ⑤＿＿＿＿＿＿＿＿ のアンティポディーズ諸島が位置し，水半球の中心となっている。なお，海洋面積は地球の表面積の約7割を占めるため，陸半球でも ⑥＿＿＿＿＿ の占める割合がやや大きい。

地理A（19年・追）1
地理A（09年）6
地理A（06年）3
地理（93年・追）7・8・9

❸ 陸地 陸地は，ユーラシア（アジア・ヨーロッパ），アフリカ，南アメリカ，北アメリカ，オーストラリア，南極の各大陸と，オーストラリア大陸よりも面積の小さいグリーンランド島などの島々にわけられる。陸地の最高地点は，中国とネパールの国境に位置するエヴェレスト（チョモランマ）山で，標高8,848 mに達する。

地理B（07年）19
地理B（11年）19

❹ 海洋 海洋は，太平洋，大西洋，インド洋の三大洋とヨーロッパの地中海などの付属海にわけられる。海底では，水深4,000～6,000 mの平坦な ⑦＿＿＿＿＿ が広い面積を占め，三大洋の中央部には海底の大山脈である ⑧＿＿＿＿＿ がみられる。大陸の沿岸部には水深200 mまでの浅い ⑨＿＿＿＿＿ や水深6,000 mを超える ⑩＿＿＿＿＿ がみられる。海洋の最深地点は，太平洋西部のマリアナ海溝に位置し，水深10,920 mに達する。

地理A（19年・追）2
地理B（12年）1
地理（93年・追）10・11・12

▼大陸別高度別面積割合

各大陸の高度別面積割合の単位は%。（理科年表により作成）

	アジア	ヨーロッパ	アフリカ	北アメリカ	南アメリカ	オーストラリア	南極	全大陸
200 m 未満	24.6%	52.7	9.7	29.9	38.2	39.3	6.4	25.3
200～500 m	20.2	21.2	38.9	30.7	29.8	41.6	2.8	26.8
500～1,000 m	25.9	15.2	28.2	12.0	19.2	16.9	5.0	19.4
1,000～2,000 m	18.0	5.0	19.5	16.6	5.6	2.2	22.0	15.2
2,000～3,000 m	5.2	2.0	2.7	9.1	2.2	0.0	37.6	7.5
3,000～4,000 m	2.0	0.0	1.0	1.7	2.8	0.0	26.2	3.9
4,000～5,000 m	4.1	0.0	0.0	0.0	2.2	0.0	0.0	1.5
5,000 m 以上	1.1	–	0.0	0.0	0.0	0.0	–	0.4
平均高度	960 m	340 m	750 m	720 m	590 m	340 m	2,200 m	875 m

地理A（12年・追）4
200 m 未満の割合が高いヨーロッパ，低いアフリカ
地理A（16年）2
アマゾン盆地など
ブラジル高原など
オーストラリア大陸には新期造山帯は存在しないが，環太平洋造山帯に属するニューギニア島には高度4,000 m以上の高山もみられる
大陸氷河（氷床）に覆われる南極大陸
アンデス山脈

チベット高原・ヒマラヤ山脈など高度の大きな地域の占める割合が高い

平均高度は同じだが200 m未満の割合が異なる

第**1**節 **地図と地理情報システム**

ココが出る!!

1. さまざまな統計地図
2. 地形図

地図は地図投影法を用いて地球の表面を平面に表したものである。各種の統計地図は，さまざまな分野で使用される。それぞれ特徴を覚えよう。地形図では，等高線や各種の地図記号を読み取れるようにしておこう。2006〜23年のセンター試験・共通テストでは，地図投影法は地理A第1問「地理の基礎的事項」で，統計地図はすべての分野で，地形図は「自然環境」，「都市・村落，人口，生活文化」，「地域調査」で出題されている。

1 地図投影法

解答：別冊 p. 2 ▶

❶ 投影面の形状 　球面である地球を，平面である地図上に描き出す方法を地図投影法という。投影する面によって円筒図法，円錐図法，平面図法に分類する。

地理(92年)[1]

❷ 正積図法 　①＿＿＿＿＿＿図法は，面積を正しく表現する図法である。分布図にはこの図法が用いられる。

地理A(20年・追)[5]
地理A(19年・追)[1]

②＿＿＿＿＿＿＿図法は，経線が中央経線を除いて正弦曲線（サインカーブ）であり，緯線は実際の長さに比例した等間隔の平行な直線で，高緯度地方の形の歪みが大きい。

③＿＿＿＿＿＿＿図法は，経線が中央経線を除いて楕円になっている。緯線は水平な平行直線だが高緯度ほど間隔がせまく，サンソン図法に比べて中・高緯度地方の形の歪みが小さい。

ホモロサイン（グード）図法は，④＿＿＿＿＿＿図法の低緯度側と，⑤＿＿＿＿＿＿＿図法の高緯度側を緯度40度44分で接合したもの。図の歪みを小さくするため，断裂部を海洋もしくは大陸のどちらかに設けてある。

地理A(18年・追)[4]
地理A(12年・追)[2]

❸ 正角図法 　正角図法は，地球上のせまい範囲の任意の角とそれに対応する地図上の角が等しいもの。ごくせまい範囲に限れば形も正しく表現できる図法である。

地理A(23年)[1]
地理A(17年)[2]
地理A(14年・追)[1]
地理A(13年)[1]
地理A(13年・追)[1]
地理A(11年・追)[1]
地理A(10年・追)[1・2]
地理A(07年)[1]
地理B(05年)[30]

⑥＿＿＿＿＿＿＿図法は，経緯線が直交しており，任意の2地点を結んだ直線は⑦＿＿＿＿＿航路を示す。そのため，大航海時代以降，⑧＿＿＿＿＿として利用されてきた。高緯度ほど距離と面積が拡大され，例えば赤道の長さの半分の緯度60度では距離は2倍，面積は4倍となり，極は描けない。

❹ その他の図法① 　特定の1地点もしくは2地点から任意の地点までの距離を正しく表現する図法がある。例えば，正距方位図法では，図の中心から任意の地点までの距離のみが正しく表現される。ただし，すべての地点間の距離を正しく表現できるのは地球儀だけ

地理A(18年)[26]
地理A(14年)[1]
地理A(13年)[1]
地理A(10年)[1・2]

である。

❺ 　その他の図法②　　特定の 1 地点もしくは 2 地点から任意の地点へ向かう方位が正しく

表現される図法がある。

　　⑨　　　　　　　　図法は，図の中心と任意の地点を結ぶ直線が⑩　　　　　　航路（2 地

点間の最短コース）を示し，その地点までの距離・方位が正しい。世

界地図を描くと真円となり，外周円は中心の対蹠点（地球の中心をは

さんだ正反対の地点）で，中心からの距離は 2 万 km である。

　　⑪　　　　　　　のシンボルマーク（右図）は，北極点を中心として南

緯 60 度まで描いた地図に，オリーブの枝をあしらったものである。

地理A（23 年・追）
　1
地理A（16 年）1
地理B（06 年・追）
　1・2
地理B（99 年）31
地理B（04 年）2

▼国連のシンボルマーク

── 面積の正しい図法 ──

▼サンソン図法

▼モルワイデ図法

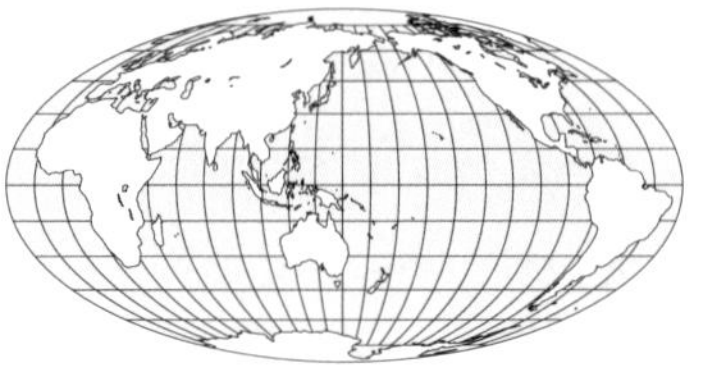

▼ホモロサイン(グード)図法

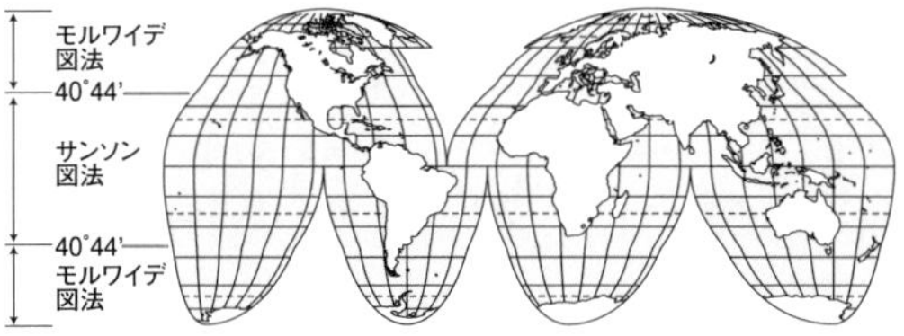

モルワイデ
図法
40°44′
サンソン
図法
40°44′
モルワイデ
図法

── 角の正しい図法 ──

▼メルカトル図法

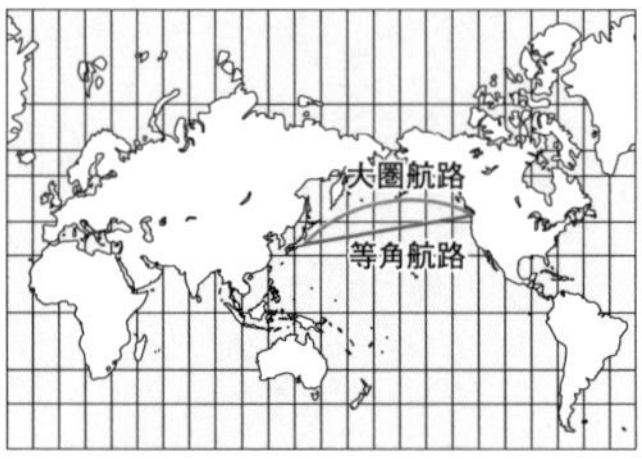

大圏航路
等角航路

その他の図法

▼正距方位図法
（東京が中心）

北
西
大圏航路
東
南アメリカ大陸
南

❻ 　地図投影法の歴史

▼関連年表

地理B（05 年）29
地理A（17 年）1
地理B（99 年）
　29・30

紀元前　3 世紀	エラトステネスが地球の大きさを測定。
紀元　　2 世紀	プトレマイオスが地球を平面上に表す方法として地図投影法を発明。
	※中世には，ギリシア・ローマの知識がイスラーム世界で発展した。一方，ヨーロッパの 　キリスト教世界では，TO マップとよばれる，古代バビロニアの地図に似たものに退化。
1492 年	マルティン・ベハイムが直径 50 cm の地球儀を作成。
1569 年	メルカトルがメルカトル図法による世界地図を刊行。
1821 年	伊能忠敬が中心となって作成した「大日本沿海輿地全図」が完成。

2 統計地図

❶ ドットマップ 数量の分布を点で表現する。

地理B（16年）35
地理B（10年・追）
　8
地理B（08年）32

▼ユーラシア大陸東部の豚の分布

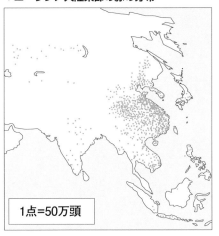

1点=50万頭

▼ユーラシア大陸東部の牛の分布

1点=20万頭

(“Goode's World Atlas” により作成)

❷ 等値線図 等湿線，等降水量線，等高線など，同じ値の地点を結んで線で示す。連続的に変化する量の分布を表す。

地理A（22年）2
地理A（16年・追）
　7
地理B（12年・追）
　19
地理B（06年）25

▼北アメリカ大陸の月平均気温（7月）

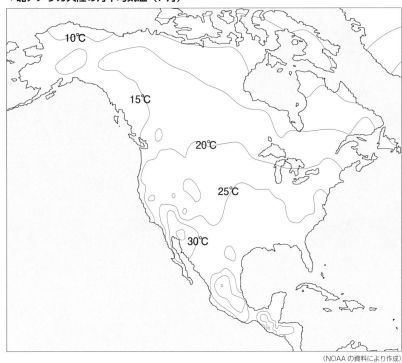

10℃
15℃
20℃
25℃
30℃

(NOAAの資料により作成)

❸ 階級区分図 相対的な統計値を階級に区分して分布を表す。

地理B（12年）25
地理A（12年）7
地理B（08年）32

▼人口（1995年）

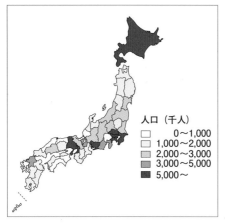

人口（千人）
- □ 0～1,000
- □ 1,000～2,000
- 2,000～3,000
- 3,000～5,000
- ■ 5,000～

▼人口増加率（1990～95年）

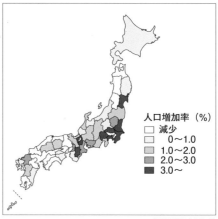

人口増加率（%）
- □ 減少
- □ 0～1.0
- 1.0～2.0
- 2.0～3.0
- ■ 3.0～

（国勢調査により作成）

　人口など統計単位地域の範囲を広げれば値が大きくなる性質をもつ指標の場合，都道府県のように面積差の大きな領域を単位として階級区分図で表すと，実際の分布とは異なる印象を与える。したがって，左の「人口」の図は表現方法としては不適切であり，右の「人口増加率」のような相対的な統計値を扱うことが多い。ただし，区分された面の中に同じ密度で分布している前提で描かれていることに注意すべきである。

❹ 図形表現図 統計値を円や球，正方形，棒などで表す。

地理B（14年）23
地理B（13年）
9・11
地理B（05年）33

▼1877年の綿花生産額

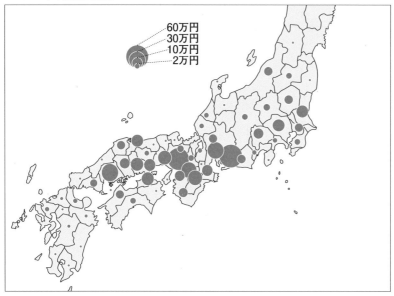

60万円
30万円
10万円
2万円

（Baker ほか編，Period and Place による。一部改変）

❺ 流線図 移動の方向を線で，量をその幅で表す。

▼小麦の貿易

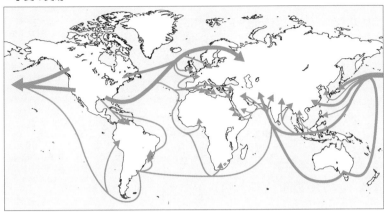

線の太さは貿易量のおよその大きさを示す。
貿易量は1990～1992年の平均。
矢印の経路は実際の輸送路ではない。
("Goode's World Atlas" により作成)

❻ メッシュマップ 地表面に方眼線をかけ，各方眼（メッシュ）の区域ごとの土地の情報を表示した地図。

地理B(23年・追)
[18]
地理A(22年) [3]
地理B(20年) [18]
地理B(19年・追)
[16]

▼縦横約1kmの単位面積からなる人口分布

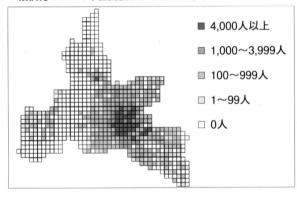

■ 4,000人以上

■ 1,000～3,999人

■ 100～999人

□ 1～99人

□ 0人

人口約30万人のある都市における人口分布。
統計年次は1995年。
（国勢調査により作成）

❼ カルトグラム 統計値を効果的に示すため，地図を変形して表す。

地理A(99年)
[33]・[34]

▼1997年の国民総生産

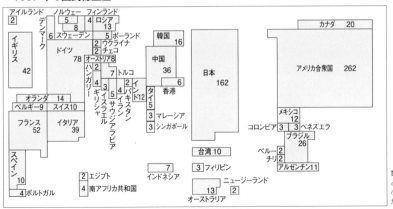

数値は世界全体を1,000とした
ときの各国・地域の割合。
小数第1位を四捨五入し，値
が2以上となる国・地域を表記。

（「世界国勢図会」により作成）

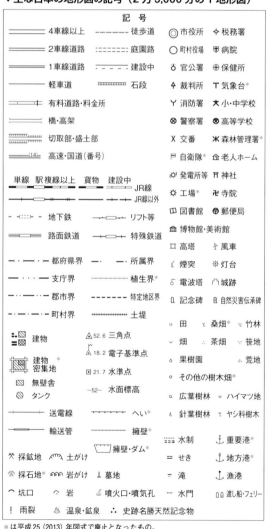

3 地形図

地形図は，等高線で地形（土地の起伏）や高さを描き，建物や道路，植生や土地利用など，その土地の景観を記号として盛り込んだ⑫＿＿＿＿＿＿図である。これに対し，土地利用図，海図，地質図や各種統計地図は，使用目的に応じて特定の主題を表現した地図であり，主題図とよばれる。

地形図には，国土交通省⑬＿＿＿＿＿＿＿＿が発行する空中写真測量などにより作成されてきた⑭＿＿＿＿＿＿の２万5,000分の１地形図と，実測図をもとに作成される⑮＿＿＿＿＿＿の５万分の１地形図がある。また，都市部では１万分の１地形図も作成されている。

地理A（22年）1
地理A（21年・第2日程）1
地理B（14年）33
地理B（13年）32
地理B（12年）31・33
地理（12年）5
地理B（11年）30・31
地理B（10年）10・11
地理B（09年）11
地理B（08年）34
地理B（07年）32・33
地理B（06年）7・8
地理B（05年）31

▼**主な日本の地形図の記号（２万5,000分の１地形図）**

記　　号		
══ 4車線以上	------ 徒歩道	◎ 市役所　◇ 税務署
═ 2車線道路	⋯⋯ 庭園路	○ 町村役場　⊞ 病院
─ 1車線道路	--- 建設中	ð 官公署　⊕ 保健所
─ 軽車道	▥▥ 石段	ᕕ 裁判所　⊤ 気象台*
─┬─ 有料道路・料金所		Y 消防署　★ 小・中学校
═╪═ 橋・高架		⊗ 警察署　◉ 高等学校
▥▥▥ 切取部・盛土部		X 交番　◍ 森林管理署*
─⑭─ 高速・国道（番号）		⊞ 自衛隊　⛩ 神社
単線　駅複線以上　貨物　建設中		⚇ 発電所等　卍 寺院
──┼── JR線		☼ 工場*　✡ 寺院
── JR線以外		⊡ 図書館　⊕ 郵便局
- ⟨⟩ - 地下鉄　─━─ リフト等		🏛 博物館・美術館
▭▭ 路面鉄道　─▭─ 特殊鉄道		⊡ 高塔　φ 風車
─・─ 都府県界　─ ─ 所属界		⌇ 煙突　☼ 灯台
── 支庁界　⋯⋯ 植生界*		⊕ 電波塔　⌂ 城跡
─・・─ 郡市界　----- 特定地区界		⌂ 記念碑　⊡ 自然災害伝承碑
─・─・─ 町村界　╫╫╫╫ 土堤		‖ 田　ɣ 桑畑　ɥ 竹林
▣▩ 建物	△52.6 三角点	∨ 畑　∴ 茶畑　ɥ 笹地
▨ 建物密集地	△18.2 電子基準点*	ᵒ 果樹園　ılı 荒地
▨ 無壁舎	⊡21.7 水準点	ᵒ その他の樹木畑*
◎ タンク	-52- 水面標高	˚ 広葉樹林　˄ ハイマツ地
─── 送電線　─── へい*		˄ 針葉樹林　ᴛ ヤシ科樹林
─── 輸送管　─── 擁壁*		▥▥ 水制　⚓ 重要港
	▭ 擁壁・ダム*	══ せき　⚓ 地方港
⚒ 採鉱地　⌒ 土がけ		≈ 滝　⚓ 漁港
⚒ 採石地*　⌒ 岩がけ　⊥ 墓地		∺ 水門　◖◗ 渡し船・フェリー
⌒ 坑口　◌ 岩　⚐ 噴火口・噴気孔　─ 水門		
! 雨裂　♨ 温泉・鉱泉　∴ 史跡名勝天然記念物		

（小）（大）
建物　中高層建物（大）　建物の密集地　中高層建築街　温室・畜舎・タンク等
立体交差　墓地　道路の分離帯等　樹木に囲まれた居住地　空地等

湿地　砂れき地　干がた　堤防　岩　隠顕岩　護岸　フェリー　防波堤

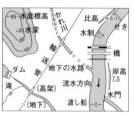

-65- 水面標高　かれ川　比高 +8.0　-23 水深　水制　せき　送水　橋　地下の水路　岸高 7.5　ダム　滝（高架）　流水方向　水門（地下）　渡し船 -0-

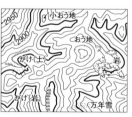

2950　小おう地　おう地　がけ（土）　岩　がけ（岩）　万年雪

＊は平成25（2013）年図式で廃止となったもの。

❶ 　等高線　等高線は，等しい高さの地点を結んだ線である。海抜高度は⑯＿＿＿＿＿＿＿

の平均海面を基準（海抜０ｍ）としている。等高線の閉曲線（閉じた曲線）は，内側が周

囲より⑰＿＿＿＿＿い。岩（　　　　）や土の崖（　　　　）のように等高線で表現できないとこ

ろは地図記号で描かれるが，設問文などでは等高線間隔が特にせまい場合も「崖」と表現

されるから注意しよう。

地理A（22年）②

　　等高線には，主曲線と計曲線があり，このうち，⑱＿＿＿＿＿＿＿＿は細い実線で，２万

5,000分の１地形図では⑲＿＿＿＿＿ｍ，５万分の１地形図では⑳＿＿＿＿＿ｍ間隔で表示

される。つまり，90ｍや10ｍの主曲線があれば２万5,000分の１地形図である。

　　破線で示される補助曲線は，傾斜が緩やかで，主曲線だけでは起伏を表現しきれない場

合に引かれる。閉曲線とはならないことがある。

▼等高線のルールと実際の距離

	計曲線	主曲線	1次補助曲線 − −	2次補助曲線 ----	実際の1km（実際の1km²）
2万5,000分の1	50mごと	10mごと	5mごとまたは2.5m		4cm（16cm²）
5万分の1	100mごと	20mごと	10mごと	5mごとまたは2.5m	2cm（4cm²）

※補助曲線は，場合によって用いる。2.5mの補助曲線には，必ず数字を入れる。

❷ 　等高線〈尾根と谷〉　尾根は，両側に比べて標高が㉑＿＿＿＿＿く分水界となるところ。

等高線は高度の㉒＿＿＿＿＿い方へ張り出して示される。

　　一方，谷は，両側に比べ標高が㉓＿＿＿＿＿い地点を連ねたものであり，水の通り道とな

る。等高線は高度の低い方から高い方へ食い込んで示される。

地理A（23年・追）③
地理A（16年）⑧
地理A（14年）⑦
地理A（12年）⑥

▼山の模式図

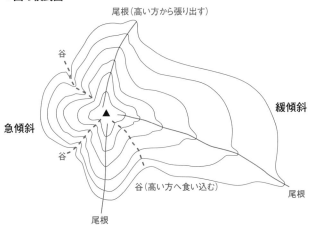

尾根（高い方から張り出す）

谷

緩傾斜

急傾斜

谷

谷（高い方へ食い込む）

尾根

尾根

集水域は，ある地点に流下してくる水のもたらされる範囲。ある河川の河口の集水域が流域である。例えば下の図中で，Yの地点の集水域に含まれない地点をa～dのうちから選ぶ場合は，それぞれの地点から水がYへ流れ込むかどうかをチェックすればよい。

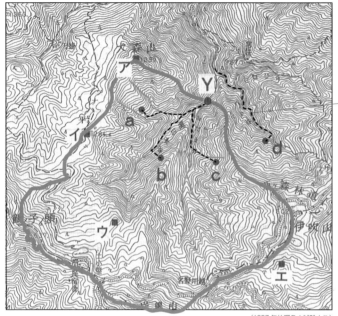

	Yの集水域
	主な谷
	a～d地点からの水の流れ

水はdからYに到達することができない

（1997年地理B本試験より）

❸ 面積 実際の距離に直してから計算する。

（例）5万分の1地形図で，図上縦4cm，横4cmの正方形の畑の実際の面積をkm²で求める場合は，図上4cmの実際の距離は2kmなので，2〔km〕×2〔km〕＝4km²が求める面積となる。また，ha（ヘクタール）の場合は，100m×100m＝1haだから，（2km＝）2,000m÷100m＝20となり，20〔100m〕×20〔100m〕＝400haとなる。

❹ 勾配 勾配を求める場合は，2地点間の標高差／2地点間の水平距離で求めるが，分数のまま答えてよい。

地理A（13年）5

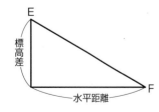

$$勾配＝\frac{2地点間の標高差}{2地点間の水平距離}$$

（例）2地点間の水平距離200mで，

標高差が10mの場合，勾配は

$\frac{1}{20}$ または5%である。

❹ 新しい地図と地理情報（リモートセンシングと地理情報システム）

❶ 新しい地図

㉔＿＿＿＿＿＿＿＿＿＿＿＿＿（遠隔探査）とは，対象に触れずに遠隔から調査する技術全般をさし，土地利用・環境破壊・気象・海洋などの情報を得ることができる。

リモートセンシングなどで収集したデータをコンピュータにより処理し，地図上に表現するなどの処理体系を，㉕＿＿＿＿＿＿＿＿＿＿＿（GIS：Geographic Information System）とよぶ。気象予報図や水害・地震・火山災害などの自然災害に備える㉖＿＿＿＿＿＿＿＿＿＿＿（災害予測図）の作成のほか，カーナビゲーションシステムにも利用されている。

人工衛星からの電波を受信して，地球上の位置を正確に把握するしくみを㉗＿＿＿＿＿＿＿＿＿＿＿＿＿＿＿＿＿（Global Navigation Satellite System）とよび，アメリカ合衆国では GPS，日本ではみちびき，EU ではガリレオが運用されている。

地理A(23年・追) 5
地理A(22年) 3
地理A(22年) 4
地理A(21年・第2日程) 6
地理A(16年・追) 6

❷ 地理情報システム（GIS：Geographic Information System）

コンピュータ上で人口や土地利用などの複数の地理データを重ね合わせて地図上に表す技術で，カーナビゲーションシステムやスマートフォンなどの携帯端末など，幅広く活用されている。

・地理空間情報…地物の位置情報（緯度・経度や住所等を点や線，面などのベクター型のデータか，セルとよばれるマス目が格子状に並んだラスター型のデータで記録）と，属性情報（名称や地名，説明，統計数値など）から構成される。たとえば，あるカフェの地理空間情報は，カフェの経度，緯度などの位置情報と，カフェの名前やメニューなどの属性情報などから構成されるものである。

・GISのしくみ…GISは，地理空間情報を記録，表示，分析，管理するために使われるシステムで，レイヤー（階層）とよばれる種類ごとの記録を用いて，目的に応じて，分布（点データ）だけを表示したり，道路や鉄道など（線データ）と建物など（面データ）を重ね合わせて表示することにより，有効な分析が可能である。

実戦演習

解答：別冊 p. 14

❶　世界中で都市への人口集中が進む中で，海岸沿いの低地に位置する都市では地球温暖化による海面上昇が大きな脅威となっている。次の表は，アジア，アフリカ，北アメリカ，ヨーロッパについて，標高 10 m 以下の臨海地域における人口と，それに占める都市人口の割合を示したものである。アジアに該当するものを，表中の①〜④のうちから一つ選べ。

地理A（17 年）4

	標高 10 m 以下の臨海地域における人口（百万人）	標高 10 m 以下の臨海地域における都市人口の割合（％）
①	450 ← 人口が多い	16.4
②	56	11.5
③	50	7.9
④	24	8.4

高度別面積割合で 200 m 未満の割合が高いヨーロッパと低いアフリカ

統計年次は 2000 年。
UN HABITAT の資料により作成。

❶ 解答欄 ① ② ③ ④

❷　次の地図の図法の特徴について述べた下の文章中の下線部①〜④のうちから，**誤っているもの**を一つ選べ。

地理A（13 年・追）1

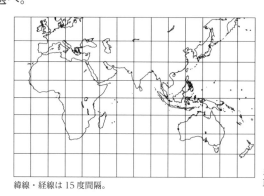

緯線・経線は 15 度間隔。

ミラー図法は，正角図法でも，正積図法でもない

　この地図に用いられているミラー図法の特徴は，メルカトル図法の欠点を補っていることである。メルカトル図法に比べて，①高緯度地方の緯線の間隔が短くなるように調節されているため，極地方のゆがみが小さく，②世界全図など広域を示す地図により適している。また，③面積は正しく表現されず，④図中の任意の 2 点を結ぶ直線は，大圏航路を示す。

大圏航路（大圏コース）は，任意の 2 地点間の最短航路

❷ 解答欄 ① ② ③ ④

❸ 統計地図は，地域についてのいろいろな統計データを視覚的に表現する。その中で階級区分図は，単位となる領域の面積に大小の差がある場合，面積が増加するとそれにつれて増加する性質のある指標に用いるのは不適当とされている。都道府県別階級区分図に用いる指標として**適当でないもの**を，下の①～④のうちから一つ選べ。

地理B（01年・追） 34

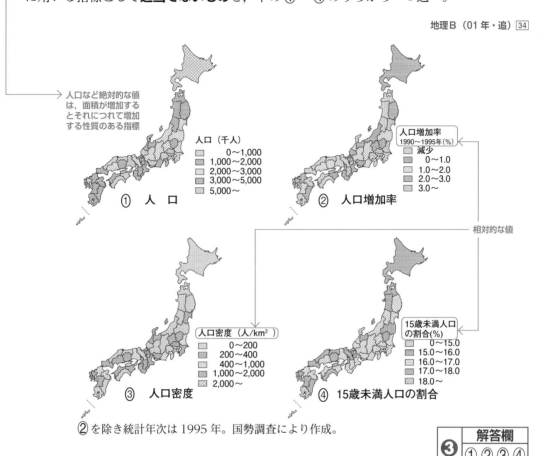

人口など絶対的な値は，面積が増加するとそれにつれて増加する性質のある指標

人口（千人）
0～1,000
1,000～2,000
2,000～3,000
3,000～5,000
5,000～
① 人　口

人口増加率
1990～1995年(%)
減少
0～1.0
1.0～2.0
2.0～3.0
3.0～
② 人口増加率

相対的な値

人口密度（人/km²）
0～200
200～400
400～1,000
1,000～2,000
2,000～
③ 人口密度

15歳未満人口の割合(%)
0～15.0
15.0～16.0
16.0～17.0
17.0～18.0
18.0～
④ 15歳未満人口の割合

②を除き統計年次は1995年。国勢調査により作成。

解答欄
❸ ① ② ③ ④

❹ 現在，科学技術の進歩にともない人工衛星は人間生活と密接にかかわるようになってきている。人工衛星の活用について述べた文として**適当でないもの**を，次の①～④のうちから一つ選べ。

地理A（14年・追） 8

① カーナビゲーションは，主に人工衛星を活用して位置を特定する。

② 人工衛星により得られる情報は，台風の進路予想に活用されている。

③ 人工衛星は，森林破壊などの地球環境問題の把握に有効である。

リモートセンシング（遠隔探査）技術の活用

④ 光ケーブルの通信は，現在は人工衛星による通信にほぼ移行した。

国際通信のほとんどは，海底ケーブルを使用する

解答欄
❹ ① ② ③ ④

第3章
現代世界の結びつき **第1節 国家と国家群**

ココが出る!!

1. EU や ASEAN などの国家群

この単元は，EU（ヨーロッパ連合），ASEAN（東南アジア諸国連合），MERCOSUR（南米南部共同市場）などの出題が多く，加盟国や人口規模，経済規模などの数値の暗記が大切である。民族問題としてクルド人問題や，領有権問題として南沙群島を巡る問題などが扱われている。2006～23年のセンター試験・共通テストでは，主に第3問などで出題されている。

1 国家

解答：別冊 p.2

❶ 国家の3要素 国家の3要素は，① _____ ・国民・主権で，領域は，領土・領海・領空からなる。主権とは，国家が他国からの干渉を受けずに独自の意思決定を行う権利である。主権のない植民地には，フランス領ニューカレドニアなどの海外領土や，デンマーク領グリーンランド，アメリカ合衆国領グアムやプエルトリコなどの自治領がある。

❷ 領域 領土・領海・領空にわけられる。② _____ は，干潮時の海岸線から12海里（約22 km）が一般的。海洋資源に対する主権が沿岸国におよぶ③ _____ （Exclusive Economic Zone）は，200 海里（約370 km）まで認められ，船舶の航行や上空の航空機の航行，海底ケーブルの敷設などは，④ _____ と同様に自由に行える。なお，接続水域では，沿岸国が密輸や密入国などの取り締まりにあたっている。

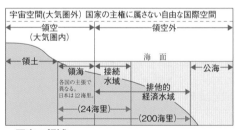

▲国家の領域

❸ 国家の形態と政体 国家の形態には，フランスや日本のように中央政府に権限が集中する⑤ _____ 国家と，アメリカ合衆国やドイツ，スイスなどのように複数の州などが立法・司法・教育などの権限をもち，地方分権が進んでいる⑥ _____ 国家がある。

　一方，政体には，国家の統治形態において，国王などの君主が存在しないアメリカ合衆国・フランス・ロシア・ブラジルなどの⑦ _____ と，世襲的な君主が統治するサウジアラビア・アラブ首長国連邦などの⑧ _____ がある。ただし，日本やイギリスなどのように，君主は象徴的であることが多い。

❹ 国境 自然的国境は，海洋や山脈，河川，湖沼などの自然物を利用した国境である。人為的国境には，経緯線（数理的国境）や人工的な障壁を利用した国境がある。そのうち数理的国境は，ヨーロッパの植民地支配を受けた，人口希薄な北アフリカや西アジアの砂漠が広がる地域，北アメリカなどにみられる。

▼さまざまな国境の例

自然的国境	海洋	マラッカ海峡（マレーシア・インドネシア）
	山脈	ピレネー山脈（スペイン・フランス），アンデス山脈（チリ・アルゼンチン）
	河川	セントローレンス川（カナダ・アメリカ合衆国），リオグランデ川（アメリカ合衆国・メキシコ），ライン川（フランス・ドイツ），オーデル川とナイセ川（ドイツ・ポーランド）
	湖沼	チチカカ湖（ペルー・ボリビア），スペリオル湖（カナダ・アメリカ合衆国）
人為的国境	経緯線	49°Nと141°W（カナダ・アメリカ合衆国），22°N（エジプト・スーダン），25°E（エジプト・リビア）
	人工的建造物	かつての万里の長城やベルリンの壁

2 国家群

❶ │国際連合とその専門機関│　国連（UN）は，世界平和を維持するために国際的な諸問題に協力してのぞむ国際組織。2011年にスーダンから分離した南スーダンが加盟して，193か国（2023年）となっている。地域別には，⑨＿＿＿＿＿＿＿＿とアジアやヨーロッパの加盟国が多く，次いで中南アメリカが多い。加盟国が増加した年代は，独立が相次いだ「アフリカの年」（1960年）を含む1960年代，旧ソ連の崩壊によってヨーロッパの加盟国が増加した1990年代である。

安全保障理事会の常任理事国であるアメリカ合衆国・イギリス・フランス・ロシア・中国は拒否権をもつ。専門機関には，紛争や貧困，食料問題，環境問題，人権問題などの課題に取り組むためのさまざまな機関がみられる。

▼国連の主な専門機関や関連機関

略称	名称	特徴
UNESCO（ユネスコ）	国連教育科学文化機関	国際交流を通じて，教育・科学・文化の面で世界の平和と安全に貢献する。世界遺産の登録により，未来に残すべき自然や文化の保護を進める。
FAO	国連食糧農業機関	栄養状態の改善，食料の増産や分配の改善などを目的とする。
IMF	国際通貨基金	為替相場の安定と世界貿易の促進をはかる。
WTO	世界貿易機関	貿易障壁を撤廃し，世界貿易の活発化をはかる。GATT（ガット：関税と貿易に関する一般協定）が発展的に解消され設立された。GATTでは扱わなかったサービス貿易や知的財産権（特許や著作権など）についても話しあう。
UNCTAD（アンクタッド）	国連貿易開発会議	発展途上国の貿易を促し，経済発展をはかる。「援助よりも貿易を」から「援助も貿易も」がスローガンとなる。
UNICEF（ユニセフ）	国連児童基金	発展途上国の児童援助のために，薬品やミルクなどを提供。
UNEP（ユネップ）	国連環境計画	環境保護のための啓発，活動を国際的に行う。

❷ │国家間の結合と連携〈東西冷戦と国家群〉│　アメリカ合衆国中心の西側諸国と，旧ソ連中心の東側諸国が，戦火を交えずに激しく対立した冷戦は，1991年のソ連解体により終結した。冷戦下に東西陣営で結成された組織のうち現在残っているのは，西側諸国によって結成された⑩＿＿＿＿＿＿＿（経済協力開発機構）と⑪＿＿＿＿＿＿＿（北大西洋条約機構）で，現在は旧東側諸国であった東ヨーロッパ諸国や旧ソ連構成国も加盟している。

▼東西冷戦時の国家群

<table>
<tr><td rowspan="3">東側</td><td>COMECON
（コメコン）</td><td>経済相互援助会議</td><td>旧ソ連を中心とした経済的な結び付き。旧ソ連を中心として，国際分業を進める。東ヨーロッパ諸国，モンゴル，ベトナム，キューバが参加。</td></tr>
<tr><td>WTO</td><td>ワルシャワ条約機構</td><td>旧ソ連を中心とした軍事的な結び付き。東ヨーロッパでも旧ユーゴスラビアなどは不参加。</td></tr>
<tr><td colspan="3">東西冷戦の終結後，旧ソ連の崩壊（1991年12月）とともに2組織は解体。</td></tr>
<tr><td rowspan="3">西側</td><td>OECD</td><td>経済協力開発機構</td><td>西ヨーロッパ復興のためのOEEC（ヨーロッパ経済協力機構）から発展。自由貿易の拡大と発展途上国への支援を目的とする。現在では，社会主義国だった東ヨーロッパ諸国なども加盟。</td></tr>
<tr><td>NATO</td><td>北大西洋条約機構</td><td>アメリカ合衆国と西ヨーロッパ諸国の軍事的な結び付き。ただし，永世中立のスイス，オーストリアは不参加。現在では東ヨーロッパ諸国も加盟。ロシアによるウクライナ侵攻（2022年2月）によりスウェーデン，フィンランドが加盟申請（フィンランドは2023年4月正式加盟）。</td></tr>
<tr><td colspan="3">双方とも，アジアのトルコが加盟している。</td></tr>
</table>

❸ 国家間の結合と連携 （加盟国・地域は2023年現在）

<table>
<tr><td>EU
（ヨーロッパ連合）</td><td>1967年に⑫ _____（ECSC），ヨーロッパ経済共同体（EEC），⑬ _____（EURATOM）を結合して結成された⑭ _____（EC）を基礎として，1993年に共通外交・安全保障政策や司法・内政分野における協力も柱とするEUとして発足した。加盟国は27か国となっている。※2020年1月にイギリスはEU離脱。</td></tr>
<tr><td>ASEAN
（東南アジア諸国連合）</td><td>東西冷戦を背景として，1967年に当時の資本主義5か国によって結成された。現在は⑮ _____を除く東南アジアの10か国が加盟している。
近年は⑯ _____（AFTA）も結成され，加盟国の工業化とともに域内貿易も盛んになっている。※2023年から東ティモールがオブザーバー参加。</td></tr>
<tr><td>NAFTA（北米自由貿易協定）→ USMCA（アメリカ合衆国・メキシコ・カナダ協定）</td><td>アメリカ合衆国とカナダの自由貿易協定にメキシコを加え，1994年に発効した。2020年7月，USMCAに移行。</td></tr>
<tr><td>APEC（アジア太平洋経済協力）</td><td>1989年，オーストラリアの首相によって提唱された。環太平洋地域の19か国と2つの地域によって構成されている。</td></tr>
<tr><td>AU
（アフリカ連合）</td><td>アフリカ諸国の統一と連帯を促し，生活向上のための相互協力などをめざす⑰ _____（OAU）が，2002年に改組して発足。現在アフリカのすべての国・地域が加盟。</td></tr>
<tr><td>MERCOSUR
（南米南部共同市場）</td><td>⑱ _____・アルゼンチン・パラグアイ・ウルグアイ・ベネズエラ・ボリビアからなる。域内の関税撤廃と域外共通関税の実施などが目的。</td></tr>
</table>

地理A（18年・追）
22

地理A（13年・追）
15

※AU，MERCOSURには資格停止中の国もある。

第2節 国際化の進む現代世界

1 交通

解答：別冊 p.2

▼交通機関の特徴

地理A（23年）
9 ・ 10

	航空機	自動車	鉄道	船舶
輸送費	高い ←――――――――――――――――――――→ 安い			
普及時期	20世紀以降（内燃機関による）		産業革命期（蒸気機関による）	
環境への負荷	大きい		小さい	
利点	迅速性◎ 地形の制約を受けない	利便性◎ 戸口輸送が可能	定時性◎ 発着時刻が安定	大量性◎ 低コストで大量輸送
欠点	空港周辺の騒音など 気象の影響を受ける	渋滞や事故の多発など 排ガスによる大気汚染	建設に大資本が必要 地形の制約を受ける	輸送に時間がかかる

❶ 鉄道交通　産業革命後，陸上交通の中心となったが，先進国ではモータリゼーション（車社会化）の進展とともに低迷している。自動車の普及が遅れている中国やインドなど発展途上国では，旅客・貨物輸送ともに重要な役割を担っている。

地理A（23年・追）
23
地理B（16年・追）
9

新大陸の先進国	アメリカ合衆国・カナダ・オーストラリアでは，大陸横断鉄道がみられるが，① ＿＿＿＿＿＿輸送中心であり，② ＿＿＿＿＿＿輸送は極めて利用が少ない。
ヨーロッパ	旅客・貨物輸送ともに自動車の利用が多いが，フランス・ドイツ・スペインなど各地で③ ＿＿＿＿＿＿鉄道が建設されている。イギリスとフランス間では，ドーバー海峡に鉄道専用の海底トンネルが建設され，ロンドン・パリ間が結ばれるなど，複数の国にまたがる国際列車も多い。一方，都市内部の旧市街地を中心に，④ ＿＿＿＿＿＿＿＿（トラム）が積極的に活用されている。
日本	大都市圏内の通勤・通学輸送や，新幹線による大都市間中距離輸送で多く利用されており，アメリカ合衆国とは異なるが西ヨーロッパ諸国と同様に⑤ ＿＿＿＿＿輸送が多く，⑥ ＿＿＿＿＿輸送は利用が少ない。

❷ 自動車交通　20世紀の後半に先進国ではモータリゼーションが進み，高速道路の整備や自動車の高性能化などにより陸上交通の中心を担うようになった。

地理A（23年）24
地理A（23年・追）
22

　しかし，先進国において大気汚染を助長させたことをふまえ，排出ガスの環境への低負荷化に関する研究開発が進んできた。加えて，地球温暖化対策のため，電気自動車やハイブリッドカーなどの環境対応車の普及が進められている。また，郊外の駐車場から鉄道に乗り換えて都心に向かう⑦ ＿＿＿＿＿＿＿＿＿＿方式の導入や，特定区域への進入や特

定の道路の通行などに対して課金を行う⑧

_____ 制度の導入により，交通量の

抑制を行っている都市もある。

▶各国の1人当たりGNIと自動車保有率（2019年）

(日本国勢図会 2022/23)

❸ 水上交通〈海上交通〉　大量の貨物を安価に運べるため，交易の中心的な役割を担う。

地理B（23年）12

地理A（14年）11

地理A（13年・追）14

地理A（09年）20

19世紀の⑨_____ 運河，20世紀初頭の⑩_____ 運河の開通により，経路距

離の短縮が進んだ。東南アジアのマラッカ海峡，地中海と大西洋間の⑪_____

海峡，地中海と黒海間の⑫_____ 海峡など，国際海峡は交通の要衝となっている。

　商船保有量（船籍ベース）世界1位は⑬_____ で，リベリア・マーシャル諸島・

ホンコン・シンガポール・マルタ・中国・バハマなどが続く（2022年）。上位には船籍

への税金を安く設定している便宜置籍船国（地域）が並ぶ。

　⑭_____ （油送船），コンテナ船，鉱石や穀物を輸送するばら積み船，液化天

然ガス（LNG）船などの専用化が進んでいる。

❹ 水上交通〈内陸水路交通〉　産業革命後，ヨーロッパや北アメリカでは，運河が建設さ

れ，⑮_____ 指向型の工業地域の発展に寄与した。

　ヨーロッパでは，河川勾配が緩やかで，流量も安定しているため，特に内陸水路交通が

発展し，⑯_____ 川，ライン川などの国際河川や運河によって，北海・バルト海・

地中海・黒海などが結ばれている。

　北アメリカでは，五大湖と大西洋，メキシコ湾を，セントローレンス川や⑰_____

_____ 川や運河が結び，貨物輸送において重要な役割を担っている。

❺ 航空交通　1950年代にジェット旅客機が本格的に運用されるようになり高速輸送が

地理A（09年）19

発達し，その後は大量輸送も実現した。航空網は先進国で密であるが，発展途上国でも鉄

道や道路などが未整備な地域では航空交通が重要な役割を担っている。

　航空網の中継を担う拠点空港は⑱_____ 空港とよばれ，短時間に乗り継ぎが可能な

⑲_____ システムを航空各社が導入している。

　貨物では，集積回路（IC）など，軽量小型で高付加価値製品の輸送が多い。

❻ パイプライン　石油（液体）や天然ガス（ガス体）などを導管により輸送する。設置

に多額の費用を要するが，⑳_____ 距離の大量輸送に最も適しており，アメリカ合衆国

やカナダ，ヨーロッパの国々では重要な輸送機関として利用されている。

　　近年は，野生動物の生息域の分断や熱による永久凍土の融解を防ぐための対策を施すなど環境に配慮したパイプラインもみられる。

❼ 日本の交通　貨物輸送，旅客輸送ともに自動車が最も多く利用される。ただし貨物では，臨海に大都市や工業地域が多いため，内航海運が重要な役割を担っている。旅客では，鉄道も重要である。

▼国内輸送の割合の変化

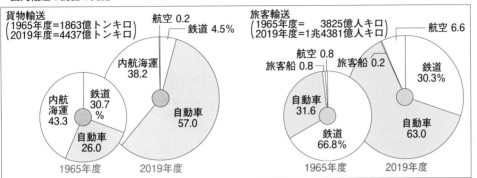

貨物輸送
(1965年度＝1863億トンキロ)
(2019年度＝4437億トンキロ)
航空 0.2
鉄道 4.5%
内航海運 38.2
内航海運 43.3
鉄道 30.7％
自動車 26.0
自動車 57.0
1965年度　2019年度

旅客輸送
(1965年度＝　3825億人キロ)
(2019年度＝1兆4381億人キロ)
航空 6.6
航空 0.8
旅客船 0.8
旅客船 0.2
鉄道 30.3%
自動車 31.6
鉄道 66.8%
自動車 63.0
1965年度　2019年度

（日本国勢図会 2022/23）

② 情報通信

❶ 国際通信　インテルサットによる通信衛星や，主に光ファイバーによる海底ケーブルを利用した，電話・ファクシミリ・電子メールなどが中心である。

❷ データ通信　コンピュータを電話回線に接続して情報の伝達と処理を行うシステム。交通機関の座席指定予約，銀行の ATM（現金自動預払機）などが利用できるのは，オンラインリアルタイムシステムによる。また，大手のフランチャイズチェーンなどで利用される POS システム（Point Of Sales system：販売時点情報管理システム）は，コンビニエンスストアの [21]＿＿＿＿＿＿＿＿高頻度輸送とともに普及した。

地理A（09 年）[21]

❸ 高度情報社会　無線技術を利用する携帯電話は，電柱・電線を敷設し家屋内に引き込む回線工事が不要で，設備投資が安価であることから，[22]＿＿＿＿＿＿＿＿でも普及しやすい。一方，固定電話は携帯電話の普及により契約数が減少している。

地理B（10 年）[36]

　　インターネットなどによる ICT（情報通信技術）の普及が進んでいるが，個人間・国家間などで生じる利用能力の差による [23]＿＿＿＿＿＿＿＿（デジタルデバイド）が問題となっている。

▼各国の通信に関する統計（いずれも人口100人当たり）

	固定電話契約数（件）			移動電話契約数（件）			インターネット利用者数(人)	
	2000年	2010年	2020年	2000年	2010年	2020年	2010年	2020年
日本	48.6	51.0	49.0	52.4	95.9	154.2	78.2	90.2
韓国	54.6	57.6	46.5	56.6	102.5	137.5	83.7	96.5
中国	11.2	21.5	12.6	6.6	62.8	119.4	34.3	70.4
インド	3.1	2.8	1.5	0.3	60.9	83.6	7.5	43.0
ロシア	21.9	31.3	17.7	2.2	165.7	163.6	49.0	85.0
アメリカ	68.3	48.4	30.7	38.9	92.3	106.2	71.7	90.9

地理B（23年・追）12

（世界国勢図会 2022/23）

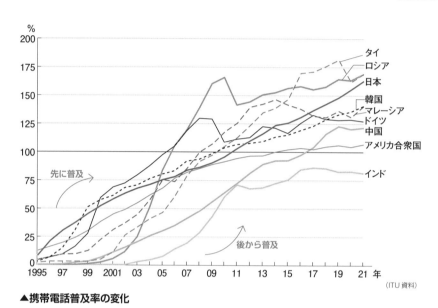

▲携帯電話普及率の変化

3 余暇と観光・リゾート産業

❶ 余暇時間 ヨーロッパの先進国では，第二次世界大戦後，㉔＿＿＿＿＿＿＿＿や長期休暇の普及が進んで労働時間が減少し，余暇時間が増加した。日本では，1990年代以降に労働時間の減少が進んだが，現在もヨーロッパの先進国に比べ長い。

地理A（14年）13
地理A（10年）29
地理B（10年）24
地理B（08年・追）18

❷ 観光 ㉕＿＿＿＿＿＿＿＿＿＿＿とは，自然環境や歴史，生活・文化など，地域にもともと備わっている日常の環境や資源を利用した観光の形態である。一方，㉖＿＿＿＿＿＿＿＿＿＿＿とは，テーマパークなど人工的につくりだされた非日常的な施設や空間を利用した観光の形態である。

地理B（12年・追）12・18
地理B（11年・追）18

　一般に，ソフトツーリズムからハードツーリズムへ移行する傾向があるが，近年は都市生活者が農村に滞在する㉗＿＿＿＿＿＿＿＿＿＿＿＿＿なども推進されるようになり，ソフトツーリズムへの回帰もみられる。

❸ ┃ヨーロッパの観光┃ 法律などにより長期休暇の普及が進んだヨーロッパでは，夏季に

3〜4週間の ^㉘＿＿＿＿＿＿＿ をとり，地中海沿岸に滞在する人々が多い。^㉙＿＿＿＿＿＿

やイギリスなどからフランス・^㉚＿＿＿＿＿＿・イタリアへの移動が多い。フランスで

は，貴族の高級避寒地としてニースやカンヌなどのコートダジュール地方が発展した。近

年は，グリーンツーリズムや，自然とふれあう ^㉛＿＿＿＿＿＿＿＿＿＿ なども盛んになっ

ている。

❹ ┃日本の観光┃ 長期休暇が取りにくいため，短期滞在，周遊型の旅行が多い。観光客は，

年末年始やお盆，ゴールデンウィークなどに集中する。

　　かつては，企業などの団体旅行が国内で多かったが，近年は減少。1980年代半ばから

の円高の進行もあって，個人での海外旅行が増加している。日本人の海外旅行者は，1年

あたり1,700万〜1,800万人。訪日外国人は2013年にはじめて1,000万人を超え，

2019年には約3,200万人となった。

　　日本人の海外渡航先は，アメリカ合衆国（グアム含む）・^㉜＿＿＿＿＿・中国（ホンコ

ン，台湾は含まない）が上位国であり，台湾・タイ・ホンコンなどが続く（2019年）。

また，訪日外国人は，中国・^㉝＿＿＿＿＿・台湾が上位国・地域であり，ホンコン・アメ

リカ合衆国・タイなどが続く（2019年）。

▼日本人海外旅行者数と訪日外国人の推移

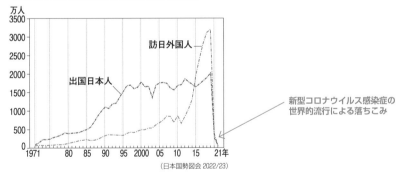

（日本国勢図会 2022/23）

4 貿易

❶ ┃貿易の類型┃ ^㉞＿＿＿＿＿貿易は，先進国間の貿易で，相互に工業製品を輸出入する

が，貿易摩擦が生じることもある。一方，^㉟＿＿＿＿＿（南北）貿易は，先進国と発展途

上国間の貿易で多くみられ，発展途上国からは農産物や鉱産資源などの ^㊱＿＿＿＿＿＿

が，先進国からは工業製品が輸出される。

　　^㊲＿＿＿＿＿貿易は，国内産業を保護し，産業の空洞化を防ぐ目的で，関税などで輸入

制限を行う貿易のことである。一方，自由貿易は，関税の賦課などの国家の干渉を排し

て，生産者などが自由に行う貿易のことである。

❷ 貿易機構 GATT（関税と貿易に関する一般協定）を改組発展して結成された㊳＿＿＿＿

＿＿＿＿＿（世界貿易機関）は，関税や輸入制限などの貿易上の障壁をなくすとともに，モ

ノ以外の金融や運輸などの㊴＿＿＿＿＿＿貿易や，著作権などの㊵＿＿＿＿＿＿権

の貿易に関するルールを協議している。

地理B（22年・追）
11

▼世界の国別・地域別輸出額（2019年）

総額 185,621 億ドル	先進国 51.5%				先進国以外 44.4			
	日本 3.8%	アメリカ合衆国 8.9	EU 31.9	その他 6.9	ASEAN 7.7	中国 13.5	その他 23.2	4.1

CIS・東欧
(UNSD)

5 地域的貿易

❶ 貿易額 輸出額世界1位は㊶＿＿＿＿＿で，次いでアメリカ合衆国・㊷＿＿＿＿＿

が，さらにオランダ，㊸＿＿＿＿＿，韓国，イタリア，ベルギー，フランスが続く。

輸入額はアメリカ合衆国と中国が上位国。次いで㊹＿＿＿＿＿が，さらにオランダ・

日本・イギリス・フランスが続く（2022年）。

なお，アメリカ合衆国は世界最大の㊺＿＿＿＿＿＿（貿易赤字）国で，中国とドイ

ツは㊻＿＿＿＿＿＿（貿易黒字）国である（2021年）。

❷ EU 域内貿易が盛んで，世界貿易の約30%を占める。GDPに対する貿易額の割合

（貿易依存度）が高い国が多い。

地理B（22年・追）
22
地理B（21年・第
2日程）11
地理B（10年）28

▼主な国の貿易依存度（2020年）

輸出 100%	0	100% 輸入		輸出 100%	0	100% 輸入		輸出 100%	0	100% 輸入
シンガポール	106.6	97.0		ドイツ	35.9	30.5		中国	17.6	14.0
オランダ	73.8	65.1		韓国	31.3	28.6		日本	12.7	12.6
マレーシア	69.5	56.4		フランス	18.6	22.1		アメリカ合衆国	6.8	11.5

(世界国勢図会 2022/23)

❸ USMCA アメリカ合衆国とカナダの自由貿易協定にメキシコを加えて1994年に発

効したNAFTAが，2020年にUSMCAに移行。世界貿易の約15%を占める。カナダと

メキシコは，アメリカ合衆国向け輸出が70〜80%程度を占める。

地理B（12年）24
地理B（09年）32
地理B（06年）35

❹ アジア ASEAN諸国は，輸出先上位が㊼＿＿＿＿＿＿と日本，輸入先上

位が中国・日本となっている国が多かったが，近年は輸出入とも中国が上位となっている

国が多い。工業化が進展し，輸出上位品であった鉱産資源や農産物などの一次産品に代わ

って，工業製品が上位を占めている国がほとんどである。ASEAN諸国は，域内貿易も

盛んになっており，世界貿易の約7〜8%を占める。

地理B（23年）24
地理B（14年）10
地理B（12年・追）
10
地理B（08年）23
地理B（08年・追）
23

⑤ アフリカ 一次産品の輸出が中心で，中国以外ではイギリスやフランスなどの⁴⁸_____国が貿易相手の上位にみられる。

⑥ 中南アメリカ 輸出入の上位がアメリカ合衆国と中国である国が多い。ブラジル，アルゼンチン，ウルグアイなどの国々が加盟する⁴⁹_____（南米南部共同市場）の結成により，域内貿易も活発となっている。

6 日本の貿易

❶ 相手国 アジア，北アメリカ，ヨーロッパを主な貿易相手地域としている。

国別では，第二次世界大戦後は一貫して⁵⁰_____を輸出入とも最大の相手国としてきた。しかし，1990年代後半から中国との貿易が盛んになり，2002年には輸入額が1位に，2009年には輸出額が1位となった。

なお，輸出では中国・アメリカ合衆国が上位であり，台湾・⁵¹_____・ホンコン・タイが続く。一方，輸入では1位が中国であり，アメリカ合衆国・オーストラリア・台湾・⁵²_____・サウジアラビア・アラブ首長国連邦が続く（2021年）。

❷ 特徴 円高が急進した1985年頃までは，原燃料を輸入して工業製品を輸出する⁵³_____型であったが，それ以降はアジアなどからの工業製品の輸入が増加した。

しかし，先進国の中では工業製品の輸入に占める割合が低く，工業製品輸出国との貿易は⁵⁴_____である。原燃料輸出国との貿易は⁵⁵_____となっている。

2011年の東北地方太平洋沖地震とそれにともなう原子力発電所事故によって，⁵⁶_____や石炭などの火力発電用の燃料輸入が増加。

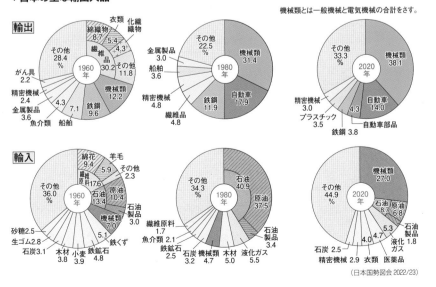

▼日本の主な輸出入品

機械類とは一般機械と電気機械の合計をさす。

（日本国勢図会 2022/23）

地理A（22年）
16・17
地理A（19年・追）
19
地理A（14年）9
地理A（10年）
19・20
地理A（09年）
15・16・17

▼日本の主な貿易相手国（2020 年）

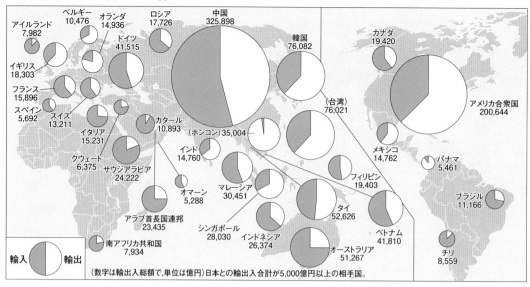

（数字は輸出入総額で，単位は億円）日本との輸出入合計が 5,000 億円以上の相手国。

（日本国勢図会 2022/23）

❸ 貿易港 　貿易額上位港は，⑤⑦＿＿＿＿＿＿＿＿・⑤⑧＿＿＿＿＿＿＿＿・名古屋港・横浜 港・関西国際空港・大阪港・神戸港の順である。空港は，⑤⑨＿＿＿＿＿＿＿＿などの先端 技術産業の高付加価値製品の輸出入が多い。海港は，輸出が⑥⓪＿＿＿＿＿＿＿とその部品，輸入は工業地域の港（名古屋・横浜）では原燃料，大消費地の港（東京・大阪）では⑥①＿＿ ＿＿＿＿・肉類・魚介類が上位品となっている。

地理A（10年）21

7 対外援助

❶ 世界の対外援助 　OECD（経済協力開発機構）の下部機関である DAC（開発援助委 員会）に加盟する先進国は，⑥②＿＿＿＿＿＿＿（政府開発援助）を通して発展途上国への援 助を行っている。日本は，1991 年から 2000 年まで拠出額世界 1 位であったが，2021 年は⑥③＿＿＿＿＿＿＿＿＿・ドイツに次ぐ 3 位に後退している。北西ヨーロッパの 国々は，GNI（国民総所得）に占める ODA 拠出額の割合が⑥④＿＿＿＿＿いが，アメリカ合 衆国や日本，南ヨーロッパの国々は⑥⑤＿＿＿＿＿い。歴史的・地理的に関係の深い地域への 拠出が多く，アジアは日本から，アフリカは⑥⑥＿＿＿＿＿＿＿＿から，中南アメリカはア メリカ合衆国からの援助額が多い。

地理B（23年・追）22
地理B（07年）30

❷ 日本の対外援助 　JICA（国際協力機構）は，ODA のうち二国間援助の形態である技 術協力・有償資金協力・無償資金協力を担っている。また，民間の⑥⑦＿＿＿＿＿＿＿＿ （NGO）や⑥⑧＿＿＿＿＿＿＿＿＿（NPO）などを通じた海外ボランティア活動も行わ れている。世界平和の維持のため，自衛隊が国連の⑥⑨＿＿＿＿＿＿（平和維持活動）に参 加している。

地理A（14年）29
地理A（10年）
17・36

解答：別冊 p.14

❶　次の図中の **A〜C** は，地中海東部からカスピ海にかけての国境の一部を太線で描いた
ものである。これらは，河川，山脈，人為的国境（直線）のいずれかを示している。**A**
〜**C** と国境の種類との組合せとして最も適当なものを，下の①〜⑥のうちから一つ選
べ。

地理A（03 年・追）22

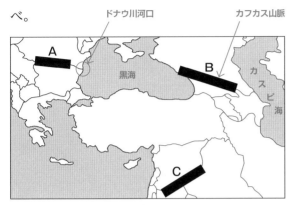

	A	B	C
①	河川	山脈	人為的国境
②	河川	人為的国境	山脈
③	山脈	河川	人為的国境
④	山脈	人為的国境	河川
⑤	人為的国境	河川	山脈
⑥	人為的国境	山脈	河川

❶	解答欄
	① ② ③ ④ ⑤ ⑥

❷　現代の世界は，様々な商品の物流によって互いに結びついている。次の図は，いくつ
かの年のコンテナ貨物取扱量について，東・東南アジアにおける上位 10 位までの港の
位置を示したものであり，**A** と **B** は 2000 年と 2018 年のいずれかである。また，図中
の凡例**ア**と**イ**は，コンテナ貨物取扱量上位 1〜5 位の港と，6〜10 位の港のいずれかで
ある。2018 年の図と上位 1〜5 位の港との正しい組合せを，下の①〜④のうちから一
つ選べ。

地理A（21 年・第 1 日程）19

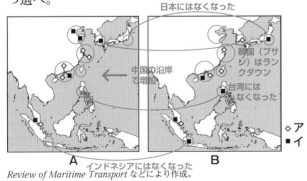

Review of Maritime Transport などにより作成。

	①	②	③	④
2018 年の図	A	A	B	B
上位 1〜5 位の港	ア	イ	ア	イ

❷	解答欄
	① ② ③ ④

❸ 次の図は，いくつかの国における 2007 年と 2016 年の入国者数*と出国者数**を示したものであり，①〜④は，トルコ，日本，フィリピン，ロシアのいずれかである。日本に該当するものを，図中の①〜④のうちから一つ選べ。

地理A（20年・追）24

日本を訪れる外国人は2010 年代から激増し，出国者数から入国者数を引いた値がマイナスからプラスに転じた

*観光やビジネスなどを目的に到着した非居住者数の総計。

**観光やビジネスなどを目的に出発した居住者数の総計。

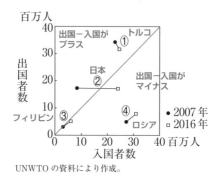

UNWTO の資料により作成。

解答欄
❸ ① ② ③ ④

❹ 2 国間で行われる貿易は，各国の資源や産業構造の影響を受ける。次の表は，いくつかの国について，1 人当たり GDP（国内総生産）と輸出依存度*をもとに 4 つに分類したものであり，**A〜C** は，シンガポール，ベトナム，カナダのいずれかである。また，下の**ア〜ウ**は，日本が **A〜C** のいずれかの国から輸入する主要な品目である。**A〜C** と**ア〜ウ**との正しい組合せを，下の①〜⑥のうちから一つ選べ。 地理B（21年・第2日程）11

*輸出額を GDP で割った値。

発展途上国が 1 つ

		輸出依存度	
		50％未満	50％以上
1 人当たり GDP	2 万ドル未満	インドネシア	**A**
	2 万ドル以上	**B**	**C**

統計年次は 2016 年。『世界国勢図会』により作成。

先進国が 2 つ

ア 機械類（集積回路など）や医薬品

イ 機械類（電気機器など）や衣類

ウ 石炭や肉類

	①	②	③	④	⑤	⑥
A	ア	ア	イ	イ	ウ	ウ
B	イ	ウ	ア	ウ	ア	イ
C	ウ	イ	ウ	ア	イ	ア

解答欄
❹ ① ② ③ ④ ⑤ ⑥

第1章
地形と防災

第1節 大地形

ココが出る!!

1. プレート境界とその周辺の地形の特徴と分布
2. 大地形区分の新期造山帯・古期造山帯・安定陸塊の地形の特徴と分布

この単元は，どの項目においても，その地形が地球上のどこに分布・位置しているかが最も多く問われてきた。地形を示した地球儀や世界地図のページを使って学習を進めよう。2006〜23年のセンター試験・共通テストでは，第1問「自然環境」だけでなく，第4問「地誌」でも出題されている。

1 地形をつくる力と地形の規模

解答：別冊 p. 3

地形をつくり変化させせる力を営力といい，内的営力と外的営力にわけられる。　地理B（23年）4

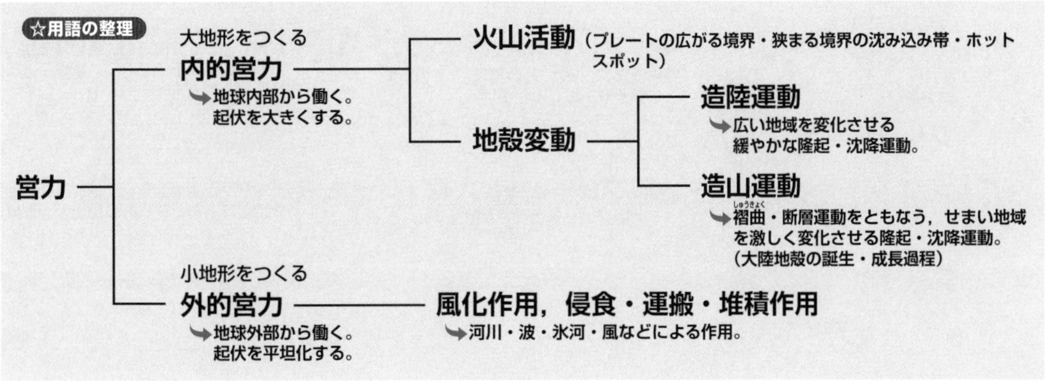
☆用語の整理
営力
大地形をつくる
内的営力
地球内部から働く。
起伏を大きくする。
火山活動（プレートの広がる境界・狭まる境界の沈み込み帯・ホットスポット）
地殻変動
造陸運動
広い地域を変化させる
緩やかな隆起・沈降運動。
造山運動
褶曲・断層運動をともなう，せまい地域を激しく変化させる隆起・沈降運動。
（大陸地殻の誕生・成長過程）
小地形をつくる
外的営力
地球外部から働く。
起伏を平坦化する。
風化作用，侵食・運搬・堆積作用
河川・波・氷河・風などによる作用。

2 プレートテクトニクス

プレートテクトニクス理論は，大陸移動説から発展した考え方で，地球表面を覆うプレートが，マントル対流によって移動することを説明したものである。古生代末（2億年ほど前）に存在した超大陸パンゲアは，ローラシア（現在のユーラシア大陸と北アメリカ大陸の大部分とグリーンランドで構成）と①＿＿＿＿＿＿（現在のアフリカ，南アメリカ，オーストラリア，南極の4大陸と，インド半島，アラビア半島の大部分で構成）の2つの大陸に分裂した。その後6,500万年ほど前にほぼ現在の配置となった。

❶ プレート　プレートは，地球の表面を覆う厚さ約100 kmの硬い岩石の板であり，構成する岩石の違いにより，重い②＿＿＿＿＿プレートと軽い③＿＿＿＿＿プレートにわけられる。地球の表面は，10数枚のプレートに覆われており，その下に位置するマントルの対流によってそれぞれが水平方向に移動する。プレートの境界は，広がる境界，狭(せば)まる境界，ずれる境界の3つにわけられる。

❷ 広がるプレート境界　地球内部からマントルが上昇して，プレートが生成される。

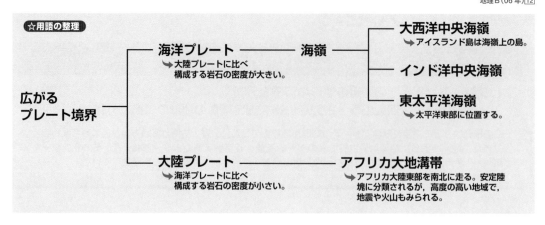

❸ 狭まるプレート境界　一方が他方のプレートの下にもぐり込んで，もぐり込んだプレートが消滅。

地理B（21年・第
2日程）①
地理B（14年）①
地理B（09年）④

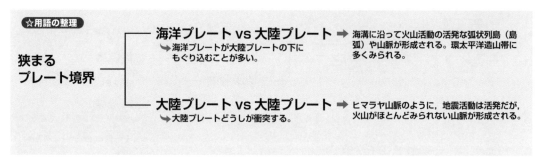

❹ ずれるプレート境界　相対するプレートが互いにすれ違う境界であり，そこには長大

な④＿＿＿＿＿＿断層がみられる。アメリカ合衆国の⑤＿＿＿＿＿＿＿＿＿州に位置する

⑥＿＿＿＿＿＿＿＿＿＿断層がこの例である。なお，<u>ずれる境界には火山はみられないが</u>

<u>地震は多発する</u>。

地理B（07年）②

❺ ホットスポット　プレート境界は変動帯に当たり，地震が多発し一般に火山も多くみ

られる。しかし，プレート境界ではなくても，地下のマントルが直接上昇する⑦＿＿＿＿＿

＿＿＿＿＿＿とよばれるところがある。太平洋プレートの中央付近に位置する⑧＿＿＿＿＿

島はその例で，火山活動が活発である。

地理B（14年）①

３ 世界の大地形と資源

　世界の大地形は，造山運動が生じた地質時代により，<u>安定陸塊・古期造山帯・新期造山帯</u>

にわけられ，一般に，<u>造山運動を受けた後の経過時間が長いほど地形は低くなだらかになる</u>。

　大地形は，資源の埋蔵とも関係が深く，安定陸塊では⑨＿＿＿＿＿＿や金鉱，古期造山帯

では⑩＿＿＿＿＿，新期造山帯とその周辺では⑪＿＿＿＿＿＿や銀鉱，すず鉱といった金属

資源の産出が多い。

地理A（14年）③
地理B（11年）①

▶地質時代と造山帯の形成期

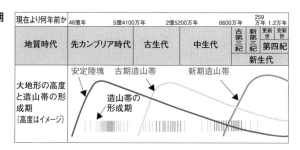

地理B（23年・追）
③
地理B（21年・第
1日程）④・⑤

現在より何年前か	46億年	5億4100万年	2億5200万年	6600万年	259万年 1.2万年		
地質時代	先カンブリア時代	古生代	中生代		古第三紀	新第三紀	更新世 完新世 第四紀
						新生代	

❶ 安定陸塊 　先カンブリア時代以来存在する地域で，その後長期間にわたり造陸運動が

みられたが造山運動はみられなかったため，侵食を受けて平坦化した地域。

地理A（11年）③
地理B（10年）①
地理B（08年）③

☆用語の整理

安定陸塊 ─── 楯状地
➡ 先カンブリア時代の基盤岩石が露出した地域。
侵食を受けて準平原（→p.035）となっているところが多い。

卓状地
➡ 先カンブリア時代の基盤岩石の上に古生代以降の地層が堆積した地域。
侵食を受けて構造平野（→p.035）となっているところが多い。

❷ 古期造山帯 　^⑫＿＿＿＿＿＿に造山運動を受け，その後は現在まで侵食を受け続けて

なだらかな山地となっている。ただし，中国北西部に位置する^⑬＿＿＿＿＿＿山脈な

ど，一旦低くなだらかとなったが，その後のプレート運動の影響による断層運動で再隆起

して高く険しくなった山脈もある。

地理B（09年）③
地理B（06年）⑬

❸ 新期造山帯 　狭まるプレート境界に位置し，中生代末から^⑭＿＿＿＿＿代にかけての

造山運動で高く険しい山地となっている。地震帯・火山帯と対応し，^⑮＿＿＿＿＿＿

＿＿＿＿造山帯と環太平洋造山帯にわけられる。

地理B（14年）②
地理B（13年）④
地理B（07年）①

▶世界のプレート境界

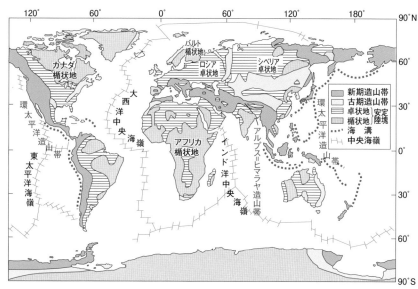

▶世界の大地形

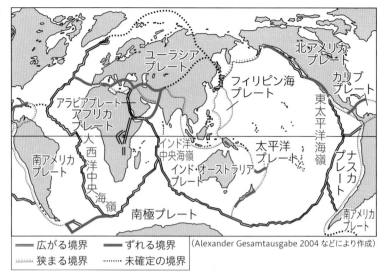

─── 広がる境界	─── ずれる境界
……… 狭まる境界	……… 未確定の境界

(Alexander Gesamtausgabe 2004 などにより作成)

▼**標高データをもとに作成した世界地図**

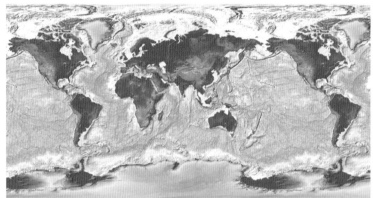

＊陸上は濃いところほど標高が低い。　　　　　　　　（NOAA（アメリカ海洋大気庁）の資料により作成）

第2節 小地形

ココが出る!!

1. 侵食平野などの平野の地形
2. リアス海岸などの海岸地形，カルスト地形，氷河地形の特徴と分布

この単元は，各地形のうち特に有名なものが世界のどこに位置しているかが多く問われてきた。また，近年は成因についての理解も求められるようになっている。2006～23年のセンター試験・共通テストでは，第1問「自然環境」と第4問「地誌」で出題されている。

1 平野の地形

解答：別冊 p.3 ▶

平野は，規模の大きな① _____ と規模の小さな② _____ にわけられる。

地理A（14年）3
地理B（09年）8

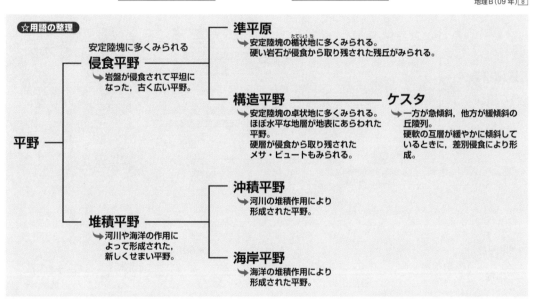

☆用語の整理

```
平野 ─┬─ 侵食平野 ─┬─ 準平原
       │  安定陸塊に多くみられる │  ➥安定陸塊の楯状地に多くみられる。
       │  ➥岩盤が侵食されて平坦に │    硬い岩石が侵食から取り残された残丘がみられる。
       │    なった，古く広い平野。 │
       │                         └─ 構造平野 ──── ケスタ
       │                            ➥安定陸塊の卓状地に多くみられる。 ➥一方が急傾斜，他方が緩傾斜の
       │                              ほぼ水平な地層が地表にあらわれた   丘陵列。
       │                              平野。                         硬軟の互層が緩やかに傾斜して
       │                              硬層が侵食から取り残された         いるときに，差別侵食により形
       │                              メサ・ビュートもみられる。          成。
       │
       └─ 堆積平野 ─┬─ 沖積平野
          ➥河川や海洋の作用に │  ➥河川の堆積作用により
            よって形成された，  │    形成された平野。
            新しくせまい平野。  │
                              └─ 海岸平野
                                 ➥海洋の堆積作用により
                                   形成された平野。
```

▶侵食平野

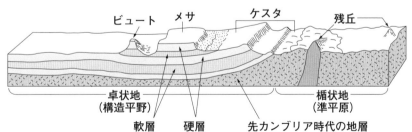

ビュート　メサ　ケスタ　残丘
卓状地（構造平野）　　楯状地（準平原）
軟層　硬層　先カンブリア時代の地層

② 河川や海洋の作用によって形成された平野

堆積平野とは，河川や海洋の堆積作用によって形成された平野であり，沖積平野と③＿＿＿＿＿＿＿にわけられる。日本の台地は，更新世（約259万年前から約1.2万年前までの地質時代）に河川の作用によって形成された氾濫原などの沖積平野が，それぞれ海面の低下や陸地の隆起などにより台地化したもので，河岸や海岸にみられる④＿＿＿＿＿も含まれる。

地理B（23年・追）
　6
地理A（23年・追）
　2
地理A（21年・第
　2日程）4
地理B（13年）5
地理A（13年）5
地理A（12年）2
地理B（10年）
　6・10
地理B（08年）
　19・33
地理B（05年）6
地理B（04年）34

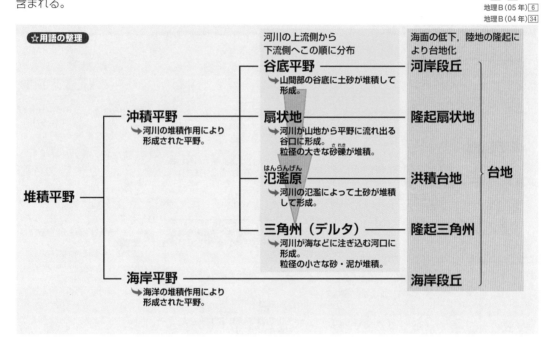

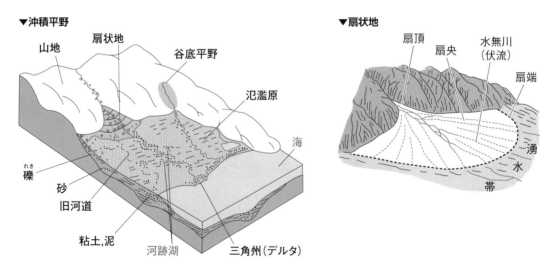

▼沖積平野

▼扇状地

▶氾濫原（自然堤防帯）

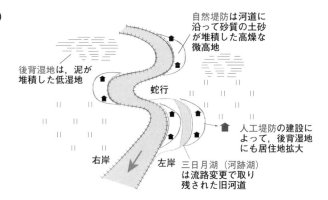

自然堤防は河道に沿って砂質の土砂が堆積した高燥な微高地

後背湿地は，泥が堆積した低湿地

蛇行

人工堤防の建設によって，後背湿地にも居住地拡大

右岸　左岸

三日月湖（河跡湖）は流路変更で取り残された旧河道

▶河岸段丘

①砂礫の堆積

砂礫の堆積

②下方侵食と上位段丘の形成

上位段丘　下方侵食（谷を深くする侵食）

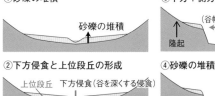

③下方＋側方侵食

側方侵食（谷幅を広げる侵食）

下方侵食

隆起　隆起

④砂礫の堆積

砂礫の堆積

⑤下方侵食と下位段丘の形成

上位段丘　下位段丘

下方侵食

隆起　隆起

▶台地

畑，茶畑

台地面に降った雨や河川の侵食で侵食谷ができる

宙水があれば集落が立地

台地面は水利が悪く開発が遅れた

台地崖下では湧水が得られる

宙水

自由地下水

被圧地下水

水田

ここまで井戸を掘ると水が得られる

不透水層

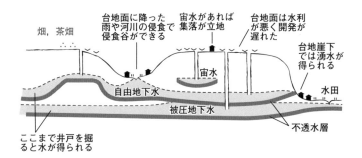

▶海岸平野の形成

沿岸州　くだけた波

湿地

堤間湿地　堤間湿地

浜堤　浜堤　浜堤

ラグーン（潟湖）　ラグーン（潟湖）

地理B（22年・追）4・6

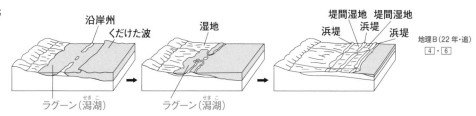

▶海岸段丘

海食崖

海食台

①波の侵食で，海食崖，海食台が形成

海岸平野

②海食崖・海食台の離水で海岸平野が形成

段丘面　新しい海食崖

段丘崖

③離水した海岸平野の前面が侵食されると，新たな海食崖ができ，段丘が形成

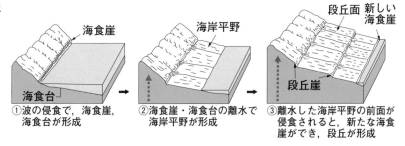

③ 沈水海岸

陸地の沈降や海面の上昇により形成される⑤＿＿＿＿＿＿海岸は，出入りの激しい海岸線が特徴である。⑥＿＿＿＿＿によるⅤ字谷をもつ山地が沈水すると，ノコギリの歯のような出入りの激しい海岸線が特徴の⑦＿＿＿＿＿＿＿海岸ができる。また，⑧＿＿＿＿＿によるⅤ字谷に海水が浸入すると，内陸まで奥深く入り込んだ湾で両岸が絶壁の⑨＿＿＿＿＿＿＿が形成される。また，河川が海に注ぐ⑩＿＿＿＿＿部が沈水した，ラッパ状の入り江が特徴の⑪＿＿＿＿＿＿＿＿もみられる。

地理B（04年）[15]
地理B（02年）[2]

▼沈水海岸

リアス海岸
（スペイン北西海岸）

フィヨルド
（ノルウェー西海岸）

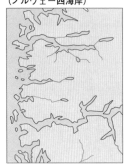

エスチュアリ（三角江）
（イギリス南東海岸）

④ 沿岸流による地形

⑫＿＿＿＿＿＿＿（海岸線にほぼ平行な海水の流れ）の作用による砂礫の堆積地形には，砂礫が鳥のくちばし状に堆積した⑬＿＿＿＿＿や，砂礫が湾口を閉ざすように堆積した⑭＿＿＿＿＿がある。砂礫が陸地と島を繋ぐように堆積したものを⑮＿＿＿＿＿＿＿，これによって繋がれた島を陸繋島という。また，砂州により閉ざされた湾をラグーン（潟湖）という。

地理B（22年・追）[5]
地理B（09年）[9]
地理B（07年）[34]
地理B（06年）[6]

▶砂の堆積地形

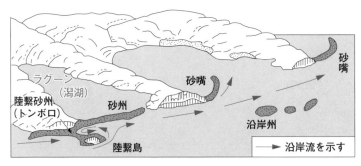

5 サンゴ礁

　サンゴ礁は，生物であるサンゴがつくる石灰質の骨格が積み重なって形成される岩礁であり，海岸を縁取るように形成される。陸地の沈降や海面上昇により，⑯＿＿＿＿＿＿→⑰＿＿＿＿＿＿→⑱＿＿＿＿＿＿の順に発達し，温暖で透明度の高い浅い海に多い。

　日本では，沖縄県や鹿児島県と，東京都の南部の島々でみられ，そのほとんどが⑲＿＿＿＿＿＿である。

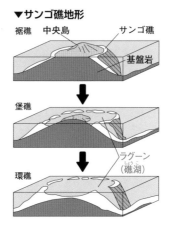

▼サンゴ礁地形

裾礁　中央島　サンゴ礁

基盤岩

堡礁

環礁

ラグーン（礁湖）

地理B（11年）6

6 氷河地形

　氷河は，万年雪が積み重なり長期間にわたり圧縮されて形成された巨大な氷の塊が重力などにより移動するもので，高山にみられる山岳氷河と，現在の南極大陸やグリーンランド内陸にみられる，陸地を広範囲に覆う⑳＿＿＿＿＿＿＿＿にわけられる。

　山岳氷河は，山地の谷頭部に㉑＿＿＿＿＿＿とよばれる半椀状の凹地をつくる。これがいくつもみられる山地の山頂付近には，㉒＿＿＿＿＿＿とよばれる鋭い峰もみられる。陸地を削りながら谷を流れ下る山岳氷河により㉓＿＿＿＿＿＿が形成され，氷河が融けて陸側へ後退しU字谷に海水が浸入すると㉔＿＿＿＿＿＿となる。

　氷河が削ってできた凹地に水が溜まると，五大湖のような㉕＿＿＿＿＿＿が形成される。また，氷河の先端や側方には，陸地が侵食され運搬された岩屑などが堆積し，㉖＿＿＿＿＿＿とよばれる小高い丘もつくられる。

地理B（11年・追）5
地理B（09年・追）5

▶氷河地形

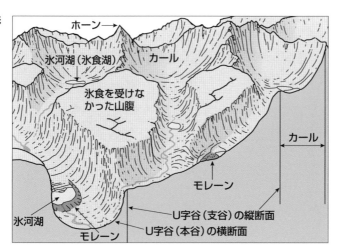

ホーン→

氷河湖（氷食湖）　カール

氷食を受けなかった山腹

カール

モレーン

U字谷（支谷）の縦断面

U字谷（本谷）の横断面

氷河湖

モレーン

7 乾燥地形

　降水量が蒸発量を下回る乾燥地域は，地表を覆う植生に乏しく，激しい気温変化によって岩盤が膨張と収縮を繰り返して粉砕される風化や，風による侵食作用である㉗＿＿＿＿＿＿などを受けやすい。このため，岩石が広く露出する岩石砂漠や礫砂漠，砂丘の発達する㉘＿＿＿＿＿＿＿＿がみられるが，砂漠の多くは岩石砂漠や礫砂漠である。アメリカ合衆国西部の乾燥地域には，岩盤が侵食されテーブル状になった㉙＿＿＿＿＿＿や，さらに侵食が進み塔状となった㉚＿＿＿＿＿＿もみられる。

8 カルスト地形

　カルスト地形とは，㉛＿＿＿＿＿＿＿が二酸化炭素などを含む弱酸性の雨水や地下水によって㉜＿＿＿＿＿＿されて形成された地形の総称で，㉝＿＿＿＿＿＿＿西部のカルスト地方が名称の由来である。

地理B（04年・追）
㉞
地理B（17年）⑱

　石灰岩の台地では，すり鉢状の凹地である㉞＿＿＿＿＿＿や，これが繋がって平らな谷底をもつ㉟＿＿＿＿＿＿，さらに大きくなってポリエとよばれる溶食盆地が形成され，地下には㊱＿＿＿＿＿＿＿もみられる。熱帯や亜熱帯では，高温多湿の気候下で溶食が進むと，タワーカルストとよばれる岩塔や小さな山も発達することがあり，中国南部のコイリンが有名である。

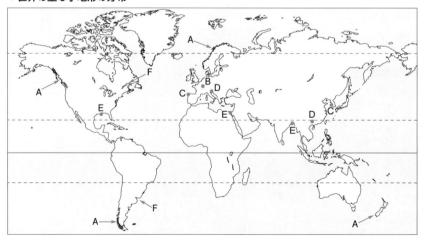

▶カルスト地形

▼世界の主な小地形の分布

A	フィヨルド
B	ケスタ
C	リアス海岸
D	カルスト地形
E	三角州（デルタ）
F	エスチュアリ

第**3**節 小地形の地形図読図

ココが出る!!

1. 沖積平野のうち扇状地や氾濫原
2. 河岸段丘などの台地地形

この単元は，地形図の描図のルールをふまえ，各地形の特徴を読み取れるようにしよう。2006〜23年のセンター試験・共通テストでは，第1問「自然環境」と第5問「地域調査」で出題されている。

◆ 扇状地の読図と災害

解答：別冊 p.3 ▶

扇状地は，河川が山地から平野に流れ出る谷口に，幾度も流路を変えながら主に砂と小石からなる① ＿＿＿＿＿＿＿を堆積させた地形である。

粒径の大きな砂礫が厚く堆積して水はけがよいため，② ＿＿＿＿＿部では河川水が地下に浸透して伏流し，③ ＿＿＿＿＿＿＿となることが多い。ここには畑や果樹園などがみられるが，近年は上水道の整備によって，成立の新しい住宅地もみられるようになった。

地下水が湧出するのが④ ＿＿＿＿＿部で，ここには成立の古い集落が立地し，⑤ ＿＿＿＿＿が広がる。

氾濫を繰り返す河川に人工堤防を建設して流路を固定すると，堤防間の河床部に大量の砂礫が堆積する。これにより，河床の高度が周囲よりも高い⑥ ＿＿＿＿＿＿＿が形成されることもある。

地理A（22年）①

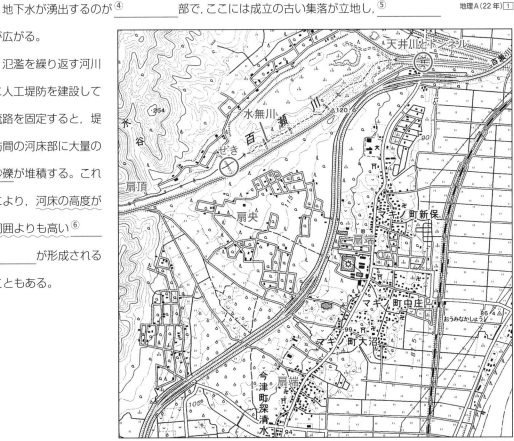

（国土地理院発行・2万5,000分の1地形図「海津（滋賀県）」）

2 氾濫原と三角州（デルタ）の読図と災害

　氾濫原は，河川が氾濫を繰り返すことで形成された平野のことである。氾濫原では，河川

は⑦＿＿＿＿＿＿する。その流路沿いには，洪水時，河川の両岸に，礫よりも粒径が小さく粘

土よりも粒径の大きい（直径が2mm～62.5μm（マイクロメートル））⑧＿＿＿＿＿＿が堆積

してできた微高地の⑨＿＿＿＿＿＿＿＿＿がみられる。その背後には，河川からあふれ出た水

が長期間にわたり湛水し，⑩＿＿＿＿＿が堆積した⑪＿＿＿＿＿＿＿＿が広がる。ここには，

河川の流路が変更されたことにより本流から切り離された⑫＿＿＿＿＿＿＿＿＿もみられる。

　等高線からは読み取れないが，周囲よりも高く水はけがよいため，⑬＿＿＿＿＿＿＿＿＿に

は，成立時期の古い集落が立地し，畑などもみられる。低湿な⑭＿＿＿＿＿＿＿＿＿は，水田

として利用されることが多いが，⑮＿＿＿＿＿＿＿の整備が進んだ近年は，居住地もみら

れるようになった。都市内部でも森林や田畑が減少し，地表面がコンクリートやアスファル

トに覆われたため，小規模な河川の水位が短時間のうちに増水し氾濫することが増えた。

　なお，河川が海洋などに注ぐ河口部にみられる，粒径の小さな⑯＿＿＿＿＿や粘土などが堆

積して形成された⑰＿＿＿＿＿においても，土地利用は氾濫原と大きな違いはなく，水害

にあいにくく水はけのよい微高地上には集落や畑などがみられ，低湿地には水田が広がる。

地理B（23年）⑦

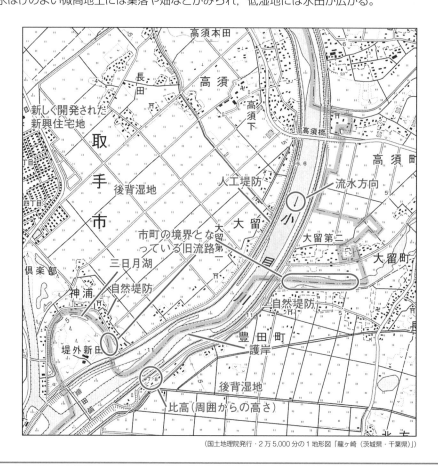

（国土地理院発行・2万5,000分の1地形図「龍ケ崎（茨城県・千葉県）」）

3 台地

　一般に，台地と沖積平野との間には，等高線間隔のせまい[18]＿＿＿＿＿＿＿がみられる。台地の崖下では，台地上で地下に浸透した水が湧出するため，成立時期の古い集落が多くみられる。

　台地上は水が得にくいため，畑や果樹園などとして利用されてきた。しかし，上水道などの整備を進めて，広大な土地を必要とする住宅団地やゴルフ場，工業団地なども造成されるようになった。

（国土地理院発行・2万5,000分の1地形図「多古（千葉県）」）

4 海岸平野と災害

地理A（23年）4

海岸平野は，海洋の作用によって形成された浅く平坦な海底が，離水（海面の低下・陸地の隆起）によって陸地となった平野で，海岸線が^⑲＿＿＿＿＿＿である。離水を繰り返すことにより，海岸線に平行する数列の^⑳＿＿＿＿＿＿が形成され，その間には低湿地もみられる。海岸平野の古い集落は，水害に遭いにくい^㉑＿＿＿＿＿＿上に形成され，低湿地は水田として利用される。

風によって運搬された砂が微高地上に長期間にわたり堆積すると，^㉒＿＿＿＿＿＿が形成される。日本では，鳥取砂丘など，冬季に北西季節風が卓越する日本海側に多くみられる。そこでは，卓越風などを避けるため，^㉓＿＿＿＿＿＿の内陸側に成立時期の古い集落がみられる。

（国土地理院発行・2万5,000分の1地形図「上総片貝（千葉県）」）

地理A（22年）6

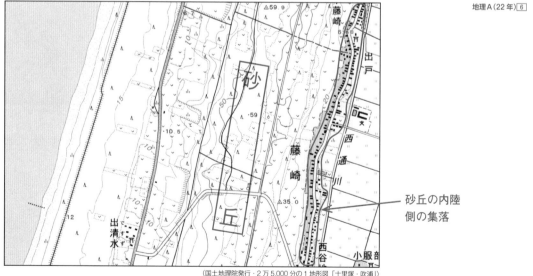

砂丘の内陸側の集落

（国土地理院発行・2万5,000分の1地形図「十里塚・吹浦」）

❶ 図中の太線は，主なプレート境界の位置を表している。図中の **A～D** の地域・海域を説明した文として**適切でないもの**を，次の①～④のうちから一つ選べ。　地理B（12年）⬜︎1

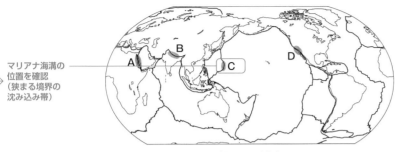

マリアナ海溝の位置を確認（狭まる境界の沈み込み帯）

United States Geological Survey の資料などにより作成。

❶ 解答欄　① ② ③ ④

① **A** 海域は，広がるプレート境界にあり，アフリカ東部の地溝帯の一部が沈水したものである。

② **B** 地域は，せばまるプレート境界にあり，プレートどうしが衝突し，大山脈が形成されている。

③ C 海域は，広がるプレート境界にあり，地球内部からマグマが上昇して，海嶺が形成されている。

④ **D** 地域は，ずれるプレート境界にあり，両プレートが水平方向にずれる断層が形成されている。

❷ 図中の海域 **ア～エ** にみられる地形の特徴とその成因について説明した文として**適当でないもの**を，次の①～④のうちから一つ選べ。　地理B（14年）⬜︎1

ハワイ諸島はホットスポットで，プレート中央部だが火山がある

北アメリカ大陸東岸に海溝はない

緯線は 30 度間隔。

インド洋中央海嶺が通る

❷ 解答欄　① ② ③ ④

① 海域 **ア** には，水没したかつての火山島が，プレートの移動方向に連なってみられる。

② 海域 **イ** には，海洋プレートの沈み込みによって形成された海溝がみられる。

③ 海域 **ウ** には，大陸棚や，深海へ向かって緩やかな傾斜をもった斜面がみられる。

④ 海域 **エ** には，地下から上昇したマグマによってつくられた海嶺がみられる。

❸ 　大陸棚*は大陸プレートの縁辺部に広がる。次の図中の**a**と**b**のいずれかは東南アジア周辺，また，**ア**と**イ**のいずれかは中央アメリカ周辺の大陸棚の分布を正しく示したものである。東南アジア周辺と中央アメリカ周辺の大陸棚を正しく示した記号の組合せを，後の①〜④のうちから一つ選べ。　　地理B（22年）①

*水深200mより浅い海域を大陸棚とする。

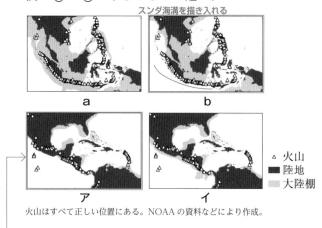

スンダ海溝を描き入れる

a　　b

ア　　イ

火山はすべて正しい位置にある。NOAAの資料などにより作成。

△ 火山
■ 陸地
▨ 大陸棚

① 　aとア
② 　aとイ
③ 　bとア
④ 　bとイ

❸ 解答欄 ① ② ③ ④

大陸棚の発達が悪い
アを選択する

❹ 　土砂供給や海面変動などの影響を受けて，河口には特徴的な地形がつくられることがある。次の図中の**A**と**B**は，ヨーロッパの二つの河川の主な河道を示したものであり，後の表中の**ア**と**イ**は，河川**A**と**B**のいずれかにおける年平均流量と河道の標高の割合*を示したものである。また，右下の文**x**と**y**は，図中の河川**A**と**B**のいずれかにおける河口にみられる地形の特徴について述べたものである。河川**B**に該当する記号と文との正しい組合せを，後の①〜④のうちから一つ選べ。　　地理B（22年）②

*それぞれの河川の主な河道の長さを100％とした場合の値。

エスチュアリ（セーヌ川河口）

三角州（ポー川河口）
― 主な河道
■ 流量観測地点

Natural Earth などにより作成。　　アルプス山脈を描き入れよう

x　過去に形成された谷に海水が侵入してできたラッパ状の地形 →エスチュアリ

y　河川によって運搬された砂や泥などが堆積してできた低平な地形 →三角州

	年平均流量 (m³/秒)	河道の標高の割合（%）			
		100 m 未満	100〜500 m	500〜1,000 m	1,000 m 以上
ア	1,539	70.5	26.3	1.7	1.5
イ	467	79.8	20.2	0.0	0.0

NOAA の資料などにより作成。

		①	②	③	④
記号		ア	ア	イ	イ
文		x	y	x	y

❹ 解答欄 ① ② ③ ④

❺ 次の図は，ある地域における2万5千分の1地形図を参考に，山地から平野にかけての地形の様子を示したものである。図中に示した地形について説明した文として**適当でないもの**を，下の①～④のうちから一つ選べ。

地理A（13年）⑤

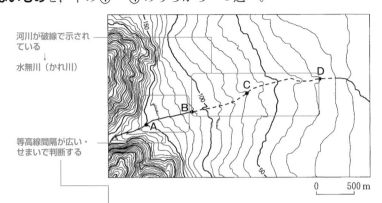

河川が破線で示されている
↓
水無川（かれ川）

等高線間隔が広い・せまいで判断する

扇状地

0 ── 500 m

❺ 解答欄
①②③④

① A−B区間の勾配は，C−D区間の勾配よりも急である。

② B−D区間では，河川周辺に後背湿地が広く分布する。

③ B−D区間では，河川水が浸透し水無川になっている。

扇状地の下流側に発達する氾濫原でみられる低湿地

④ C−D区間では，川底が周りの土地より高い天井川になっている。

等高線が下流側に凸となっている

❻ 次の図は，日本の都市内を流れる小規模な河川について，短時間の豪雨の降水量と河川の水位の変化を模式的に示したものであり，凡例AとBは，都市化の前と後のいずれかである。また，右下の文章は，図に関することがらについて述べたものである。空欄**ア**に当てはまる語句と，空欄**イ**に当てはまる文との組合せとして最も適当なものを，後の①～④のうちから一つ選べ。

地理B（23年）⑦

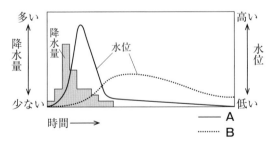

降水量 多い／少ない
水位 高い／低い
降水量
水位
時間→
── A
……… B

雨の降り方が同じであっても，都市化の前と後では河川の水位の変化が異なり，都市化によって（ **ア** ）のように変化する。これは，（ **イ** ）ことが主な要因である。

「都市化の前」とは，都市がアスファルト，コンクリートに覆われておらず，田や空地が多い状態

（ **イ** ）に当てはまる文

c 河道が改修され，遊水地や放水路が造られた

d 森林や田畑が減少し，地表面が舗装された

	①	②	③	④
ア	AからB	AからB	BからA	BからA
イ	c	d	c	d

「都市化の後」

❻ 解答欄
①②③④

第Ⅱ編 第1章 実戦演習

第2章
気候と防災

第1節 気候要素と気候因子

1 気候を特色づける気候要素と気候因子

解答：別冊 p. 4 ▶

気候要素には，気温・降水量・風（風向・風速）・湿度などがある。気候要素に影響を与えるのが気候因子であり，緯度・標高・地形・海流・隔海度（海岸からの距離）などがある。

地理B（21年・第1日程）①

▼**世界の年平均気温（等温線）**

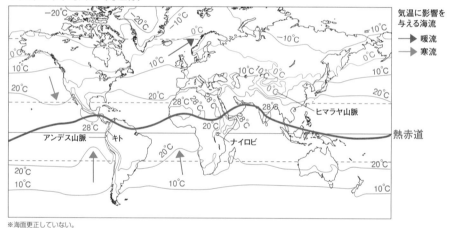

※海面更正していない。

2 地球規模でみた気温

❶ **緯度と気温** 海面更正（高度の影響を除くため，気温を標高0mの値に換算すること）を施した世界の等温線は，高緯度ほど低温となるため，ほぼ緯線に平行しているが，海流（暖流や寒流）の影響を受ける地域では湾曲している。また，経度ごとの最高気温の地点を結んだ熱赤道は，赤道よりおおむね北側を通る。これは，北半球側の赤道付近の陸地と海洋では，陸地の方が高温となりやすいことによる。

地理B（12年）②
地理B（09年）①

気温の① _____（最暖月平均気温と最寒月平均気温の差）は，太陽からの受熱量の年変化の大きい② _____ほど大きく，ユーラシア大陸東部の内陸では約60℃に達する。

❷ 高度と気温　上空へ行くほど気温が低下する割合を，気温の逓減率（ていげんりつ）という。湿潤大気では，高度 1,000 m につき気温は約 ③＿＿＿＿＿℃低下する。低緯度地方には，④＿＿＿＿＿＿＿＿＿＿＿の首都キト（標高約 2,800 m），⑤＿＿＿＿＿＿＿＿の首都ナイロビ（標高約 1,600 m）などの高山都市がみられる。

❸ 大陸性気候と海洋性気候　大陸（岩石）は海洋（水）に比べて熱しやすく冷めやすい（比熱が小さい）。したがって，気温の ⑥＿＿＿＿＿＿＿（最暖月平均気温と最寒月平均気温の差）と気温の ⑦＿＿＿＿＿＿＿（1 日の最高気温と最低気温の差）は大陸 ⑧＿＿＿＿部で大きく，比熱の大きい海洋の影響を強く受ける ⑨＿＿＿＿＿部では小さい。

地理B（15年）③
地理B（14年）⑤

1月の平均気温

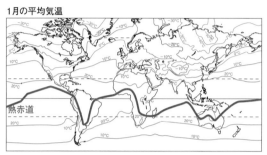

7月の平均気温

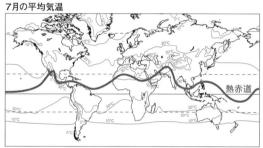

▲1月の平均気温と 7月の平均気温

❹ 大陸西岸と東岸の気温の特徴　北半球の中・高緯度地方では，夏季は大陸西岸と東岸の気温差は小さいが，冬季は大陸西岸が東岸よりも暖かい。これは，大陸西岸では海洋から暖かな偏西風が吹くのに対し，東岸では冬季に低温となった大陸内部から寒冷な風が吹くためである。

地理B（23年）③
地理B（13年）③
地理B（11年）③
地理B（11年・追）⑲
地理B（10年・追）①
地理B（06年）⑭

　一方，低緯度地方の大陸西岸では，赤道方向へ流れる寒流の影響を受けるため，東岸よりも低温となり，乾燥地域もみられる。

　なお，南半球の中・高緯度地方は海洋がほとんどを占めるため，冬季は低温になりにくい。

北緯50度近くの都市の比較

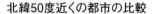
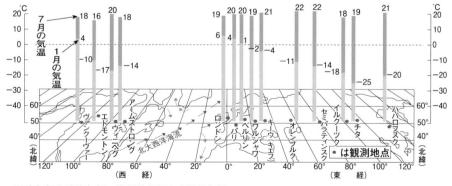

▲西岸気候と東岸気候，海洋性気候と大陸性気候

「理科年表」ほか

③ 世界各地で発達する風

風は，空気の密度が大きい⑩＿＿＿＿＿部から，空気の密度が小さい⑪＿＿＿＿＿部に向かって吹く。高圧部では⑫＿＿＿＿＿気流，低圧部では⑬＿＿＿＿＿気流が生じる。また，地球の自転の影響を受けるため，⑭＿＿＿＿＿半球では高圧部から風が向かう方向をみて右側（時計回り），⑮＿＿＿＿＿半球では左側（反時計回り）に，それぞれ曲がる。

❶ 大気の大循環と風 　赤道付近では，空気が強い日射を受けて上昇し，⑯＿＿＿＿＿帯が形成される。上昇した空気は高緯度側へ向かい，回帰線付近の上空で低温，高圧となり下降し，⑰＿＿＿＿＿＿＿＿帯を形成する。

⑱＿＿＿＿＿＿＿＿帯からは，高緯度側へ⑲＿＿＿＿＿風，低緯度側へ⑳＿＿＿＿＿風が吹く。㉑＿＿＿＿＿風は，北半球・南半球ともに㉒＿＿＿＿＿から㉓＿＿＿＿＿へ向かう。㉔＿＿＿＿＿風は，北半球では㉕＿＿＿＿＿から，南半球では㉖＿＿＿＿＿から吹き，それぞれ赤道へ向かう。

一方，寒冷な両極には極高圧帯が形成され，ここから低緯度側に，東から西へ向かう極偏東風（極東風）が卓越する。緯度40°から50°付近で温暖な㉗＿＿＿＿＿風とぶつかって上昇し，亜寒帯低圧帯（高緯度低圧帯）を形成する。

地理B（13年）①
地理B（13年）⑲
地理B（12年・追）①
地理B（11年・追）①
地理B（08年）⑥

▶**大気の大循環**

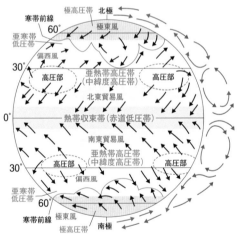

❷ 季節風（モンスーン） 　大陸と海洋の比熱の違いから，夏季は大陸と比べ低温となる海洋が，冬季は海洋と比べ低温となる大陸が，それぞれ㉘＿＿＿＿＿部となり，風が吹き出す。このように，夏季と冬季で風向きが逆となる風は㉙＿＿＿＿＿＿＿とよばれる。

地理B（12年・追）⑲
地理B（07年）④

こうした風は，特に，南アジアから東アジアにかけてのモンスーンアジアで卓越する。南アジアのインド半島や，ほぼ同緯度に位置する東南アジアの㉚＿＿＿＿＿＿＿半島では，夏季の㉛＿＿＿＿＿の方角から吹く風が多雨をもたらすが，冬季は㉜＿＿＿＿＿の方角から吹く風によって少雨となる。また，中国東部や朝鮮半島，日本付近など東アジアで

は，夏季は㉝＿＿＿＿＿＿の方角からの風が吹いて多雨をもたらすが，冬季は㉞＿＿＿＿＿

の方角からの風が吹いて少雨となる。

地理A（23年・追）
13
地理B（22年・追）
1
地理B（21年・第
2日程）2

▼モンスーンアジアの気候

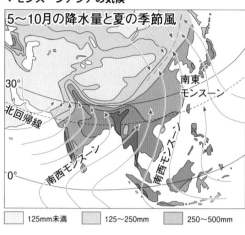
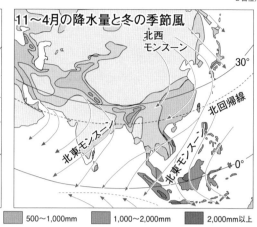

5〜10月の降水量と夏の季節風　11〜4月の降水量と冬の季節風

| 125mm未満 | 125〜250mm | 250〜500mm | 500〜1,000mm | 1,000〜2,000mm | 2,000mm以上 |

❸ 世界の各地域に発達する局地風　局地風には，ヨーロッパの地中海方面から

㉟＿＿＿＿＿＿＿山脈を越えて北麓へ吹く高温で乾燥した㊱＿＿＿＿＿＿や，バルカン

半島西部のディナルアルプス山脈を越えてアドリア海へ吹く寒冷で乾燥した㊲＿＿＿＿＿

などがある。

地理B（09年）5
地理B（07年）35

　日本では，山から吹き下ろす寒冷な冬季の㊳＿＿＿＿＿＿＿＿＿のことを，山の名称

などを用いて，六甲おろし，筑波おろし，赤城おろしなどとよんでいる。また，初夏に東北

地方の㊴＿＿＿＿＿岸に吹く北東風の㊵＿＿＿＿＿は，この地方に冷害をもたらす。

❹ 熱帯低気圧　赤道周辺や，寒流の流れる海域を除いた低緯度地方の海洋上で発生・発

達する熱帯低気圧は，東アジアでは㊶＿＿＿＿＿，インド洋では㊷＿＿＿＿＿＿，カ

リブ海やその周辺では㊸＿＿＿＿＿＿とよばれる。近年は，地球温暖化を背景とした

熱帯低気圧の巨大化が危惧されている。発展途上国では，人口増加にともない，従来は居

住地ではなかった水害にあいやすい地域に居住地が拡大する傾向にあり，被災者が増加し

ている。

地理B（23年）4
地理B（23年・追）
4
地理B（08年）2

▼世界の局地風と熱帯低気圧

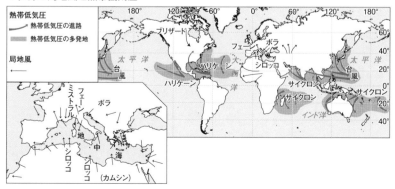

051

4 地球規模でみた降水

密度の低い暖かい空気は，多量の水蒸気を含んで上昇する。これが低温の上空で冷やされると，含んでいた水蒸気をかかえきれず雲を形成し，降水をもたらす。降雨には，対流性降雨，前線性降雨，地形性降雨などがあり，いずれも上昇気流が発生する。

❶ **対流性降雨** 地表近くの空気が暖められて生じた上昇気流によるもの。熱帯でほぼ毎日午後にみられる突風をともなう豪雨や，日本の夕立が典型例である。

❷ **前線性降雨** 暖かい空気と冷たい空気がぶつかり，冷たい空気の上に暖かい空気が乗り上げて上昇気流を形成し，降水をもたらす。日本において初夏から夏にかけて㊹＿＿＿＿海気団と㊺＿＿＿＿気団との間に出現する㊻＿＿＿＿がもたらす降雨が，この典型例である。

❸ **地形性降雨** 海洋からの大量の水蒸気を含んだ空気が山にぶつかり，山脈風上側で強制的に上昇気流がおこることで，降水をもたらす。夏季の㊼＿＿＿＿が㊽＿＿＿＿山脈にぶつかるところにあるアッサム地方や，㊾＿＿＿＿が㊿＿＿＿＿山脈にぶつかるところにあたるチリ南部などの降水が典型例である。 地理B（05年）3

❹ **緯度別降水量分布** (51)＿＿＿＿帯の位置する赤道付近と，亜寒帯低圧帯（高緯度低圧帯）の位置する緯度40°から50°付近で多雨となる。(52)＿＿＿＿帯の位置する回帰線付近と極高圧帯の位置する極地方は少雨である。回帰線付近は，高温であるため降水量よりも蒸発量が多い地域には(53)＿＿＿＿帯の気候が広がる。 地理B（23年・追）1 地理B（12年・追）1・2

▼年降水量の分布

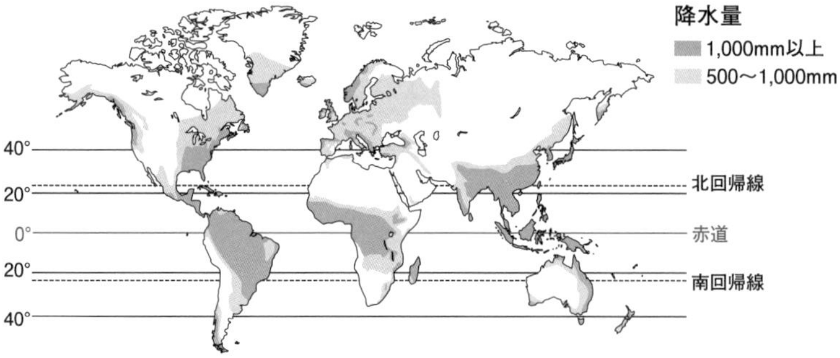
降水量
1,000mm以上
500～1,000mm
40°
20°
0°
20°
40°
北回帰線
赤道
南回帰線

▼緯度別の降水量と蒸発量

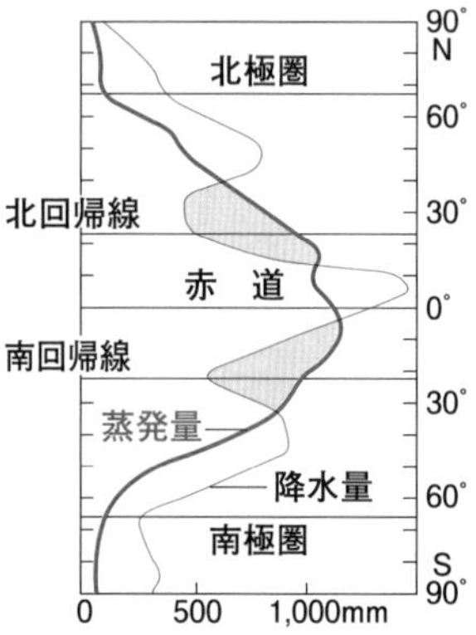
90°
N
60°
30°
0°
30°
60°
S
90°
北極圏
北回帰線
赤 道
南回帰線
蒸発量
降水量
南極圏
0
500
1,000mm

地理A（14年・追）4

第**2**節 ケッペンの気候区分と大陸西岸の降水の季節配分

ココが出る!!

1. 世界各地の月平均気温と月降水量の雨温図やハイサーグラフ

2. 特に人口の集中する温帯気候区

この単元の学習は，ケッペンの気候区分に頭を悩まされるが，前節と同じように大陸西岸や東岸の気温の年較差，降水の季節配分など，各地域の気候を特色づける気候因子の理解が重要である。2006〜23年のセンター試験・共通テストでは，第1問「自然環境」と第4問「地誌」で出題されている。

1 ケッペンの気候区分

解答：別冊 p. 4

ケッペン（1846-1940）は，① _____ に着目して，まず樹林が発達しているか，いないかにより，世界の気候を樹林気候と無樹林気候に大別した。

			乾季なし	熱帯雨林気候　Af, Am
	樹林のある気候	A 気候（最寒月平均気温18℃以上）	乾季あり	サバナ気候　Aw
		C 気候（最寒月平均気温18℃未満−3℃以上）	夏季乾燥	地中海性気候　Cs
			冬季乾燥	温暖冬季少雨気候　Cw
			年中湿潤	西岸海洋性気候　Cfb
世界の気候				温暖湿潤気候（22℃以上の月あり）　Cfa
		D 気候（最寒月平均気温−3℃未満　最暖月平均気温10℃以上）	冬季乾燥	亜寒帯（冷帯）冬季少雨気候　Dw
			年中湿潤	亜寒帯（冷帯）湿潤気候　Df
	樹林のない気候	低温が理由で樹林なし➡E気候（最暖月平均気温10℃未満）	最暖月平均気温0℃以上	ツンドラ気候　ET
			最暖月平均気温0℃未満	氷雪気候　EF
		乾燥が理由で樹林なし➡B気候（乾燥限界未満の降水）	乾燥限界の1/2未満の降水	砂漠気候　BW
			乾燥限界の1/2以上の降水	ステップ気候　BS

❶ 樹林気候　北半球の高緯度地方から低緯度側に向かい，冬季の気温が上昇するにつれ，針葉樹→落葉広葉樹→常緑広葉樹へと変化することに注目。年間で最も寒い月の平均気温（② _____ ）が，③ _____ ℃未満をD（亜寒帯・冷帯），④ _____ ℃以上⑤ _____ ℃未満をC（温帯），⑥ _____ ℃以上をA（熱帯）に区分した。

❷ 無樹林気候　降水量が蒸発量を下回り，土中の水分が不足して樹林が発達しないB（乾燥帯）と，年間で最も暖かい月の平均気温（⑦ _____ ）が⑧ _____ ℃未満で，夏季低温であるため樹林が発達しないE（寒帯）に区分。

❸ 小区分・乾燥帯（BW・BS）　年降水量が，樹林が生育可能な降水量である乾燥限界の半分以上なら BS（ステップ気候），半分未満なら植生がほとんどみられない BW（砂漠気候）と区分。乾燥限界は，年平均気温と降水の季節配分から算出する。

（例）いずれも年平均気温が 15℃ で，降水の季節配分が冬季少雨の X 地点，年中平均的に降水のある Y 地点，夏季少雨の Z 地点の乾燥限界の計算方法

　i)　X 地点は冬季に降水量が少ない（夏季高温で蒸発量が多い）　→20×（年平均気温＋⑭）

　　　20×（15℃＋⑭）＝580 mm 未満は乾燥帯と判定

　ii)　Y 地点は年中平均して降雨がみられる　→20×（年平均気温＋⑦）

　　　20×（15℃＋⑦）＝440 mm 未満は乾燥帯と判定

　iii)　Z 地点は夏季に降水量が少ない（冬季低温で蒸発量が少ない）　→20×（年平均気温）

　　　20×（15℃）＝300 mm 未満は乾燥帯と判定

---

❹ 小区分・寒帯（ET・EF）　年降水量や降水の季節配分とは関係なく，⑨＿＿＿＿＿＿＿＿＿＿＿＿が 0℃ 以上 10℃ 未満ならば ET（ツンドラ気候）。⑩＿＿＿＿＿＿＿＿＿＿が 0℃ 未満ならば EF（氷雪気候）に区分。

地理 B（12 年）②
地理 B（09 年・追）⑦

❺ 小区分・亜寒帯（冷帯）（Dw・Df）　乾燥限界以上の年降水量があり，⑪＿＿＿＿＿＿＿＿＿＿＿が 10℃ 以上，⑫＿＿＿＿＿＿＿＿＿＿＿＿＿＿＿が −3℃ 未満の場合は D（亜寒帯・冷帯）。中・高緯度地方に陸地がほとんどない南半球には分布しない。

　降水の季節配分に注目し，冬季少雨で，冬季の最少雨月降水量と夏季の最多雨月降水量を比較して⑬＿＿＿＿＿倍以上差があれば Dw（亜寒帯（冷帯）冬季少雨気候），差がなければ Df（亜寒帯（冷帯）湿潤気候）と区分。Dw は⑭＿＿＿＿＿＿＿＿＿大陸東部にのみ分布する。

❻ 小区分・温帯（Cw・Cs・Cfa・Cfb）　乾燥限界以上の降水量があり，最暖月平均気温が 10℃ 以上，⑮＿＿＿＿＿＿＿＿＿＿＿＿＿＿＿が −3℃ 以上 18℃ 未満の場合は C（温帯）。

　降水の季節配分に注目し，冬季少雨で，冬季の最少雨月降水量と夏季の最多雨月降水量を比較して⑯＿＿＿＿＿倍以上差があれば Cw（温暖冬季少雨気候）。夏季少雨で，夏季の最少雨月降水量と冬季の最多雨月降水量を比較して⑰＿＿＿＿＿＿倍以上差があれば Cs（地中海性気候）。w 型，s 型ともに当てはまらない場合は，Cf。

　Cf は，さらに最暖月平均気温が⑱＿＿＿＿＿℃ 以上ならば Cfa（温暖湿潤気候），22℃ 未満で，月平均気温 10℃ 以上の月が 4 か月以上あれば Cfb（西岸海洋性気候），4 か月未満ならば Cfc（西岸海洋性気候）と区分。

地理 B（11 年）③
地理 B（11 年・追）⑲
地理 B（09 年）①
地理 B（08 年）①
地理 B（08 年・追）⑳
地理 B（04 年）④

❼ 小区分・熱帯（Aw・Af）　乾燥限界以上の降水量があり，最寒月平均気温が⑲＿＿＿＿＿℃ 以上の場合は A（熱帯）。最少雨月降水量に注目して，60 mm 未満の月があ

ればAw（サバナ気候），なければAf（熱帯雨林気候）。

　なお，植生がAf（熱帯雨林気候）とほぼ共通するAm（弱い乾季のある熱帯雨林気候・熱帯モンスーン気候）は，気候区分ではAfにまとめられることが多い。

❽ 小区分・ケッペンの仮想大陸　図の中央部分が現実の海洋と陸地の比率におおよそ合わせてつくられた仮想大陸で，ケッペンの気候区分の規則性が読み取りやすい。

　赤道から離れるにしたがいAからEへと配列している。ただし，Dは北半球にのみ分布し，BとCsは大陸⑳＿＿＿＿＿＿岸，CwとDwは大陸㉑＿＿＿＿＿＿岸に分布している。これらは，実際の気候区分図でも確認しておこう。

▼仮想大陸上の気候区分

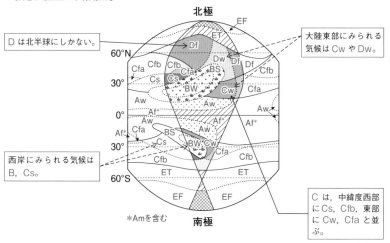

② 大陸西岸の降水の季節配分

　地球は，地軸を23.4°傾けて公転している。このため，太陽からの熱を最も受けて上昇気流が卓越する㉒＿＿＿＿＿＿＿＿＿は，北半球では夏に赤道付近から㉓＿＿＿＿＿＿し，南半球では夏に赤道付近から㉔＿＿＿＿＿＿する。これに連動して，回帰線付近の㉕＿＿＿＿＿＿や，緯度40°から50°付近に位置する㉖＿＿＿＿＿＿＿＿も，南北に移動する。

地理B（15年）②
地理B（14年）④

　以下，北半球の大陸西岸の気候との関連について説明する。

　赤道付近は，夏季（高日季）は北上，冬季（低日季）は南下する㉗＿＿＿＿＿＿＿に年間を通して覆われるため，年中多雨の㉘＿＿＿＿＿＿＿となる。その周辺は，夏季は㉙＿＿＿＿＿＿＿に，冬季は㉚＿＿＿＿＿＿＿に覆われ，雨季乾季が明瞭な㉛＿＿＿＿＿＿＿となる。

　回帰線付近は，夏季は北上，冬季は南下する㉜＿＿＿＿＿＿＿＿に年間を通して覆われるため，年中少雨で蒸発量が降水量を上回る㉝＿＿＿＿＿＿となる。

地理B（21年・第1日程）②

　また，BS気候の高緯度側には㉞＿＿＿＿＿＿＿＿が分布。ここでは，夏季は北上した

⑤_____に覆われ少雨，冬季は南下した⑥_____に覆われ多雨

となる。

　なお，ここまでの規則性のある気候配列は，季節風などの影響を強く受ける大陸東岸では

みられないので注意しよう。

　雨温図やハイサーグラフ（→p.059）の読み取りは，降水の季節配分に注目することが大

切である。

▼太陽の回帰と大陸西岸の気候配列

緯度	7月	大陸西岸の気候配列	1月	降水の季節配分	
				7月	1月
40°〜60°N	亜熱帯高圧帯	Cfb	亜寒帯低圧帯	年中多雨	
30°〜40°N		Cs		少雨（夏）	多雨（冬）
		BS		少雨	多雨
北回帰線（23.4°N）		BW	亜熱帯高圧帯	年中少雨	
	熱帯収束帯	BS		多雨（夏）	少雨（冬）
		Aw		多雨	少雨
赤道（0°）	亜熱帯高圧帯	Af	熱帯収束帯	年中多雨	
		Aw		少雨（冬）	多雨（夏）
		BS		少雨	多雨
南回帰線（23.4°S）		BW	亜熱帯高圧帯	年中少雨	
	亜寒帯低圧帯	BS		多雨（冬）	少雨（夏）
30°〜40°S		Cs		多雨	少雨
40°〜60°S		Cfb		年中多雨	

第3節 植生・土壌と各気候区の特徴

ココが出る!!

1. 植生と成帯土壌，間帯土壌の色や分布
2. 各気候区の特徴と気候に関わる人間生活

この単元の設問は，世界の各都市や地域の細かな知識が求められているようにみえるが，実際は世界の気候分布を，気候因子などの背景から理解していることが求められている。2006～23年のセンター試験・共通テストでは，第1問「自然環境」，第4問「地誌」で出題されている。

1 植生

解答：別冊 p. 4

❶ 熱帯雨林 多種類の常緑広葉樹からなる密林で，低木から高木まで層構造をなす。アマゾン川流域の ①＿＿＿＿＿＿ や，東南アジアの ②＿＿＿＿＿＿ などが典型例である。河口付近の淡水と海水が混じる潮間帯には ③＿＿＿＿＿＿ もみられる。

地理B（23年）②
地理B（22年・追）②
地理B（10年）③

❷ 温帯林と亜寒帯林 温帯には，広く ④＿＿＿＿＿＿ 林が分布する。大陸西岸の温帯の低緯度側には地中海性気候区が分布し，夏季の乾燥に耐えるため葉の小さいオリーブやコルクガシなどの常緑広葉樹からなる ⑤＿＿＿＿＿＿ 林が分布する。また，ユーラシア大陸東岸で温帯の中国南部や日本の低緯度側などには，シイ，カシなどの ⑥＿＿＿＿＿＿ からなる常緑広葉樹林が分布する。

地理B（21年・第1日程）⑥
地理B（21年・第2日程）④・⑤
地理B（11年・追）⑥
地理B（09年）⑥

温帯の高緯度側と亜寒帯（冷帯）の低緯度側との境界には，落葉広葉樹と針葉樹との ⑦＿＿＿＿＿＿ が分布する。亜寒帯には，針葉樹の純林である ⑧＿＿＿＿＿＿ が広くみられる。

▼亜寒帯から温帯の樹林の分布モデル

西岸側	東岸側
針葉樹林 （タイガ・純林）	冷帯
混合林（混交林） （針葉樹と落葉広葉樹の混合林）	
落葉広葉樹林	温帯
常緑硬葉樹林 （オリーブ・コルクガシなど）	常緑照葉樹林 （シイ・カシ・クスなど）

（高緯度側／低緯度側）

❸ 熱帯草原（サバナ） サバナとは，疎らな林（疎林）が混じる熱帯長草草原のこと。東アフリカのケニアやタンザニアでは ⑨＿＿＿＿＿＿，南アメリカ北部ベネズエラのオリノコ川流域では ⑩＿＿＿＿＿＿，ブラジル高原では ⑪＿＿＿＿＿＿ とよばれる。

❹ 温帯草原 温帯の降水量が少ない地域には，草原が広がっている。北アメリカ中央部の ⑫＿＿＿＿＿＿ や，アルゼンチンの ⑬＿＿＿＿＿＿ などが有名である。

❺ 乾燥草原 中央アジアに位置するカザフスタンの草原の名称（カザフステップ）に由来する ⑭＿＿＿＿＿＿ は，砂漠のおもに高緯度側に分布する短草草原である。

地理B（12年・追）⑤

② 土壌（成帯土壌と間帯土壌）

土壌とは，岩石が風化したものに，腐植（動植物の遺骸が腐ってできた有機物）が混ざって形成されたもの。気候や植生の影響を強く受けて形成された⑮＿＿＿＿＿＿と，岩石などの影響を強く受けて局地的に分布する⑯＿＿＿＿＿＿とにわけられる。

地理B（14年）④
地理B（13年）②
地理B（12年）④
地理B（11年）②
地理B（10年）⑤
地理B（09年・追）
③

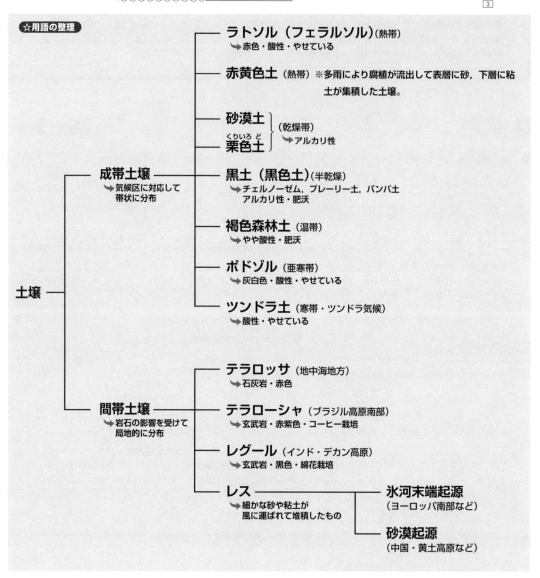

☆用語の整理

土壌
- 成帯土壌 ➡気候区に対応して帯状に分布
  - ラトソル（フェラルソル）（熱帯）➡赤色・酸性・やせている
  - 赤黄色土（熱帯）※多雨により腐植が流出して表層に砂，下層に粘土が集積した土壌。
  - 砂漠土（乾燥帯）
  - 栗色土（くりいろど）｝➡アルカリ性
  - 黒土（黒色土）（半乾燥）➡チェルノーゼム，プレーリー土，パンパ土　アルカリ性・肥沃
  - 褐色森林土（温帯）➡やや酸性・肥沃
  - ポドゾル（亜寒帯）➡灰白色・酸性・やせている
  - ツンドラ土（寒帯・ツンドラ気候）➡酸性・やせている
- 間帯土壌 ➡岩石の影響を受けて局地的に分布
  - テラロッサ（地中海地方）➡石灰岩・赤色
  - テラローシャ（ブラジル高原南部）➡玄武岩・赤紫色・コーヒー栽培
  - レグール（インド・デカン高原）➡玄武岩・黒色・綿花栽培
  - レス ➡細かな砂や粘土が風に運ばれて堆積したもの
    - 氷河末端起源（ヨーロッパ南部など）
    - 砂漠起源（中国・黄土高原など）

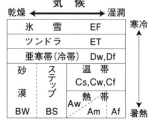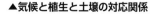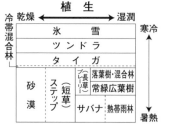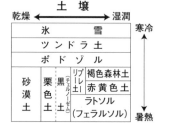

▲気候と植生と土壌の対応関係

3 各気候区の特徴①（熱帯）

❶ 熱帯雨林気候（Af，Am） 赤道周辺に位置し，気温の年較差が小さい。年中

⑰＿＿＿＿＿＿＿帯の影響を受け多雨である。雨は対流性降雨で，ほぼ毎日午後に激しい

雨を伴う強風である⑱＿＿＿＿＿＿＿がみられ，短時間にまとまって降る。

地理A（21年・第
2日程）⑪

アジアや南アメリカの熱帯雨林気候区（Af）の高緯度側には，乾季はあるが熱帯雨林

が生育する弱い乾季のある熱帯雨林気候（熱帯モンスーン気候・Am）が分布する。

湿気や野獣からの害を避けるため⑲＿＿＿＿＿＿住居が多くみられる。

❷ サバナ気候（Aw） 熱帯雨林気候の周囲には，サバナ気候区（Aw）が分布する。夏

季（高日季）には⑳＿＿＿＿＿＿帯の圏内となり多雨，冬季（低日季）には㉑＿＿＿＿

＿＿＿帯の圏内となり少雨となる。

▼A 気候の分布地域

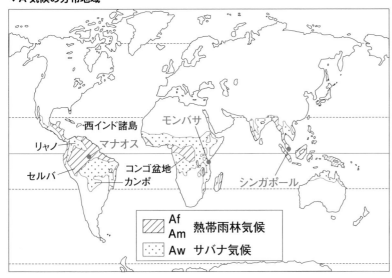

▼A 気候の雨温図とハイサーグラフ

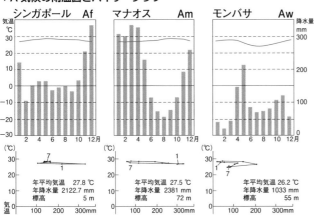

4 各気候区の特徴② (乾燥帯)

❶ 砂漠気候 (BW)　砂漠気候は，年中亜熱帯高圧帯の圏内となる地域，海洋から隔たっ
ている大陸内部 (中央アジア)，卓越風に対して山地の風下側となる地域，寒流の流れる
低緯度の大陸西岸に位置する。

地理 B (06 年) 25

原因	成因	例
亜熱帯高圧帯の支配 (回帰線付近の大陸西岸)	下降気流が卓越し，降水をもたらす上昇気流が発生しにくい	サハラ砂漠 カラハリ砂漠 (アフリカ南部)
海洋から隔たっている度合いが大きい (隔海度が大きい)	海洋から離れているため，水蒸気が届かない	ゴビ砂漠 タクラマカン砂漠
卓越風に対して山地の風下側	山地風上側で降水がみられ，風下側では水分が失われる	パタゴニア (アルゼンチン)
寒流の流れる低緯度の大陸西岸	沖を流れる寒流によって，大気の下層が冷却され，上層が温暖となり上昇気流が生じない	アンゴラの海岸〜ナミブ砂漠 ペルーの海岸〜アタカマ砂漠

▼B 気候の分布地域

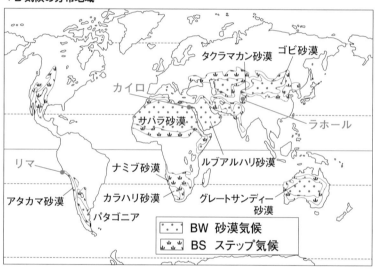

▼B 気候の雨温図とハイサーグラフ

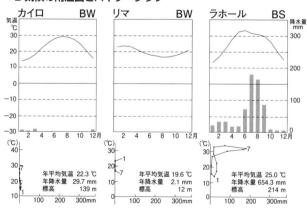

❷ ステップ気候（BS）　砂漠気候の周辺に位置する。乾燥地域の遊牧民は，モンゴルの

㉒＿＿＿＿＿＿＿＿＿＿などテント式の移動式住居を利用する。

5 各気候区の特徴③（温帯）

地理B（21年・第
1日程）14

❶ 温暖冬季少雨気候（Cw）　㉓＿＿＿＿＿＿＿＿＿＿＿＿＿の影響を受け夏季が多雨，冬季は少雨

となる中国からインド北部にかけての地域に分布する。

　　アフリカ大陸や南アメリカ大陸のAw地域の高原は，低地と降水の季節配分は同じだ

が，気温の逓減により最寒月平均気温が18℃を下回るため，A（熱帯）気候ではなくC

（温帯）気候のCwとなる。

❷ 温暖湿潤気候（Cfa）　緯度30°から40°の大陸東岸に分布する。最暖月平均気温が

㉔＿＿＿＿＿＿℃を超え高温となり，四季が明瞭。低緯度側にはシイ・カシなどの㉕＿＿＿＿

＿＿＿＿林がみられる。

❸ 地中海性気候（Cs）　緯度30°から45°付近の大陸西岸に分布。夏季は㉖＿＿＿＿＿＿

＿＿＿＿＿＿に覆われ少雨，冬季は㉗＿＿＿＿＿＿＿＿＿＿＿に覆われ多雨で，乾季雨季が明

瞭である。

地理B（11年）3
地理B（09年）1
地理B（08年）1
地理B（04年）4

❹ 西岸海洋性気候（Cfb）　㉘＿＿＿＿＿＿＿＿＿＿気候区の高緯度側で，緯度40°から60°の

大陸西岸に分布する。㉙＿＿＿＿＿＿＿風の影響を受け年中湿潤。東岸に位置する温暖湿潤気

候（Cfa）より高緯度側に分布するため，最暖月の平均気温が㉚＿＿＿＿＿＿℃を超えない。

地理B（12年）2
地理B（11年・追）
19

　　なお，南半球のオーストラリアやニュージーランドでは，海洋の影響により夏季に高温

とならないため，東岸にも分布する。

▼C気候の分布地域

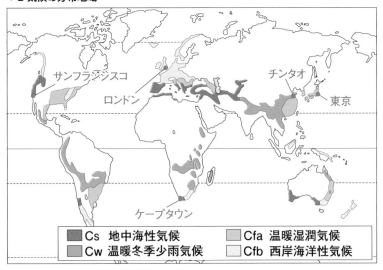

Cs	地中海性気候	Cfa	温暖湿潤気候
Cw	温暖冬季少雨気候	Cfb	西岸海洋性気候

▼**C 気候の雨温図とハイサーグラフ**

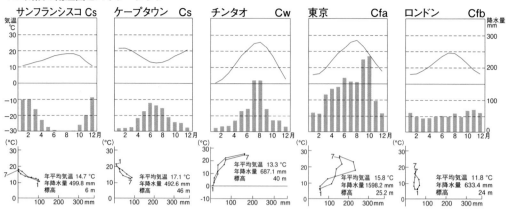

6 各気候区の特徴④（亜寒帯（冷帯）と寒帯）

❶ **亜寒帯（冷帯）・亜寒帯（冷帯）湿潤気候（Df）** 亜寒帯（冷帯）（D）は，㉛_____

にのみ分布する。亜寒帯（冷帯）湿潤気候（Df）は，ヨーロッパ東部からシベリア

西部・中央部，北アメリカ大陸の高緯度地域に分布し，海洋からの㉜_____の影響

により年中湿潤。

地理B（09年・追）㉘

❷ **亜寒帯（冷帯）・亜寒帯（冷帯）冬季少雨気候（Dw）** ユーラシア大陸東部のみに分

布する。冬季にシベリア高気圧に覆われるこの地域は，冬は厳寒で少雨であり，気温の年

較差は極めて大きい。

地理B（06年）⒁

　シベリア東部など㉝_____が広がる地域では，家屋などからの熱により凍土が

融解して建物が傾くのを防ぐため，㉞_____の住居もみられる。

地理A（23年・追）⑧

❸ **寒帯・ツンドラ気候（ET）** 降水量や降水の季節配分に関係なく，最暖月の平均気温

は10℃未満，0℃以上。夏季は凍土層の表面が融け，コケ類や菌類などの地衣・蘚苔類

と，小低木もみられる。

　北極海沿岸と，チベット高原など高山地域にも分布。北極海沿岸では㉟_____，

チベット高原やヒマラヤ，テンシャン山麓では㊱_____の遊牧が行われている。

❹ **寒帯・氷雪気候（EF）** 降水量や降水の季節配分に関係なく，最暖月平均気温が0℃

未満。南極大陸・グリーンランド内陸には大陸㊲_____が分布する。この気候の大部

分は，非居住地域（アネクメーネ）。

▼D，E気候の分布地域

Df 亜寒帯（冷帯）湿潤気候
Dw 亜寒帯（冷帯）冬季少雨気候
ET ツンドラ気候
EF 氷雪気候

▼D，E気候の雨温図とハイサーグラフ

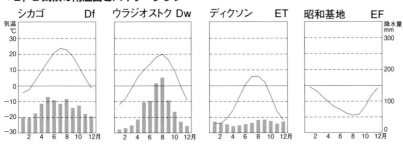

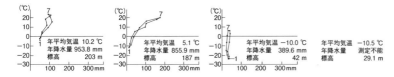

第2章
気候と防災

第4節 陸水と海洋

ココが出る!!

1. 河川流量の年変化
2. エルニーニョ現象とその影響

この単元では，河川流量の年変化やエルニーニョ現象についてよく問われてきた。ともに，流域や海域の地形，気候などの自然環境を背景から理解できていることが求められている。2006～23年のセンター試験・共通テストでは，第1問「自然環境」で出題されている。

① 陸水

解答：別冊 p.5

地理B（14年）20

地球上の水のうち，97.4%が海水で，残りが氷雪，地下水，湖沼水，河川水などの陸水である。陸水のうち，約8割は① ＿＿＿＿＿＿，約2割は② ＿＿＿＿＿＿。③ ＿＿＿＿＿＿のほとんどは，南極大陸と④ ＿＿＿＿＿＿に存在する。

❶ 地下水 地下水には，地表面に最も近く地表からの雨水などの浸透水や揚水などの影響を受けやすい⑤ ＿＿＿＿＿地下水や，上下二層の不透水層に挟まれた⑥ ＿＿＿＿＿地下水などがある。

地理B（13年）6

オーストラリア大陸の大鑽井（だいさんせい）（グレートアーテジアン）盆地では，被圧地下水層まで掘り抜いた鑽井（掘り抜き井戸）が牧羊に利用されている。

なお，地盤が軟弱な沖積平野では，地下水の過剰揚水により⑦ ＿＿＿＿＿＿が生じる。

▼地下水の模式図

掘り抜き井戸

宙水　浅井戸　自噴井　被圧地下水面

地下水面

自由地下水

被圧地下水

□ 透水層
■ 不透水層

❷ 湖沼 湖沼は，成因・塩分濃度・栄養分（窒素・リンなどの濃度）で分類される。

地理A（22年・追）3
地理B（14年）3

成因による分類	断層湖	断層によってできた凹地（おうち）に水がたまってできたもの	バイカル湖，タンガニーカ湖，死海
	火口湖，カルデラ湖	火口（もしくはカルデラ）に水がたまってできたもの	十和田湖（カルデラ湖）
	潟湖（せきこ）（ラグーン）	湾口に発達した砂州などにより外海と切り離されてできたもの	サロマ湖
	氷河湖	氷食によってできた凹地に水がたまってできたもの	五大湖，北ヨーロッパに多い
栄養分による分類	富栄養湖	窒素，リンを一定以上含む。海岸沿いの浅い湖に多い	霞ケ浦，宍道湖
	貧栄養湖	窒素，リンの含有量が少ない	田沢湖，十和田湖

塩分による分類	淡水湖	塩分量が一定以下の湖	
	塩湖	塩分量が一定以上の湖	死海，グレートソルト湖
	汽水湖	淡水と海水が混ざり，中間的な濃度の湖	中海，浜名湖

❸ |河川水| 河川流量の年変化は，河川水の集まる流域の地形や気候などの自然環境，特に降水の⑧＿＿＿＿＿＿＿との関係が深い。一般には降水の季節配分を反映し，雨季に河川流量が最大となることが多く，シベリアでは⑨＿＿＿＿＿＿＿のある初夏（5～6月頃）に最大となる。

地理B（23年・追）⑤
地理B（11年）④
地理B（07年）③

　日本の河川は，高く険しい山地を源とし，流量の年変化が⑩＿＿＿＿＿＿。一方，ヨーロッパなど大陸の河川は，勾配が緩やかな山地を源とし，流量の年変化は⑪＿＿＿＿＿く，河川交通に利用されることが日本に比べて多い。

▼河川の流量変化

融雪期の増水

② 海洋

❶ |海流| 世界の主な海流の表層は，亜熱帯高圧帯から低緯度側へ吹き出す⑫＿＿＿＿＿＿風と，高緯度側へ吹き出す⑬＿＿＿＿＿風と同じ向きに流れる。海流は自転の影響により，北半球では⑭＿＿＿＿回り，南半球では⑮＿＿＿＿＿回りに力を受けて曲がる。

地理B（23年）②
地理B（11年・追）②
地理B（09年・追）④
地理B（04年）③

　一般に，暖流は低緯度側から高緯度側へ，寒流は高緯度側から低緯度側へ流れる。寒流と暖流がぶつかる⑯＿＿＿＿＿＿は，海底から海面へ湧き上がる海水の流れ（湧昇流）ができるため，好漁場となる。

❷ |異常気象| 東太平洋の赤道付近で東から西へ吹く⑰＿＿＿＿＿風がなんらかの要因で弱まると，海底から湧き上がる海水の流れである⑱＿＿＿＿＿が弱まってこの付近の海水温が異常に上昇する⑲＿＿＿＿＿＿現象が発生する。ペルーの海岸砂漠や，アメリカ合衆国本土西岸などでは⑳＿＿＿＿＿となり，インドネシアなどでは㉑＿＿＿＿＿となる。また，この海域が異常に低温となることを㉒＿＿＿＿＿＿現象とよび，ともに世界各地に異常気象をもたらす。

地理B（21年・第1日程）③
地理B（12年）⑤
地理B（06年）⑮

実戦演習

解答：別冊 p. 14

❶ 　自然環境に関する様々な現象の理解には，それぞれの時間スケールと空間スケールの認識が必要になる。次の図は，気候や気象に関するいくつかの現象についておおよその時間スケールと空間スケールを模式的に示したものであり，①～④は，エルニーニョ・ラニーニャ現象，地球温暖化，低気圧・台風，モンスーンのいずれかである。モンスーンを示したものとして最も適当なものを，図中の①～④のうちから一つ選べ。

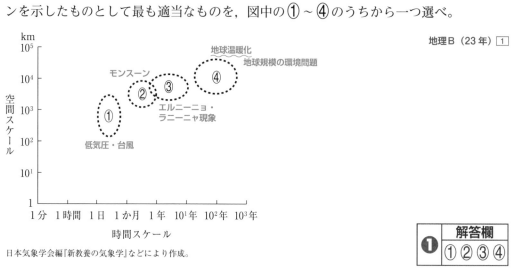

地理B（23 年）□1

日本気象学会編『新教養の気象学』などにより作成。

❶	解答欄
	① ② ③ ④

❷ 　次の図は，赤道付近から北極付近における大気大循環の模式図である。図にかかわる内容について述べた文として最も適当なものを，下の①～④のうちから一つ選べ。

地理B（13 年）□1

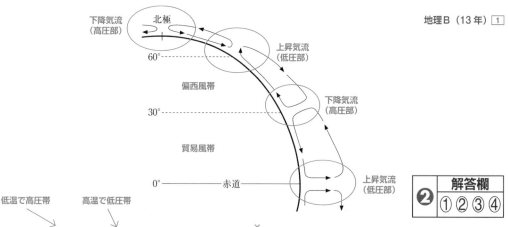

❷	解答欄
	① ② ③ ④

① 　北極付近と赤道付近は，いずれも高圧帯となっている。

② 　高圧帯や低圧帯の南北移動は，降水量の季節変化の一因となっている。

③ 　北緯 30 度付近から高緯度側へ向かう大気の流れは，極東風とよばれる。

④ 　北緯 30 度付近では下降気流が卓越し，湿潤な気候をもたらしている。

❸ 各地の雨温図の特徴に影響を与える気候因子を確認するために, コハルさんの班は, 仮想的な大陸と等高線および地点ア～カが描かれた次の資料を先生から渡された。これらの地点から2地点を選択して雨温図を比較するとき, 海からの距離による影響の違いが強く現れ, それ以外の気候因子の影響ができるだけ現れない組合せとして最も適当なものを, 下の①～④のうちから一つ選べ。　地理B（21年・第1日程）□1

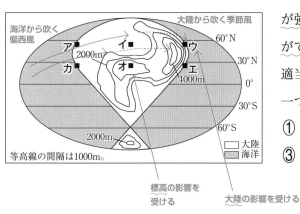

① アとイ　② イとウ×
③ エとオ×　④ オとカ

標高の影響を受ける

大陸の影響を受ける

❸ 解答欄
①②③④

❹ コハルさんの班は, ある地点AとBの二つの雨温図が描かれた次の資料を先生から渡されて, 雨温図に示された気候の特徴とその原因となる大気大循環について話し合った。下の会話文中の空欄アとイに当てはまる語の正しい組合せを, 下の①～④のうちから一つ選べ。

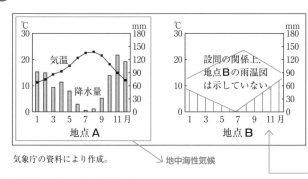

気象庁の資料により作成。→ 地中海性気候

北半球の地中海性気候の低緯度側にはステップ気候が分布

地理B（21年・第1日程）□2

コハル　「地図帳で調べてみると, 地点AとBはどちらも沿岸にあり, 地点Bは地点Aからほぼ真南に約800km離れているようだね」

イズミ　「最暖月や最多雨月は, それぞれ両地点で現れる時期がほぼ同じだね」

ミツハ　「地点AとBが位置する緯度帯では, 降水量が多い時期の雨は, 主に（　ア　）という気圧帯の影響を強く受けていることを授業で習ったよ」

コウ　「月降水量30mm以上の月が続く期間に注目すると, 地点Bの方が地点Aよりも（　イ　）のは, この気圧帯の移動を反映していると考えられるね」

	①	②	③	④
ア	亜寒帯低圧帯（高緯度低圧帯）	亜寒帯低圧帯（高緯度低圧帯）	熱帯収束帯×（赤道低圧帯）	熱帯収束帯×（赤道低圧帯）
イ	長い	短い	長い	短い

❹ 解答欄
①②③④

❺ 右下の図は，地図中の **A**，**B** の線上の地点**ア～エ**における 1 月，7 月の降水量を示したものであり，①～④は，**A** の 1 月，**A** の 7 月，**B** の 1 月，**B** の 7 月のいずれかである。**A** の線上の 4 地点における 7 月の降水量に該当するものを，①～④のうちから一つ選べ。

地理B（10 年）②

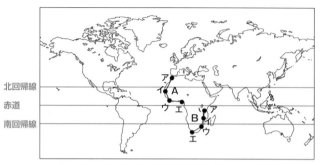

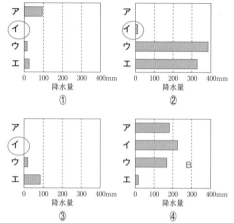

Ⅰ **A** の**イ**は北回帰線付近の大陸西岸に位置し年中少雨
　→④は **B** の 1 月か 7 月

Ⅱ **A** の**ア**は夏季少雨で降水の季節配分は s 型
　→②・③のどちらかが **A** の 7 月（①は正答ではない）

Ⅲ **A** の**ウ**・**エ**は北上する熱帯収束帯（赤道低圧帯）の影響を受け 7 月多雨
　→**A** の 7 月は②

『理科年表 CD-ROM』により作成。

❺	解答欄
	① ② ③ ④

❻ 次の図は，東京といくつかの都市における月別・時間別の気温分布を等値線で示したものであり，**ア～ウ**は，オーストラリアのパース，ロシアのヤクーツク，ボリビアのラパスのいずれかである。都市名と**ア～ウ**との正しい組合せを，後の①～⑥のうちから一つ選べ。

地中海性気候　　　　　　　北半球の寒極に近い　　低緯度の高山都市
地理B（23 年）③

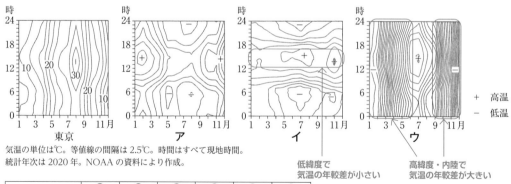

気温の単位は℃。等値線の間隔は 2.5℃。時間はすべて現地時間。
統計年次は 2020 年。NOAA の資料により作成。

低緯度で
気温の年較差が小さい

高緯度・内陸で
気温の年較差が大きい

	①	②	③	④	⑤	⑥
パース	ア	ア	イ	イ	ウ	ウ
ヤクーツク	イ	ウ	ア	ウ	ア	イ
ラパス	ウ	イ	ウ	ア	イ	ア

❻	解答欄
	① ② ③ ④ ⑤ ⑥

❼ サンゴ礁やマングローブの分布は，海水温，海水の塩分，海水の<ruby>濁度<rt>だくど</rt></ruby>などの影響を受ける。次の図１中の**ア**と**イ**は，南北アメリカにおけるサンゴ礁とマングローブのいずれかの分布を示したものである。また，右下の図２は，主な海流を示したものである。マングローブと海流の向きとの正しい組合せを，後の①～④のうちから一つ選べ。

赤道を描き入れよう

ア

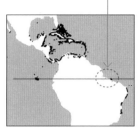

イ

アマゾン川河口は
土砂供給量が多く
濁度が大きく
サンゴ礁の発達が悪い

🔺 サンゴ礁または
　　マングローブ

UN Environment Programme World Conservation Monitoring Centre の資料などにより作成。

図１

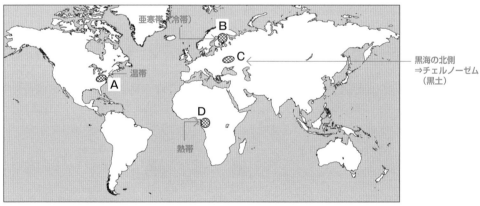

ペルー
海流

ＡとＢを結ぶ実線は海流を示す。

図２

	①	②	③	④
マングローブ	ア	ア	イ	イ
海流の向き	ＡからＢ	ＢからＡ	ＡからＢ	ＢからＡ

❼ 解答欄
① ② ③ ④

---

❽ 図中の**Ａ～Ｄ**でみられる土壌の特徴と成因を述べた文として**適当でないもの**を，下の①～④のうちから一つ選べ。

亜寒帯（冷帯）　Ｂ

Ｃ　　黒海の北側
　⇒チェルノーゼム
　　（黒土）

温帯

Ａ

Ｄ

熱帯

北緯80度～南緯60度の範囲を示す。

❽ 解答欄
① ② ③ ④

成帯土壌の説明

① **Ａ**では，腐植の集積や，風化作用にともない，褐色の土壌が形成される。⇒褐色森林土

② **Ｂ**では，鉄分の溶脱が進み，灰白色の土壌が形成される。⇒ポドゾル

③ **Ｃ**では，水分の蒸発により塩類が集積し，灰色の土壌が形成される。⇒砂漠土 ×

④ **Ｄ**では，鉄やアルミニウムが集積し，赤色の土壌が形成される。⇒ラトソル

第Ⅱ編　第2章　実戦演習

第 1 章
農林水産業と食料問題　**第 1 節 農業**

ココが出る!!

1. 農業地域区分
2. 生産統計
3. 食料問題

この単元は，作物の栽培起源地（農耕文化や原産地），ホイットルセイの農業地域区分，第 2 節 (p.079) の生産・貿易統計，生産・集約度や政策などが出題されてきた。また，第 3 節 (p.085) の食料問題もここには含まれる。2006〜23 年のセンター試験・共通テストでは，第 2 問「資源と産業」，第 4 問「地誌」，第 5 問「地域調査」で出題されている。

1 農業の発達と成立条件

解答：別冊 p. 5

❶　農耕文化　根栽農耕文化は，年中高温多雨な ①＿＿＿＿＿＿＿＿ ではじまった。ここ

は，タロイモやヤムイモ，バナナ，サトウキビなどの栽培起源地である。

　　②＿＿＿＿＿＿＿農耕文化は，雨季と乾季が明瞭な西アフリカではじまった。ここは，ヒ

エなどの ③＿＿＿＿＿ の栽培起源地である。

　　地中海農耕文化は，高温で冬季湿潤な ④＿＿＿＿＿＿＿ ではじまった。ここは，秋まき

の ⑤＿＿＿＿＿ や大麦などの栽培起源地である。

　　新大陸農耕文化は，⑥＿＿＿＿＿＿＿＿ ではじまった。ここは，トウモロコシやジャ

ガイモ，キャッサバなどの栽培起源地である。

地理A（21 年・第 2 日程）⑦
地理B（11 年・追）⑦
地理B（09 年）⑮

▼農作物の原産地と伝播ルート

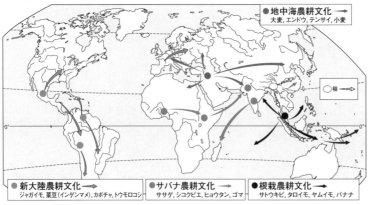

（中尾佐助「栽培植物と農耕の起源」）

❷ 農業の成立条件　気候や地形などの⑦＿＿＿＿＿条件と，経済水準や文化などの

⑧＿＿＿＿＿条件の違いにより，世界にはさまざまな形態の農業がみられる。

❸ 農業の自然条件

気候	農耕の限界は，最暖月平均気温10℃の等温線とほぼ一致し，これより寒冷なツンドラ地域（ET）ではトナカイなどの⑨＿＿＿＿＿が行われる。一般に，牧畜は年降水量250mm以上，畑作は500mm以上，稲作は⑩＿＿＿＿＿mm以上の地域で行われる。
地形	傾斜地では，段々畑や⑪＿＿＿＿＿などの階段耕作が行われる。アメリカ合衆国などの畑作地域では，雨水などによる土壌侵食を防ぐため，等高線に沿って畦をつくり，帯状に作付けする⑫＿＿＿＿＿＿もみられる。

▼世界の作物の栽培限界

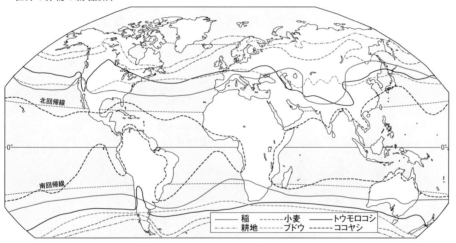

❹ 農業の社会条件　資本や技術，⑬＿＿＿＿＿との距離や歴史，政策などのことをさす。

自然条件は同じでも，社会条件が異なれば農業形態は異なってくる。

　例えば，⑭＿＿＿＿＿の投入量が多ければ，土地や肥料，機械などを多く購入でき，収穫量も増える。

　また，市場との距離は，鮮度が重要な⑮＿＿＿＿＿や生乳などを生産する農業が，市場に近いところで成立することと関連するが，交通機関の発達により遠方でもそれらを生産することが可能になった。

　政府などの農家に対する補助金の支出も，農業形態に大きく関連する。

▼農業形態と集約度，経営規模

	農業形態	集約度	経営規模（目安）	地域
自給的農業	遊牧，焼畑農業	×	地域によって異なる	アジア，アフリカ
	集約的稲作，集約的畑作（オアシス農業含む）	◎	～9 ha／人	
商業的農業	商業的混合農業，酪農，園芸農業，地中海式農業	◎	10～99 ha／人	ヨーロッパ
企業的農業	企業的穀物農業，企業的牧畜	×	100 ha／人以上 大規模な農園が多い	新大陸
	プランテーション農業	○		熱帯の旧植民地

※経営規模は農業従事者１人当たりの農地面積

❺ 集約度 土地に対して多くの労働力や資本を投下する農業を ⑯＿＿＿＿＿的農業，あまり投下しない農業を ⑰＿＿＿＿＿的農業という。一般に，人口が多く経営規模が小さい地域では労働集約度が ⑱＿＿＿＿＿くなり，人口が少なく経営規模が大きい地域の労働集約度は ⑲＿＿＿＿くなる。

❻ 生産性 単位面積当たりの生産量を土地生産性，１人当たりの生産量を労働生産性という。一般に，集約度が高まると土地生産性が高まり，機械化が進むと労働生産性が高まる。ヨーロッパの農業はともに ⑳＿＿＿＿い。アジアでは土地生産性が，アメリカ合衆国やオーストラリアなどの新大陸では ㉑＿＿＿＿＿＿＿＿が高い。

地理B（15年）11
地理B（12年）
11・27

▶集約度と生産性

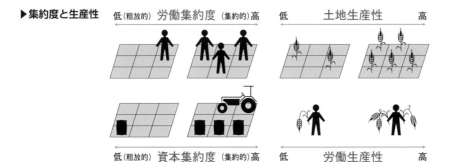

▶農業生産性の国際比較
（2008～2012年平均）

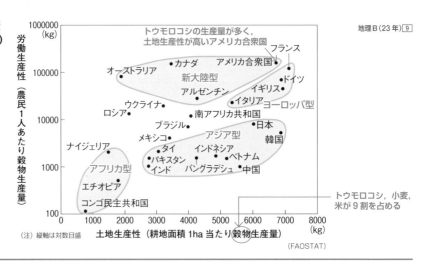

（注）縦軸は対数目盛

地理B（23年）9

（FAOSTAT）

❼ 農業地域の分類 ホイットルセイ（1890-1956）は，(ア)作物と㉒＿＿＿＿＿＿＿の組み合

わせ，(イ)作物栽培と家畜飼育の方法，(ウ)資本や労働投下の集約度とその結果としての収穫

量，(エ)収穫物の加工・処理の方法，(オ)農家や農業施設の規模，の５項目を基準にして世

界の農牧業を13に地域区分した。

地理B（08年・追）
⑦

自給的農業	農民が生産した農産物を，市場に流通させず自分で消費する農業で農業人口率の高いアジア・アフリカなどの㉓＿＿＿＿＿＿＿地域で行われている。
商業的農業	農産物の㉔＿＿＿＿＿＿を目的とした農業で，ヨーロッパやアメリカ合衆国など先進地域で行われている。
企業的農業	商業的農業が大規模化したもので，アメリカ合衆国やオーストラリアなどの㉕＿＿＿＿＿＿＿で行われている。
集団農業	旧ソ連や中国，キューバなど㉖＿＿＿＿＿＿＿で行われ，土地を国有化して生産を国の管理下に置いた農業。社会主義計画経済は農家の自主性を阻害し，集団化は生産意欲を低下させ，生産が停滞したためほとんど崩壊している。

② 自給的農業

　農民が生産した農産物を，市場に流通させず自分で消費する農業。農業人口率の高い発展

途上地域で行われている。

地理B（12年）⑧
地理B（12年・追）
⑥
地理B（11年）⑳
地理B（08年）㉑
地理B（08年・追）
⑧・⑩・
⑪・㉑
地理B（07年）㉑

▼自給的農業の分布

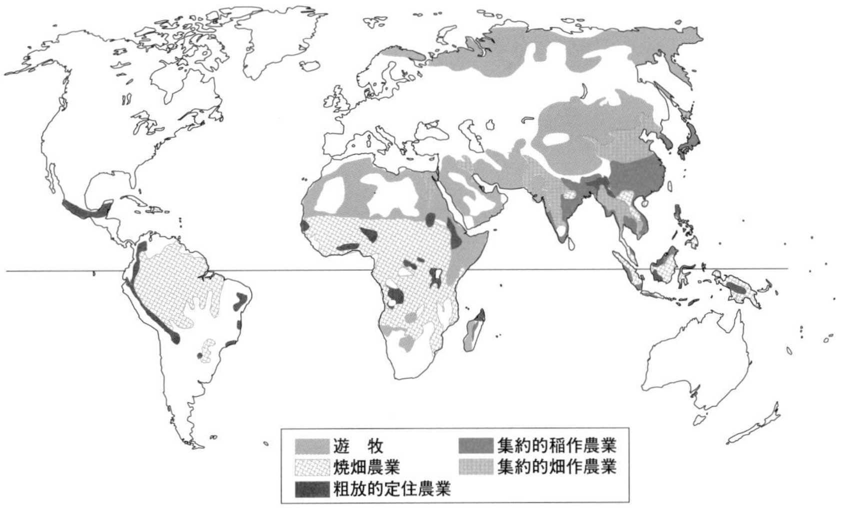

```
遊　牧        集約的稲作農業
焼畑農業      集約的畑作農業
粗放的定住農業
```

(Schweizer Weltatlas 1993, ほか)

地理A(23年) 8

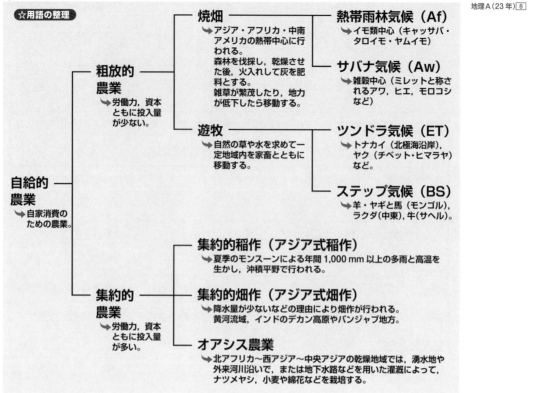

☆用語の整理

粗放的農業
➡労働力，資本ともに投入量が少ない。

焼畑
➡アジア・アフリカ・中南アメリカの熱帯中心に行われる。
森林を伐採し，乾燥させた後，火入れして灰を肥料とする。
雑草が繁茂したり，地力が低下したら移動する。

熱帯雨林気候（Af）
➡イモ類中心（キャッサバ・タロイモ・ヤムイモ）

サバナ気候（Aw）
➡雑穀中心（ミレットと称されるアワ，ヒエ，モロコシなど）

遊牧
➡自然の草や水を求めて一定地域内を家畜とともに移動する。

ツンドラ気候（ET）
➡トナカイ（北極海沿岸），ヤク（チベット・ヒマラヤ）など。

ステップ気候（BS）
➡羊・ヤギと馬（モンゴル），ラクダ(中東)，牛(サヘル)。

自給的農業
➡自家消費のための農業。

集約的農業
➡労働力，資本ともに投入量が多い。

集約的稲作（アジア式稲作）
➡夏季のモンスーンによる年間 1,000 mm 以上の多雨と高温を生かし，沖積平野で行われる。

集約的畑作（アジア式畑作）
➡降水量が少ないなどの理由により畑作が行われる。黄河流域，インドのデカン高原やパンジャブ地方。

オアシス農業
➡北アフリカ〜西アジア〜中央アジアの乾燥地域では，湧水地や外来河川沿いで，または地下水路などを用いた灌漑によって，ナツメヤシ，小麦や綿花などを栽培する。

▼家畜の分布

地理A(22年) 8
地理A(23年・追)
7

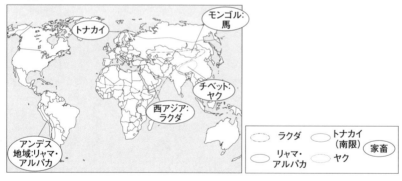

トナカイ
モンゴル：馬
チベット：ヤク
西アジア：ラクダ
アンデス地域:リャマ・アルパカ

ラクダ　　トナカイ（南限）
リャマ・アルパカ　　ヤク　　家畜

3 商業的農業

農産物の販売を目的とした農業。ヨーロッパやアメリカ合衆国など先進地域で行われる。

❶ ヨーロッパの農業の発達

古代	地力の減退を防ぐため，耕地を二分して耕作と休閑を繰り返す㉗＿＿＿＿農業が行われた。夏季乾燥する地中海沿岸では冬穀物（小麦）が，冷涼な北西ヨーロッパでは夏穀物（大麦・エン麦）が栽培された。
中世	北西ヨーロッパでは，地力の減退を防ぐため，耕地を夏穀物（大麦・エン麦など），冬穀物（小麦・ライ麦など），休閑地に三分し循環的に使用する㉘＿＿＿＿農業が行われるようになった。

地理B(23年) 8

<table>
<tr>
<td rowspan="2">近世以降</td>
<td>人口増加に対応するため，北西ヨーロッパでは，^㉙＿＿＿＿＿＿作物としてクローバーなどの牧草とカブ・テンサイなどの根菜を導入した。耕地を循環的に使用する輪栽式^㉚＿＿＿＿＿農業が行われるようになり，家畜の飼育数が増え，その糞を肥料として利用したため，休閑が不要になった。

その後，^㉛＿＿＿＿＿革命を経て都市化が進展すると，アメリカなどの新大陸から安価な穀物が大量に輸入されるようになった。これを受け，販売目的で肉を生産する^㉜＿＿＿＿＿＿＿＿と，乳・酪製品を生産する^㉝＿＿＿＿＿，野菜や花を生産する^㉞＿＿＿＿＿＿＿に分化し，商業化が進んだ。

一方，地中海沿岸では，古代以来の二圃式農業から，販売目的でオリーブ，コルクガシなどの樹木作物を栽培する地中海式農業へと発展した。</td>
</tr>
</table>

▼ヨーロッパの農業の発展

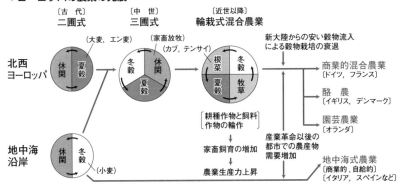

▼商業的農業の分布

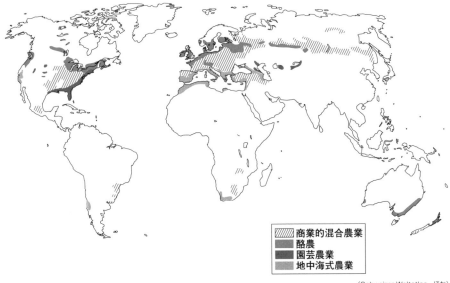

商業的混合農業
酪農
園芸農業
地中海式農業

(Schweizer Weltatlas, ほか)

❷ 商業的混合農業　㉟＿＿＿＿＿作物栽培と牛・豚などの家畜飼育を組み合わせ，肉類

を販売する農業である。

地理B（11年・追）
8
地理B（10年・追）
18

　　ヨーロッパでは，北部で㊱＿＿＿＿＿・ジャガイモ栽培と㊲＿＿＿＿＿などの家畜飼育

が，南部で㊳＿＿＿＿＿・トウモロコシ栽培と㊴＿＿＿＿＿などの家畜飼育が行われる。ア

メリカ合衆国では，五大湖の南西側の㊵＿＿＿＿＿＿＿でトウモロコシ・大豆栽培と

豚や牛などの飼育が行われる。

❸ 酪農　生乳や乳製品を生産・販売する目的で，乳牛を飼育する農業。消費地の近郊で

は鮮度が重要な㊶＿＿＿＿＿が，消費地から離れた所では保存がきくバターや

㊷＿＿＿＿＿が生産の中心となる。

地理B（08年・追）
9
地理B（06年）17

　　酪農は，かつて大陸氷河に覆われたことで地力が低いヨーロッパの北海から㊸＿＿＿＿

＿＿沿岸，アメリカ合衆国の㊹＿＿＿＿＿沿岸から大西洋岸にかけての地域で行われ

る。そのほか，オーストラリア南東部，ニュージーランド北島，アルプス山麓でも行われ

ている。

❹ 園芸農業　都市向けの新鮮な野菜・花卉（かき）や果物を，せまい土地で集約的に生産する農

業。近郊農業と輸送園芸にわけられる。

地理B（21年・第
2日程）8

☆用語の整理

園芸農業 ─┬─ **近郊農業**
　　　　　　　　➡新鮮な野菜や花卉，果物を都市向けに
　　　　　　　　集約的に栽培。
　　　　　　　　アメリカ合衆国のメガロポリス，オラ
　　　　　　　　ンダ，東京大都市圏など都市近郊で行
　　　　　　　　われる。
　　　　　　└─ **輸送園芸（遠郊農業）**
　　　　　　　　➡一般に，温暖，冷涼な気候を生かし，
　　　　　　　　都市近郊からの出荷量が減る端境期に
　　　　　　　　出荷する農業。

促成栽培
➡温暖な気候を生かして，都市近郊よりも出荷時
期を早めて出荷する農業。
アメリカ合衆国のフロリダ半島や日本の四国・
九州の野菜栽培などが当てはまる。

抑制栽培
➡冷涼な気候を生かして，都市近郊よりも出荷時
期を遅らせて出荷する農業。
日本では高冷地の野菜栽培などがこれに当ては
まる。

❺ 地中海式農業　夏季乾燥する地中海性気候地域で行われる農業。一般にはブドウやオ

レンジ類などの㊺＿＿＿＿＿栽培が行われる。

　　㊻＿＿＿＿＿沿岸では，㊼＿＿＿＿＿やコルクガシの栽培が盛ん。湿潤な冬季は

自給用の㊽＿＿＿＿＿栽培が行われる。また，夏季は乾燥して低地の草地が枯れるため，

低地に比べ気温が低く湿潤な高地で家畜を放牧し，冬季は低地で飼育する㊾＿＿＿＿＿も

行われている。

　　カリフォルニア州では，灌漑による野菜栽培が盛んで，近年は地中海沿岸でもヨーロッ

パの大都市向けに行われるようになった。

4 企業的農業

地理B（10年・追）
17

企業的農業とは，20世紀初頭から発展した，広大な農場で大型機械を使用した農業のことで，大規模化が進んでいる。

アメリカ合衆国では，かつて農業開拓を担った家族経営が減少している。⑤⁰＿＿＿＿＿＿＿＿＿＿＿＿＿＿（巨大穀物商社）が⑤¹＿＿＿＿＿＿＿＿＿＿＿＿＿＿＿＿＿（農業関連産業）に進出し，大規模化が進んでいる。

▼企業的農業の分布

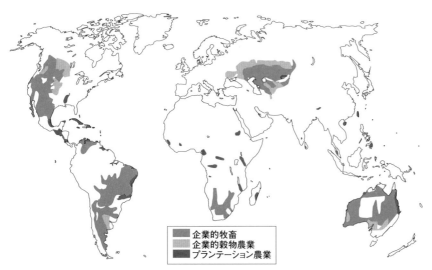

企業的牧畜
企業的穀物農業
プランテーション農業

(Schweizer Weltatlas, ほか)

地理B（14年）27
地理B（09年）16

❶ |企業的穀物農業| 19世紀後半から発展した，広大な農場で大型機械を使用し小麦を栽培する農業。耕地面積に対して労働力の投入量が少ないため⑤²＿＿＿＿＿的であり，土地生産性は⑤³＿＿＿く，機械化が進んでいるため労働生産性は⑤⁴＿＿＿い。

北アメリカのカナダ南部からアメリカ合衆国にかけての⑤⁵＿＿＿＿＿＿＿＿，アルゼンチンの⑤⁶＿＿＿＿＿＿，黒海北側の⑤⁷＿＿＿＿＿＿＿からロシア南部，カザフスタン北部にかけての地域，オーストラリア南東部の⑤⁸＿＿＿＿＿＿＿＿＿盆地などで行われている。年降水量500mm前後で⑤⁹＿＿＿＿＿＿の分布地域が中心。降水量が少ない地域では，地下水をくみ上げて散水する⑥⁰＿＿＿＿＿＿＿＿＿方式もみられる。

▶小麦カレンダー（小麦の収穫期）

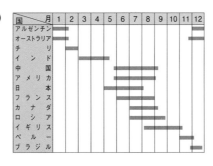

第Ⅲ編 第1章 第1節 農業

❷ 企業的牧畜 肉牛・羊を広大な放牧地で飼育し，肉類・羊毛などを販売する農業で，当初は羊毛生産のための牧羊が発展した。19世紀に⑥¹_____が実用化されると，生肉の長距離輸送も可能となったため，牧牛も盛んとなった。

地理B（14年）⑦
地理B（11年・追）㉑
地理B（09年）⑰

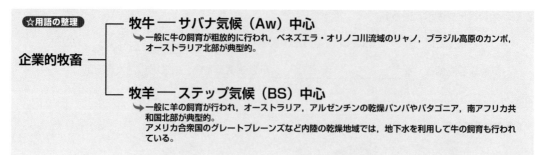

☆用語の整理

企業的牧畜 ─┬─ 牧牛 ── サバナ気候（Aw）中心
➡一般に牛の飼育が粗放的に行われ，ベネズエラ・オリノコ川流域のリャノ，ブラジル高原のカンポ，オーストラリア北部が典型的。

　　　　　 └─ 牧羊 ── ステップ気候（BS）中心
➡一般に羊の飼育が行われ，オーストラリア，アルゼンチンの乾燥パンパやパタゴニア，南アフリカ共和国北部が典型的。
アメリカ合衆国のグレートプレーンズなど内陸の乾燥地域では，地下水を利用して牛の飼育も行われている。

❸ プランテーション農業 熱帯・亜熱帯気候地域で行われる，輸出用の⑥²_____やカカオ豆，茶，綿花，サトウキビ，バナナ，天然ゴムなどの嗜好品(しこうひん)や工芸作物の単一栽培（⑥³_____）が特徴的な農業。輸送に便利な沿岸部で主に行われている。植民地時代に欧米諸国によってはじまったが，第二次世界大戦後は国営や現地資本経営となったところが多い。

地理B（16年・追）⑩
地理B（15年）⑧

モノカルチャーは，国際価格の変動に影響を受けやすいため，作物の⑥⁴_____が進んでいるところもみられる。

▼プランテーション作物の分布

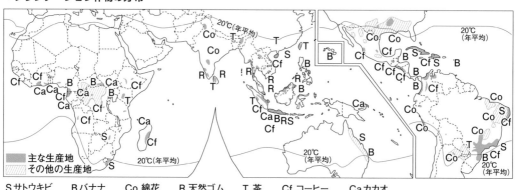

S サトウキビ　B バナナ　Co 綿花　R 天然ゴム　T 茶　Cf コーヒー　Ca カカオ

第 **2** 節 **農産物と農業統計**

※統計は FAOSTAT による。1985 年のロシアは旧ソ連のものであり，ウクライナなどの構成国は "ー（ハイフン）" とした。

1 **三大穀物**

解答：別冊 p.5 ▶

❶ **米** 世界生産量は約 ①＿＿＿＿＿ 億トン。栽培起源地は中国からインドとされる。生産

上位に ②＿＿＿＿＿＿＿＿＿＿ の人口大国が並び，生産・消費の約 9 割をこの地域の

国々が占める。三大穀物の中では貿易量が最も少なく，輸出上位には，インドやタイ，ア

メリカ合衆国のほか，③＿＿＿＿＿＿＿＿＿ 政策により輸出用の栽培が盛んとなったベトナム

や，西アジア向けの高級米生産で有名な ④＿＿＿＿＿＿＿＿＿ がある。

地理 B（23 年・追）
10・11
地理 A（21 年・第
2 日程）9
地理 B（14 年）8
地理 B（09 年）20
地理 B（08 年・追）
12

▼米の生産と輸出入

(万 t)

生産	1985	2021	輸出	1985	2020	輸入	1985	2020
中国	16,857	21,284	インド	32	1,446	中国	21	290
インド	9,582	19,543	ベトナム	6	569	フィリピン	54	191
バングラデシュ	2,256	5,694	タイ	405	567	サウジアラビア	43	154
インドネシア	3,903	5,442	パキスタン	72	394	コートジボワール	34	134
ベトナム	1,588	4,385	アメリカ合衆国	191	279	ガーナ	6	132
世界計	46,816	78,729	世界計	1,146	4,560	世界計	1,225	4,528

❷ **小麦** 世界生産量は約 ⑤＿＿＿＿＿ 億トン。栽培起源地は西アジアとされる。米より冷

涼少雨の地域で生産され，新大陸では年降水量 500 mm 前後の ⑥＿＿＿＿＿＿＿＿ 分布地

域が生産の中心である。輸出量は約 ⑦＿＿＿＿＿ 億トンで，三大穀物の中ではトウモロコ

シとともに貿易量が多く，商品作物的性格が強い。

一般には，秋に播種し，冬を越し初夏に収穫する ⑧＿＿＿＿＿ 小麦が栽培される。寒冷地

では，春に播種し，夏から秋に収穫する ⑨＿＿＿＿＿ 小麦もみられる。オーストラリアなど

の南半球の国々は，北半球からの出荷量が減る ⑩＿＿＿＿＿＿ に出荷できるため，輸出

競争力が高い。

地理 B（21 年・第
1 日程）8
地理 B（15 年）7

▼小麦の生産と輸出入

(万 t)

生産	1985	2021	輸出	1985	2020	輸入	1985	2020
中国	8,581	13,695	ロシア	138	3,727	インドネシア	132	1,030
インド	4,407	10,959	アメリカ合衆国	2,481	2,613	トルコ	78.2	966
ロシア	7,320	7,606	カナダ	1,701	2,611	エジプト	452	904
アメリカ合衆国	6,598	4,479	フランス	1,694	1,979	中国	538	815
フランス	2,878	3,656	ウクライナ	－	1,806	イタリア	453	799
世界計	49,953	77,088	世界計	9,607	19,853	世界計	9,578	19,278

❸ トウモロコシ　世界生産量は約⑪＿＿＿＿＿億トンで，栽培起源地は熱帯アメリカ（メキシコ周辺など）とされ，南北アメリカでの生産が多い。

発展途上国では主に食用とされるが，先進国では⑫＿＿＿＿＿用や食用油としての利用が多い。アメリカ合衆国では，液体バイオ燃料の⑬＿＿＿＿＿＿＿＿＿の原料としての利用も増加した。近年は，耐除草剤，耐害虫などの特性をもつ遺伝子組換え種の占める割合が飼料用を中心に拡大している。

地理B（23年）⑩

▼トウモロコシの生産と輸出入　（万t）

生産	1985	2021	輸出	1985	2020	輸入	1985	2020
アメリカ合衆国	22,545	38,394	アメリカ合衆国	4,402	5,184	メキシコ	173	1,595
中国	6,383	27,255	アルゼンチン	707	3,688	日本	1,423	1,577
ブラジル	2,202	8,846	ブラジル	0.04	3,443	ベトナム	0	1,215
アルゼンチン	1,190	6,053	ウクライナ	−	2,795	韓国	341	1,166
ウクライナ	−	4,211	ルーマニア	83	565	中国	9.1	1,129
世界計	48,553	121,024	世界計	6,994	19,289	世界計	7,070	18,524

② その他の穀物・豆類・イモ類

❶ 大豆　栽培起源地は中国東北部からシベリアとされる。食用のほか，飼料用や食用油としても利用される。南北アメリカでの生産が多く，⑭＿＿＿＿＿＿やアルゼンチンで大幅に増加している。近年は，貿易量の過半が⑮＿＿＿＿＿向けであり，経済発展による肉の消費量の増加に対応するため，主に飼料用とされている。

▼大豆の生産と輸出入　（万t）

生産	1985	2021	輸出	1985	2020	輸入	1985	2020
ブラジル	1,828	13,493	ブラジル	349	8,297	中国	0.1	10,033
アメリカ合衆国	5,713	12,071	アメリカ合衆国	1,757	6,457	アルゼンチン	0.0	532
アルゼンチン	650	4,622	パラグアイ	71	662	オランダ	296	454
中国	1,050	1,640	アルゼンチン	296	636	エジプト	0.5	406
インド	102	1,261	カナダ	11	443	タイ	0.0	405
世界計	10,116	37,169	世界計	2,615	17,337	世界計	2,584	16,705

❷ ライ麦　主にパンの原料として利用されるが，小麦と比べ生産量は圧倒的に少ない。ドイツや⑯＿＿＿＿＿，ロシアなどヨーロッパの冷涼地域での栽培が盛んである。

❸ 大麦　低緯度地域から高緯度地域，高山地域など栽培範囲が最も広い麦で，主に飼料やビールなどの飲料の原料とされる。世界生産量は1.46億トンで，生産上位国は，ロシア・オーストラリア・フランス・ドイツ・ウクライナ・スペイン（2021年）。

▼ライ麦の生産　（万t）

国名	1985	2021
ドイツ	433	333
ポーランド	760	247
ロシア	1,430	172
ベラルーシ	−	85
デンマーク	57	67
世界計	3,205	1,322

❹ エン麦（ばく）　冷涼地域で栽培され，主に飼料として利用されるが，オートミール（西洋のおかゆ）として食用にもされる。世界生産量は約2,257万トンで，生産上位国は，ロシア・カナダ・オーストラリア・ポーランド・スペイン（2021年）。

❺ ジャガイモ　栽培起源地は⑰_____地方とされる。冷涼気候に適し，16世紀以降ヨーロッパに伝播して重要な食料となった。ヨーロッパでは，混合農業地域の北部で主に栽培される。

❻ キャッサバ　栽培起源地は熱帯アメリカ（ブラジル南部）とされる。熱帯地域では，タロイモやヤムイモなどと同じく⑱_____農業で栽培される。熱帯の発展途上国では重要な食料とされており，アフリカで人口最大の⑲_____の生産が多い。

❸ 嗜好作物と工芸作物

❶ サトウキビ　砂糖の原料として，主に雨季と乾季が明瞭な熱帯地域で栽培されてきた。近年ブラジルなどでは，液体バイオ燃料の⑳_____の原料としての栽培も増えている。耕種作物としては最も生産量が多い作物のうちの1つで，世界生産量は㉑_____億トンを超える。

❷ テンサイ　砂糖の原料として，19世紀のヨーロッパで栽培が盛んになった。主にヨーロッパの㉒_____農業地域で栽培される。根を搾（しぼ）って，その汁を煮詰めて砂糖をつくる。搾りかすや葉は㉓_____として利用される。日本では㉔_____が産地で，製糖も行われている。

❸ カカオ豆　栽培起源地は熱帯アメリカであるが，主産地は㉕_____・ガーナなどのギニア湾岸。カカオ豆は，一般に小規模農園で栽培される。チョコレートとココアの主原料として，カカオ豆を焙煎（ばいせん）し胚乳（はいにゅう）を粉砕したカカオマスが製造される。輸入上位国は，オランダ・ドイツ・マレーシア・アメリカ合衆国・ベルギー（2020年）。

▼ジャガイモの生産　（万t）

国名	1985	2021
中国	2,675	9,430
インド	1,257	5,423
ウクライナ	−	2,136
アメリカ合衆国	1,844	1,858
ロシア	7,301	1,830
世界計	28,160	37,612

▼キャッサバの生産　（万t）

国名	1985	2021
ナイジェリア	1,209	6,303
コンゴ民主共和国	1,570	4,567
タイ	1,926	3,011
ガーナ	230	2,268
ブラジル	2,313	1,810
世界計	13,584	31,481

▼サトウキビの生産　（万t）

国名	1985	2021
ブラジル	24,720	71,566
インド	17,032	40,540
中国	5,155	10,666
パキスタン	3,214	8,865
タイ	2,506	6,628
世界計	93,321	185,939

▼テンサイの生産　（万t）

国名	1985	2021
ロシア	8,239	4,120
フランス	2,998	3,437
アメリカ合衆国	2,044	3,334
ドイツ	2,821	3,195
トルコ	983	1,825
世界計	28,416	27,016

▼カカオ豆の生産　（千t）

国名	1985	2021
コートジボワール	555	2,200
ガーナ	194	822
インドネシア	34	728
ブラジル	431	302
エクアドル	131	302
世界計	2,014	5,580

❹ 茶 栽培起源地は中国南部からインド北部にかけての地域とされる。茶の木は，常緑樹であり，栽培は排水のよい傾斜地が適する。茶は，葉や茎を加工したものを利用する飲料である。生産上位国は，中国を除くとインド・㉖＿＿＿＿＿＿・スリランカなど旧㉗＿＿＿＿＿＿植民地が多い。輸入上位国は，パキスタン・ロシア・㉘＿＿＿＿＿＿（2020年）。

❺ コーヒー豆 アラビカ種の栽培起源地は，㉙＿＿＿＿＿＿高原上のカッファ地方であり，熱帯の高原で多く栽培される。㉚＿＿＿＿＿＿やコロンビアなどの南アメリカだけでなく，ドイモイ政策で生産量が増加したベトナムなど㉛＿＿＿＿＿＿での生産も多い。輸入上位国は，アメリカ合衆国・ドイツ（2020年）。

❻ バナナ 栽培起源地はマレー半島からニューギニア島周辺とされる。アジアや中南アメリカでの生産が多く，㉜＿＿＿＿＿＿やコスタリカには大規模農園がみられる。生食用バナナと料理用バナナに大別され，生産量は生食用バナナが約1億トンで多い。輸出上位国は，エクアドル・コスタリカ・グアテマラ・コロンビア・フィリピン（2020年）。

❼ 天然ゴム 栽培起源地は㉝＿＿＿＿＿＿川流域であるが，イギリスが植民地としていたマレー半島に移植して大農園を拓き，主産地は㉞＿＿＿＿＿＿となった。かつて生産世界一であった㉟＿＿＿＿＿＿は，価格の低迷や老木化が進んだため，アブラヤシへの転換が進んでいる。輸入上位国は，中国・マレーシア・アメリカ合衆国・ベトナム・日本（2020年）。

❽ パーム油 パーム油は，㊱＿＿＿＿＿＿の果実から搾り取るものであり，石けんや食用油，近年は液体バイオ燃料の㊲＿＿＿＿＿＿の原料としても利用されている。世界生産上位2か国は㊳＿＿＿＿＿＿とマレーシアで，㊴＿＿＿＿＿＿割以上を占めるが，農園の拡大による熱帯林破壊が問題となっている。

❾ ココヤシ ココヤシの果実（ココナッツ）の胚乳を乾燥させたコプラから採取するコプラ油は，マーガリンなどの加工食品や石けん，ろうそくなどの原料とされる。ココナッツの生産上位国は，イ

▼茶の生産 (千t)

国名	1985	2021
中国	43.2	1,376
インド	65.6	548
ケニア	14.7	234
トルコ	13.7	145
スリランカ	21.4	130
世界計	2,308	2,819

▼コーヒー豆の生産 (千t)

国名	1985	2021
ブラジル	1,911	2,994
ベトナム	12	1,845
インドネシア	311	765
コロンビア	643	560
エチオピア	155	456
世界計	5,825	9,917

▼バナナの生産 (万t)

国名	1985	2021
インド	539	3,306
中国	63	1,172
インドネシア	191	874
ブラジル	501	681
エクアドル	197	668
世界計	4,010	12,498

▼天然ゴムの生産 (千t)

国名	1985	2021
タイ	773	4,644
インドネシア	1,055	3,121
ベトナム	48	1,272
中国	188	749
インド	187	749
世界計	4,247	14,022

▼パーム油の生産 (千t)

国名	1985	2020
インドネシア	1,243	44,759
マレーシア	4,134	19,141
タイ	89	2,690
コロンビア	125	1,558
ナイジェリア	615	1,280
世界計	7,585	75,876

ンドネシア・フィリピン・インド（2021年）。コプラの生産はフィリピンが多い。

⑩ ナツメヤシ 北アフリカ・西アジアの⑪＿＿＿＿＿＿＿＿農業地域で栽培される。果実であるデーツはカロリーが高いため、この地域の重要な食料とされている。デーツの生産上位国は、エジプト・サウジアラビア・イラン・アルジェリア（2021年）。

⑪ 綿花 年降水量500mm以上、無霜期間（霜のおりない期間）が200日以上の地域が栽培に適する。ただし近年は、⑪＿＿＿＿＿＿＿により中国や中央アジア、南アジアの⑫＿＿＿＿＿＿気候地域での栽培が増えている。輸入上位国は、⑬＿＿＿＿＿・ベトナム・バングラデシュ・トルコ・パキスタンなど（2020年）、安価な労働力を背景とした労働集約的な⑭＿＿＿＿＿工業が発達している発展途上国である。

地理A（23年・追）14

▼綿花の生産と輸出入

(万t)

生産	1985	2020	輸出	1985	2020	輸入	1985	2020
インド	148	613	アメリカ合衆国	100	382	中国	0.02	216
中国	415	591	ブラジル	9	213	ベトナム	5	139
アメリカ合衆国	292	318	インド	4	97	バングラデシュ	6	123
ブラジル	94	276	ギリシャ	−	29	トルコ	0.06	106
パキスタン	122	120	ベナン	2	28	パキスタン	2	82
世界計	1,734	2,420	世界計	414	923	世界計	460	850

4 地中海性気候地域に適した作物

❶ オリーブ 主に地中海周辺地域で栽培され、果実から採油したり、食用としたりする。生産上位国は、スペイン・ギリシャ・⑮＿＿＿＿＿＿＿・トルコ・モロッコ・ポルトガル・エジプト・アルジェリア・チュニジア・シリア（2021年）。

❷ ブドウ 少雨地域でも栽培できる樹木作物であり、世界各地で主に⑯＿＿＿＿＿用として栽培される。ヨーロッパでは、⑰＿＿＿＿＿盆地付近が栽培北限である。生産上位国は、中国・イタリア・スペイン・アメリカ合衆国・フランス・トルコ・インド・チリ・アルゼンチン・南アフリカ共和国（2021年）。なお、ワインの生産上位国は、イタリア・フランス・スペイン・中国・アメリカ合衆国（2020年）。

地理B（11年）10

❸ オレンジ類 栽培は亜熱帯気候が適する。生産上位国は、ブラジル・インド・中国・メキシコ・アメリカ合衆国・スペイン・エジプト・インドネシア・イラン・イタリア・トルコ（2020年）。また、輸出上位国は、スペイン・エジプト・南アフリカ共和国であり（2020年）、バレンシアオレンジで有名なスペインは世界の輸出の約2割を占める。

地理B（13年）21

5 畜産

❶ 牛 世界の飼育頭数は約 [48]＿＿＿＿ 億頭。インドは，牛を神聖な動物とする [49]＿＿＿＿ 教徒が人口の約8割を占めることで知られ，牛肉の生産は世界4位（2021年）であり，ギーとよばれるバターオイルや牛乳の生産も多い。それ以外のバターの生産上位国は，パキスタン・アメリカ合衆国・ドイツ・ニュージーランド・フランスであり（2020年），チーズ（スキムミルクチーズを含む）の生産上位国は，アメリカ合衆国・ドイツ・フランス・イタリア・オランダ（2020年）である。

地理B（11年）[21]
地理B（10年・追）[14]

▼牛の飼育頭数 （万頭）

国名	1985	2021
ブラジル	12,842	22,460
インド	19,652	19,317
アメリカ合衆国	10,958	9,379
エチオピア	2,800	6,572
中国	6,262	6,036
世界計	125,999	152,930

▼牛肉の生産と輸出 （万t）

生産	1985	2021
アメリカ合衆国	1,100	1,273
ブラジル	348	975
中国	35	698
インド	95	420
アルゼンチン	285	298
世界計	4,930	7,245

輸出	1985	2021
ブラジル	14	156
アメリカ合衆国	11	111
オーストラリア	41	97
ニュージーランド	22	79
アルゼンチン	8	56
世界計	345	968

❷ 豚 世界の飼育頭数は約 [50]＿＿＿＿ 億頭。豚肉の生産は中国が多いが，輸出はヨーロッパのスペイン・[51]＿＿＿＿・デンマークなどが上位である。[52]＿＿＿＿ を信仰する国々では飼育されず，インドでも飼育頭数は少ない。

地理B（23年）[11]
地理B（12年）[10]

▼豚の飼育頭数 （万頭）

国名	1985	2021
中国	30,679	44,922
アメリカ合衆国	5,407	7,414
ブラジル	3,225	4,254
スペイン	1,139	3,445
ロシア	7,791	2,585
世界計	79,450	97,541

▼豚肉の生産と輸出 （万t）

生産	1985	2021
中国	1,655	5,296
アメリカ合衆国	672	1,256
スペイン	139	518
ドイツ	462	497
ブラジル	78	437
世界計	5,997	12,037

輸出	1985	2021
スペイン	0.1	222
アメリカ合衆国	4	219
ドイツ	20	170
デンマーク	34	120
カナダ	19	114
世界計	220	1,392

❸ 羊 世界の飼育頭数は約13億頭。粗食に耐え，牧草の少ない乾燥地域でも多数を飼育できる。肉用種や毛用種（メリノ種）などがある。羊毛の生産・輸出は，人口の少ない南半球の [53]＿＿＿＿＿＿＿ やニュージーランドが上位に入る。

▼羊の飼育頭数 （万頭）

国名	1985	2021
中国	9,519	18,638
インド	4,693	7,429
オーストラリア	14,975	6,805
ナイジェリア	1,036	4,864
イラン	4,000	4,527
世界計	111,873	128,485

▼羊毛の生産 （千t）

国名	1985	2021
中国	178	356
オーストラリア	814	349
ニュージーランド	373	126
トルコ	68	86
イギリス	58	70
世界計	2,527	1,763

1 食料供給

解答：別冊 p.6

地理A(22年)15
地理A(22年)
19・20
地理B(10年)23
地理B(10年・追)
34
地理B(07年)28

一般に，食料供給量は生活が豊かな① _____ 国で多く，② _____ 国で少ないが，食文化の違いも反映する。

デンプン質は，米や小麦などの穀物やイモ類から摂取され，③ _____ が主食となることが多い。ただし，アフリカの④ _____ 気候地域では，キャッサバなどの⑤ _____ 類が主食となる。

タンパク質は，肉類や牛乳・乳製品，魚介類などからの摂取が中心である。⑥ _____ が伝統的に行われてきたヨーロッパ諸国と，ヨーロッパ人が移住した南北アメリカ，オセアニアの新大陸の国のほか，旧大陸でもモンゴルなど⑦ _____ が伝統的に行われてきた国・地域では，動物性タンパク質の供給量が多い。しかし，牧畜が伝統的に行われてこなかったモンスーンアジアの稲作地域では，動物性タンパク質の供給量は少ない。また，インドなど⑧ _____ な理由で肉類や魚介類の供給量が少ない国もある。

▼主な国の1人1日あたり食料供給熱量と食料供給量（2019年）

国名	熱量(kcal)	穀物(g)	イモ類(g)	野菜(g)	肉類(g)	牛乳・乳製品(g)	魚介類(g)
⑨ _____	2,565	364	752	200	22	3	24
⑩ _____	2,581	511	84	244	14	202	19
⑪ _____	2,691	384	69	265	146	130	129
⑫ _____	2,880	314	122	158	343	576	2
⑬ _____	3,246	335	138	139	284	381	25
⑭ _____	3,347	557	188	1,060	184	64	140
⑮ _____	3,348	307	163	326	296	446	116
⑯ _____	3,862	301	145	294	353	633	61

（世界国勢図会 2022/23 ほか）

[空欄の国名] 日本，中国，インド，モンゴル，ナイジェリア，スペイン，アメリカ，ブラジル

▼主な先進国の食料自給率（2019年，日本は2021年） (%)

国名	穀類	食用穀物 1)	うち小麦	粗粒穀物 2)	豆類	野菜類	果実類	肉類	卵類	牛乳・乳製品	魚介類
⑰ _____	29	63	17	1	8	79	39	53	97	63	57
⑱ _____	61	72	62	52	39	151	104	81	99	86	17
⑲ _____	97	94	99	104	53	42	12	75	94	89	65
⑳ _____	101	115	125	83	13	41	31	120	70	106	27
㉑ _____	116	167	158	111	172	84	61	114	104	101	64
㉒ _____	187	183	200	194	79	68	64	102	98	104	29

＊1）米，小麦，ライ麦など。2）大麦，えん麦，トウモロコシなど。

（日本国勢図会 2023/24 ほか）

［空欄の国名］日本，イギリス，イタリア，ドイツ，フランス，アメリカ

② 緑の革命

発展途上地域の食料不足を解決するため，1960年代後半から東南アジア・南アジアで
㉓ _____ や小麦，中南アメリカでは小麦や ㉔ _____ の高収量品種を導入し，
増産をはかった。

これにより，インドなど多くの国々で食料 ㉕ _____ を達成した。しかし，㉖ _____
設備や化学肥料・農薬が必要であり，多額の ㉗ _____ を要するため，導入できた農家・
地域と，できなかった農家・地域との間で貧富の ㉘ _____ が拡大した。

第4節 林業

1 森林資源

解答：別冊 p.6

世界の森林面積は陸地面積の約3割。森林面積の広い国は，① ＿＿＿＿＿＿・ブラジル・カナダ・② ＿＿＿＿＿＿＿＿＿＿・中国・オーストラリア・コンゴ民主共和国の順である（2020年）。

地理B（08年・追）29

また，国土面積に占める森林面積の割合が6割以上の主な国は，アジアでは，東アジアの韓国・③ ＿＿＿＿＿＿，東南アジアのマレーシア・ラオスなど。アフリカでは，④ ＿＿＿＿＿＿＿＿＿＿。ヨーロッパでは，スウェーデンとフィンランド。南北アメリカでは，アマゾン盆地の位置する⑤ ＿＿＿＿＿＿＿である（2020年）。

2 木材生産

原木の生産上位国は，⑥ ＿＿＿＿＿＿＿＿＿＿・インド・中国・ブラジル・⑦ ＿＿＿＿＿＿である（2021年）。

地理B（10年・追）15
地理B（09年）18

一般に，発展途上国では炊事や暖房に利用される⑧ ＿＿＿＿＿材の，先進国では建築や家具など工業用に利用される⑨ ＿＿＿＿＿材の割合が高い。

また，カナダ・スウェーデン・ロシアのような亜寒帯（冷帯）の面積割合の高い国では⑩ ＿＿＿＿＿樹が，インドやブラジルのような熱帯の面積割合が高い国では⑪ ＿＿＿＿＿樹の割合が高い。

▼原木の生産（2021年）　　　　　　　　　　　　　　　　　　（百万m³）

		原木のうち 薪炭材(%)	原木のうち 用材(%)	原木のうち 広葉樹(%)	原木のうち 針葉樹(%)
アメリカ合衆国	454	15.7	84.3	25.1	74.9
インド	350	85.8	14.2	95.7	4.3
中国	336	46.4	53.6	73.0	27.0
ブラジル	266	46.3	53.7	83.1	16.9
ロシア	217	7.0	93.0	20.8	79.2
世界計	3,967	49.1	50.9	64.3	35.7

(FAOSTAT)

❶ 丸太 　丸太の輸出国は，かつてはインドネシアや⑫ ＿＿＿＿＿＿＿＿＿＿などの東南アジアの国々も上位であったが，国内産業育成のための輸出規制などにより減少。近年は，ニュージーランドやチェコ，ドイツなど林業が盛んな先進国が上位となっている。

一方，丸太の輸入は，かつては東南アジアからの輸入が多かった⑬ ＿＿＿＿＿などの

国々が上位だった。しかし近年は，経済発展の著しいアジアの⑭＿＿＿＿＿＿と，⑮

＿＿＿＿＿＿の木材工業の発展する国々が上位となっている。

▼丸太の輸出入

(十万m³)

輸出				輸入			
1980		2020		1980		2020	
インドネシア	163	ニュージーランド	219	日本	376	中国	596
アメリカ合衆国	158	チェコ	183	イタリア	63	オーストリア	125
マレーシア	152	ロシア	165	韓国	61	スウェーデン	73
ソ連	135	ドイツ	127	台湾	59	フィンランド	65
チェコスロバキア	31	アメリカ合衆国	74	フィンランド	39	ドイツ	61
世界計	933	世界計	1,403	世界計	965	世界計	1,404

(FAOSTAT)

❷ 製材　製材の輸出は，やわらかい材質（軟木）で加工に適した⑯＿＿＿＿＿樹が豊富

で，木材工業の発達する先進国が上位。輸入も先進国が上位であるが，近年は経済発展の

著しい⑰＿＿＿＿＿が上位に入る。

▼製材の輸出入

(十万m³)

輸出				輸入			
1980		2020		1980		2020	
カナダ	212	ロシア	314	アメリカ合衆国	170	中国	338
ソ連	72	カナダ	267	西ドイツ	69	アメリカ合衆国	263
フィンランド	69	スウェーデン	140	イギリス	66	イギリス	72
スウェーデン	59	ドイツ	103	イタリア	58	ドイツ	53
アメリカ合衆国	44	フィンランド	82	日本	56	日本	50
世界計	701	世界計	1,528	世界計	715	世界計	1,447

(FAOSTAT)

第5節 水産業

１ 好漁場の条件

解答：別冊 p. 6

❶ 自然条件 大陸棚上の浅堆（せんたい）（①＿＿＿＿＿＿＿）や，寒流と暖流が会合する②＿＿＿＿＿

地理B（11年・追）
11

（潮境）など，海底から海水が湧き上がる湧昇流のある海域では，海底の栄養塩類が日光

の届く海面付近まで運ばれる。これによって③＿＿＿＿＿＿＿＿＿＿が大量発生するため，

好漁場となる。

❷ 社会条件 ④＿＿＿＿＿力や大型船，高性能の魚群探知機など技術力に加え，多額の

⑤＿＿＿＿＿＿＿が必要であり，販売のための大市場が近接することが重要である。

２ 世界の漁業と主な水産国と貿易

順位	漁業生産量 （2021 年）	養殖業生産量 （2020 年）	水産物輸出額 （2019 年）	水産物輸入額 （2019 年）
1位	中国	中国	中国	アメリカ合衆国
2位	インドネシア	インドネシア	ノルウェー	中国
3位	インド	インド	ベトナム	日本
4位	ベトナム	ベトナム	インド	スペイン
5位	ペルー	バングラデシュ	チリ	フランス
6位	ロシア	韓国	タイ	イタリア
7位	アメリカ合衆国	フィリピン	オランダ	ドイツ

（世界国勢図会 2022/23）

漁業生産量1位の⑥＿＿＿＿＿＿は，河川や湖沼などで⑦＿＿＿＿＿＿漁業が盛んである。近

地理B（23年・追）
8 ・ 9
地理B（21年・第
1日程）9
地理B（10年・追）
13

年は海面養殖業も盛んで，養殖業生産量が漁業生産量を大幅に上回り，水産物輸出額も多い。

インドネシアは，近年漁業生産量が増加しており，⑧＿＿＿＿＿＿＿の養殖も盛んである。し

かし，養殖池の造成による⑨＿＿＿＿＿＿＿＿＿の伐採が問題となっている。

水産物輸出額上位の⑩＿＿＿＿＿＿＿＿

は伝統的に漁業が盛んで，人口が約 540

万人と少ないため国内消費量が少なく，

輸出額で上位となる。

水産物輸入額は，かつては日本とアメ

リカ合衆国がほぼ同額で1，2 位を占め

ていたが，近年は中国がアメリカ合衆国

に次いで 2 位である。

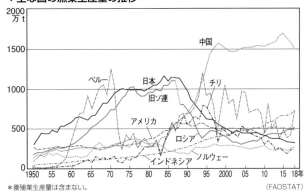

▼主な国の漁業生産量の推移

＊養殖業生産量は含まない。 （FAOSTAT）

3 世界の主要漁場

❶ 太平洋北西部　日本海流（黒潮）と千島海流（親潮）の会合する潮目や大陸棚が発達

する海域。中国・ロシア・日本・韓国などが漁場とし，漁業生産量世界1位（2020年）。

❷ 太平洋南東部　寒流の⑪＿＿＿＿＿＿＿＿＿と貿易風を背景とする湧昇流が卓越する海 地理B（06年）28

域。ペルーは，1962年に漁業生産量世界1位になった。⑫＿＿＿＿＿＿＿＿（カタク

チイワシの一種）の漁業生産量が多く，主に飼料用の⑬＿＿＿＿＿（フィッシュミール）

に加工して輸出している（2023年ペルー政府は資源管理のため禁漁を決定）。

❸ 大西洋北西部　暖流の⑭＿＿＿＿＿＿＿＿＿と寒流のラブラドル海流が会合するニ

ューファンドランド島沖に，潮目や大陸棚が発達する海域。タラ・ニシン漁が中心。

❹ 大西洋北東部　暖流の⑮＿＿＿＿＿＿＿＿＿と寒流の東グリーンランド海流が会合

するグレートブリテン島（イギリス）沖に，潮目や大陸棚が発達する海域。ノルウェー・

アイスランド・ロシア・デンマークの漁業生産量が多い（2020年）。

　　乱獲によりタラ・ニシンの漁業生産量が減少したが，ノルウェーなどは1970年代から

⑯＿＿＿＿＿＿＿を徹底し，資源量は回復した。

❺ 太平洋北東部　アラスカからカナダ太平洋岸。サケ・マス漁が盛んである。

▼世界の水域別漁業生産量

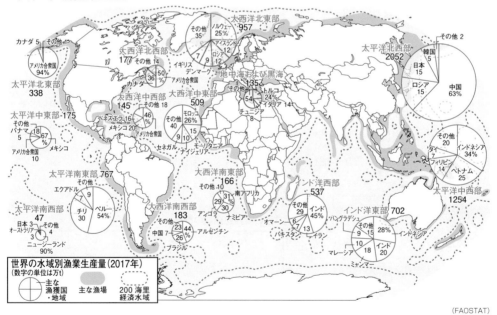

(FAOSTAT)

❶ 農業は，気温や降水量などの自然条件に強い制約を受ける。次の図は，いくつかの作物について北半球におけるおおまかな栽培可能な緯度帯*を示したものであり，①～④は，大豆，バナナ，綿花，ライ麦のいずれかの作物である。大豆に該当するものを，図中の①～④のうちから一つ選べ。　地理B（12年）⑺

*高度の影響は考慮しない。

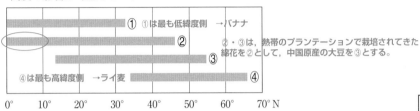

① ①は最も低緯度側　→バナナ

②・③は，熱帯のプランテーションで栽培されてきた綿花を②として，中国原産の大豆を③とする。

④は最も高緯度側　→ライ麦

0°　10°　20°　30°　40°　50°　60°　70°N

グリッグ『農業地理学』などにより作成。

❶ 解答欄
① ② ③ ④

❷ 農業の立地には，地域の自然条件のほか，市場からの距離が重要な要因となる。市場からの距離と農業地域の形成を説明した仮想のモデルに関する次の条件と下の説明文を読んで，空欄**ア**に当てはまるものを，下の図中の①～④のうちから一つ選べ。

地理B（21年・第2日程）⑻

条件

・市場が一つだけ存在する。

・自然条件はどこも同じで，生産にかかる費用は一定である。

・作物を市場へ運ぶ輸送費は距離に比例する。

・農地面積当たり収益は，作物の販売価格から生産にかかる費用と輸送費を引いて求める。

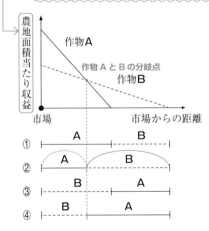

説明文

　図は，横軸に市場からの距離を，縦軸に作物別に見込める農地面積当たり収益を示したものである。作物 **A** は作物 **B** より輸送費が多くかかるが，市場での販売価格は高い。より収益の高い作物が選択されるならば，横軸の線上で生産される作物の分布は（　**ア**　）のようになる。

❷ 解答欄
① ② ③ ④

❸ 次の図中の**ア**と**イ**は，2000 年と 2017 年のいずれかについて，漁獲量*と養殖業生産量の合計の上位 8 か国を示したものであり，凡例 **A** と **B** は，漁獲量と養殖業生産量のいずれかである。2017 年の図と養殖業生産量の凡例との正しい組合せを，下の①〜④のうちから一つ選べ。

地理B（21 年・第 1 日程）⑨

*養殖業生産量を含まない。

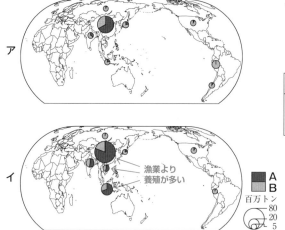

漁業より
養殖が多い

A
B
百万トン
80
20
5

中国の数値には台湾，ホンコン，マカオを含まない。FAOSTAT により作成。
・発展途上国は，工業化による経済発展で漁獲量が増加する。

	①	②	③	④
2017 年	ア	ア	イ	イ
養殖業生産量	A	B	A	B

❸ 解答欄
① ② ③ ④

❹ リナさんたちは，環境への負荷の軽減に寄与する森林資源に注目し，資源とその利用についてまとめた。次の図は，いくつかの国における森林面積の減少率，木材輸出額，木材伐採量を示したものであり，**A〜C** はエチオピア，ブラジル，ロシアのいずれか，凡例**ア**と**イ**は薪炭材と用材*のいずれかである。ブラジルと薪炭材との正しい組合せを，後の①〜⑥のうちから一つ選べ。

地理B（22 年）⑪

*製材・ベニヤ材やパルプ材などの産業用の木材。

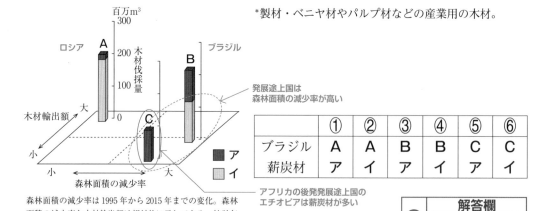

森林面積の減少率は 1995 年から 2015 年までの変化。森林面積の減少率と木材輸出額は相対的に示してある。統計年次は 2017 年。FAOSTAT などにより作成。

	①	②	③	④	⑤	⑥
ブラジル	A	A	B	B	C	C
薪炭材	ア	イ	ア	イ	ア	イ

❹ 解答欄
① ② ③ ④ ⑤ ⑥

第1節 エネルギー・鉱産資源

ココが出る!!

1.世界と各国，地域の一次エネルギーの生産と供給
2.鉱産資源の分布と利用

この単元は，一次エネルギーの生産や消費（供給），鉱産資源の分布などが出題されてきた。2006～23年のセンター試験・共通テストでは，第2問「資源と産業」，第4問「地誌」などで出題されている。

1 エネルギー

解答：別冊 p.7

❶ エネルギー消費の変遷 18世紀後半の産業革命で蒸気機関が実用化され，①＿＿＿＿＿から②＿＿＿＿＿へ消費の中心が変化した。

20世紀に入り自動車用のエンジンなどの内燃機関が普及すると③＿＿＿＿＿の消費が増え，1960年代には石炭の消費を上回った。これを④＿＿＿＿＿革命という。1973年と1979年の⑤＿＿＿＿＿後は，代替エネルギーとして⑥＿＿＿＿＿や原子力の利用が進んだ。近年は，再生可能エネルギーとして風力や太陽光，バイオ燃料などを利用した発電が増加している。

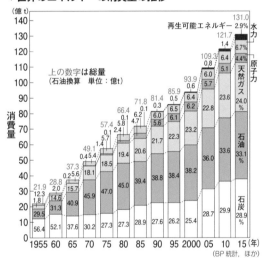

▼世界のエネルギーの消費量の推移

（BP統計，ほか）

❷ 一次エネルギー消費の特徴 一次エネルギーとは，未加工のエネルギーのことであり，固体燃料（石炭），液体燃料（石油），ガス体燃料にわけられる。一次エネルギーを使用してつくられる電力は，二次エネルギーとされる。

地理B（08年）
8・9

1人当たりの一次エネルギー消費は先進国で多く，発展途上国では少ない。先進国の中では特に，新大陸のカナダや⑦＿＿＿＿＿，オーストラリアで多い。

石炭中心の国は，中国・インド・ポーランド・オーストラリアなど，⑧＿＿＿＿＿や石炭生産量が多い国。石油中心の国は，西アジアの産油国や，日本などエネルギーの大半を輸入に依存する国。天然ガス中心の国は，ロシアやオランダなど。

地理B（12年）29

電力の割合の高い国は，原子力発電中心のフランスや，水力発電中心のブラジル，カナダなど。フランスの一次エネルギー供給に占める原子力の割合は42.9%であり，総発電量に占める原子力発電の割合は69.9%。また，ブラジルの一次エネルギー消費に占める

水力の割合は 11.7% であり，総発電量に占める水力発電の割合は 63.5%（2019 年）で

ある。

地理A（23 年）23
地理A（21 年・第
2 日程）19

シェール革命による
石炭への依存度の低下

▼主な国のエネルギー消費量（供給量）（2019 年）

（石油換算）

国 名	一次エネルギー消費構成（%）							計 （十億 t）	1人あたり （t/人）	GDPあたり （t/千ドル）
	石炭	石油	天然ガス	原子力	水力	地熱など	バイオなど			
1. 中国	61.0	19.2	7.4	2.7	3.2	2.8	3.7	3,403	2.42	0.24
2. アメリカ合衆国	12.4	35.8	33.5	9.9	1.1	2.1	4.9	2,213	6.74	0.11
3. インド	44.6	25.1	5.9	1.3	1.6	1.2	20.4	938	0.69	0.35
4. ロシア	16.1	19.3	54.1	7.1	2.2	0.0	1.3	773	5.35	0.54
5. 日本	27.8	38.4	22.2	4.0	1.6	2.2	3.8	415	3.29	0.09
6. カナダ	4.5	33.7	38.3	8.6	10.7	1.0	4.5	306	8.13	0.18
7. ドイツ	18.3	33.9	25.7	6.6	0.6	5.4	10.5	294	3.54	0.08
8. ブラジル	5.3	35.8	10.9	1.4	11.7	2.2	31.9	293	1.39	0.16
9. 韓国	28.6	37.3	17.4	13.6	0.1	0.7	2.4	280	5.42	0.17
10. イラン	0.4	30.6	67.7	0.7	0.5	0.0	0.2	273	3.29	0.67
11. フランス	3.0	29.3	15.5	42.9	2.0	1.9	7.4	242	3.59	0.09
12. インドネシア	28.5	31.3	16.3	－	0.8	10.1	13.0	241	0.89	0.23
13. サウジアラビア	－	62.6	37.4	－	－	0.0	0.0	215	6.26	0.32
14. メキシコ	6.4	46.0	37.4	1.6	1.1	2.8	4.7	184	1.46	0.15
15. イギリス	3.4	34.7	39.2	8.6	0.3	3.9	8.8	171	2.55	0.05
17. イタリア	4.4	33.6	40.9	－	2.7	6.3	9.9	149	2.47	0.08
19. 南アフリカ共和国	72.4	16.0	2.8	2.5	0.0	1.0	5.6	140	2.39	0.43
21. オーストラリア	32.4	33.6	26.6	－	1.0	2.5	3.8	129	5.08	0.10
25. ポーランド	42.8	29.4	16.5	－	0.2	1.4	8.8	103	2.68	0.18
32. オランダ	9.0	36.0	44.8	1.4	0.0	2.3	6.1	72	4.12	0.09
34. フィリピン	28.7	31.3	5.9	－	1.1	15.2	17.7	62	0.57	0.16
65. ニュージーランド	7.3	32.6	19.5	－	10.7	24.0	5.8	20	4.09	0.10

高い
先進国
としては
高い

2023 年
原発廃止

1990 年
原発廃止

（IEA 資料）

＊国名の数字は計の順位。16. ナイジェリア，18. トルコ，20. タイ，22. スペイン，23. パキスタン，24. 台湾。
＊＊電力貿易などのため，一次エネルギーの供給構成の計が 100%にならない国もある。－は皆無。
＊＊＊地熱など：風力，太陽光，地熱，潮力などの合計。

薪炭や牛糞，
サトウキビの
しぼりかす

バイオエタノールと
薪炭

バイオディーゼルと
薪炭

2 一次エネルギー生産

❶ 石炭の生産と貿易　良質な石炭は古期造山帯に多く埋蔵されている。世界生産の過半

地理A（09 年・追）
16

を占める⑨＿＿＿＿＿＿＿＿が生産 1 位。次いでインド・⑩＿＿＿＿＿＿＿＿＿＿＿・

⑪＿＿＿＿＿＿＿＿＿＿＿・オーストラリア・南アフリカ共和国が並ぶ（2021 年）。

　輸出上位はインドネシアや⑫＿＿＿＿＿＿＿＿＿であり，輸入は中国・インド・日本

などが並ぶ（2021 年）。

▼世界の主な炭田の分布

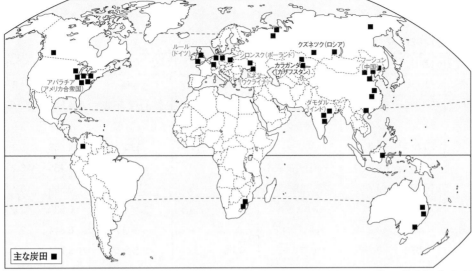

ルール（ドイツ）　クズネツク（ロシア）　シロンスク（ポーランド）　カラガンダ（カザフスタン）　ドネツ（ウクライナ）　フーシュン（中国）　ダモダル（インド）　アパラチア（アメリカ合衆国）

主な炭田 ■

(Energy Statistics Yearbook)

▼世界の石炭生産量と輸出入（2021 年）

生産	（万t）	（%）
中国	412,600	50.5
インド	81,126	9.9
インドネシア	61,399	7.5
アメリカ合衆国	52,441	6.4
オーストラリア	47,859	5.9
世界	817,262	100

輸出	（万t）	（%）
インドネシア	43,366	31.4
オーストラリア	36,580	26.5
ロシア	23,767	17.2
アメリカ合衆国	7,722	5.6
南アフリカ共和国	6,612	4.8
世界	138,232	100

輸入	（万t）	（%）
中国	32,368	23.3
インド	19,125	13.8
日本	18,247	13.1
韓国	12,562	9.0
（台湾）	6,740	4.9
世界	138,892	100

(EIA)

❷ 石油の生産と貿易　生産上位はアメリカ合衆国・ロシア・⑬＿＿＿＿＿＿＿＿・カナダ・イラクであり，西アジアが約 31%を占める（2021 年）。

輸出上位はサウジアラビア・ロシア・イラク・カナダ・アメリカ合衆国・アラブ首長国連邦。輸入上位は中国・⑭＿＿＿＿＿＿＿＿＿・インド・日本・韓国である（2019 年）。

❸ 石油価格の変化　自国の資源を自国の発展のために使おうとする，主権回復の動きである⑮＿＿＿＿＿＿＿＿＿＿を背景に，国際石油資本（石油メジャー）による支配から脱却するため西アジアの産油国を中心に 1960 年に⑯＿＿＿＿＿＿＿＿を結成。1970 年代の 2 度の⑰＿＿＿＿＿＿＿＿＿を契機に石油価格は高騰し，油田の国有化も進んだ。

これに対して先進国は，代替エネルギーとして天然ガスや⑱＿＿＿＿＿の利用を進める一方，⑲＿＿＿＿＿＿＿政策を実施。石油の⑳＿＿＿＿＿は低迷した。

また，非 OPEC 諸国における油田開発（北海油田など）も進み，石油の㉑＿＿＿＿＿が増えた。このため石油価格は，1980 年代半ばに下落した。

1990 年代末以降は，新興国の需要増などを背景として，再び石油価格は高騰したが，

地理B（12 年・追）8
地理B（11 年）7
地理B（06 年）18

2010 年代以降はアメリカ合衆国における ㉒＿＿＿＿＿＿革命による増産で価格の変動が

激しくなっている。

▼世界の原油生産量（2021 年）

国名	（万 t）	（%）
アメリカ合衆国	71,113	16.8
ロシア	53,645	12.7
サウジアラビア	51,502	12.2
カナダ	26,710	6.3
イラク	20,083	4.8
中国	19,888	4.7
イラン	16,766	4.0
アラブ首長国連邦	16,438	3.9
ブラジル	15,679	3.7
クウェート	13,109	3.1
世界計	422,137	100

▼世界の原油の輸出入（2019 年）

輸出	（万 t）	（%）		輸入	（万 t）	（%）
サウジアラビア	35,080	15.7		中国	50,568	21.8
ロシア	26,734	12.0		アメリカ合衆国	33,545	14.4
イラク	19,494	8.7		インド	22,696	9.8
カナダ	16,495	7.4		日本	14,538	6.3
アメリカ合衆国	14,707	6.6		韓国	14,455	6.2
アラブ首長国連邦	12,012	5.4		ドイツ	8,599	3.7
クウェート	10,225	4.6		スペイン	6,630	2.9
ナイジェリア	9,409	4.2		イタリア	6,314	2.7
カザフスタン	7,001	3.1		オランダ	5,764	2.5
アンゴラ	6,251	2.8		シンガポール	5,333	2.3
世界計	223,537	100		世界計	232,261	100

（世界国勢図会 2022/23）

❹ **天然ガスの生産と貿易** 石炭や石油に比べて燃焼時の二酸化炭素排出量が少なく，硫

黄分が排出されないクリーンエネルギー。都市ガス用としての利用が多いが，先進国では

石炭とともに発電用としても利用される。近年は，アメリカ合衆国やカナダなどで

㉓＿＿＿＿＿＿＿＿の開発も進んでいる。日本などでは液化天然ガス（LNG）船を利

用して輸入するが，大陸では ㉔＿＿＿＿＿＿＿＿で輸送されることが多い。

地理 B（10 年）⑬
地理 B（08 年・追）㉖

生産は，㉕＿＿＿＿＿＿＿＿＿と ㉖＿＿＿＿＿＿＿が上位国

で，次いでイラン・中国・カタールなどが並ぶ（2021 年）。

輸出はロシア・㉗＿＿＿＿＿＿＿・カタール・ノルウェ

ー・カナダ・オーストラリア，輸入は ㉘＿＿＿＿＿・日本・ドイ

ツ・アメリカ合衆国・イタリア・韓国がそれぞれ上位国である

（2021 年）。

▼天然ガスの生産量（2021 年）

国名	（百万 m³）	（%）
アメリカ合衆国	93,420	23.1
ロシア	70,167	17.4
イラン	25,665	6.4
中国	20,921	5.2
カタール	17,698	4.4
世界	403,688	100

（BP）

③ 電力

❶ **発電量と構成比** 発電量は，中国・アメリカ合衆国が上位国であり，次いでインド・

ロシア・日本などが並ぶ。構成比は，火力が約 63%，水力が約 16%，原子力が約 10% で

ある。

地理 B（11 年）⑧
地理 B（10 年）⑭

水力発電中心の国は，水力が約 93% の ㉙＿＿＿＿＿＿＿，約 64% のブラジル，約

59% の ㉚＿＿＿＿＿。原子力発電中心の国としては，約 70% のフランスが挙げられる

（2019 年）。なお，ドイツは 2023 年に原子力発電を廃止した。

▼主な国の発電量比較（2019 年）

	発電量 （億kWh）	水力 （%）	火力 （%）	原子力 （%）	風力 （%）	太陽光 （%）	地熱 （%）	バイオ燃料 （%）
中国	75,041	17.4	67.9	4.6	5.4	3.0	0.0	1.6
アメリカ	43,918	7.1	62.5	19.2	6.8	2.2	0.4	1.7
インド	16,237	10.6	77.1	2.9	4.3	3.1	－	2.0
ロシア	11,215	17.5	63.4	18.6	0.0	0.0	0.0	0.3
日本	10,450	8.3	71.9	6.1	0.7	6.6	0.2	4.3
カナダ	6,454	58.8	18.1	15.7	5.1	0.6	－	1.7
ブラジル	6,203	63.5	14.7	2.6	8.9	1.1	－	9.1
ドイツ	6,091	4.2	45.4	12.3	20.7	7.6	0.0	9.4
フランス	5,708	10.8	9.0	69.9	6.1	2.1	0.0	1.9
イタリア	2,939	16.4	58.9	－	6.9	8.1	2.1	7.5
スペイン	2,733	9.8	40.5	21.4	20.3	5.5	－	2.4
オーストラリア	2,640	6.0	80.3	－	6.7	5.6	－	1.3
ノルウェー	1,353	93.4	1.9	－	4.1	0.0	－	0.3
ニュージーランド	448	57.1	18.2	－	5.0	0.3	17.9	1.4
デンマーク	295	0.1	19.2	－	54.7	3.3	－	22.8
アイスランド	195	69.1	0.0	－	0.0	－	30.9	－
世　界	270,442	16.0	62.9	10.3	5.3	2.6	0.3	2.4

＊－：皆無，0.0：単位に満たないこと。　　　　　　　　　　　　　　　　　（世界国勢図会 2022/23 ほか）

**▼主なウランの生産国
（2021 年）**

国名	生産量 （tU）
カザフスタン	21,819
ナミビア	5,753
カナダ	4,693
オーストラリア	4,192
ウズベキスタン	3,500
ロシア	2,635
世界	48,332

（WNA）

❷ 再生可能エネルギーによる発電

地理B（23 年・追）
19

地熱発電	地熱を利用してできた水蒸気でタービンを回して発電する。㉛＿＿＿＿＿＿の多いプレート境界付近に位置する国での発電が多い。 発電量上位は，アメリカ合衆国・インドネシア・フィリピン・トルコ・㉜＿＿＿＿＿＿＿＿・アイスランド・イタリア・ケニア（2021 年）。
風力発電	風車を回して発電する。発電量は不安定。 発電量上位は，中国・アメリカ合衆国・ドイツ・インド・ブラジル。 北海・バルト海に面する㉝＿＿＿＿＿＿＿では，総発電量の約 55%を占める（2021 年）。
潮汐発電	海洋で潮汐（潮の干満）を利用してタービンを回す。フランスのサンマロ湾（ランス潮汐発電所）など，潮位差の大きな海域の河口に建設される。
太陽光発電	太陽電池を使用する。 発電量上位は，中国・アメリカ合衆国・日本・インド・ドイツ（2021 年）。

地理A（23 年）6
地理B（11 年・追）
29

4 鉱産資源

● 鉄鉱石

鉄鉱石 鉄は、地球の質量の約３分の１を占め、埋蔵量の非常に多い金属。安定陸塊の楯状地での産出が多く、世界生産１位は㉞_____。次いでブラジル・中国、そしてインドが続く（2020年）。

輸出上位国は、㉟_____・ブラジル・南アフリカ共和国・カナダ・ウクライナ。輸入上位国は、中国・日本・韓国・ドイツ・オランダである（2021年）。

▼鉄鉱石の生産（2020年）

国名	生産量	(%)
オーストラリア	911,798	36.9
ブラジル	387,995	15.7
中国	360,000	14.6
インド	203,981	8.3
ロシア	100,015	4.0
世界	2,470,000	100

(千t)　(USGS)

▼鉄鉱石の輸出入（2021年）

輸出	(%)		輸入	(%)
オーストラリア	52.8		中国	68.3
ブラジル	21.6		日本	6.9
南アフリカ共和国	4.1		韓国	4.5
カナダ	3.2		ドイツ	2.4
ウクライナ	2.7		オランダ	1.7
世界	100		世界	100

(地理統計)

● 銅鉱

銅鉱 電気産業の発達とともに需要が増大した。火山帯での埋蔵が多い。世界生産１位は㊱_____であり、ペルー・中国・コンゴ民主共和国・アメリカ合衆国・オーストラリア・ロシアが続く（2019年）。アフリカのコンゴ民主共和国・ザンビアの国境付近の㊲_____も重要である。

▼銅鉱の生産（2019年）

国名	生産量	(%)
チリ	5,787	28.4
ペルー	2,455	12.0
中国	1,684	8.3
コンゴ民主共和国	1,291	6.3
アメリカ合衆国	1,260	6.2
世界	20,400	100

(千t)　(USGS)

地理B（09年・追）15

▼世界の主な鉄鉱石と銅鉱の産地

主な鉱産資源　▲鉄鉱石　▲閉山　●銅鉱

※地名は鉄山。

❸ **ボーキサイト** ㊳＿＿＿＿＿＿＿＿＿＿の原料。

ラトソルの分布する熱帯に多く埋蔵されている。世

界の分布図では，西アフリカのギニア，カリブ海の

㊴＿＿＿＿＿＿＿＿も重要。生産１位は㊵＿＿＿＿＿

＿＿＿＿＿であり，中国・ギニア・ブラジル・イ

ンドネシア・インドが続く（2020 年）。

（千 t）

国名	生産量	(%)
オーストラリア	104,328	26.7
中国	92,700	23.7
ギニア	86,000	22.0
ブラジル	31,000	7.9
インドネシア	20,800	5.3
インド	20,200	5.2
ジャマイカ	7,546	1.9
世界	391,000	100

▶ボーキサイトの生産（2020 年）

(USGS)

❹ **すず鉱** すずは，金属どうしの接合や，電子回

路で電子部品を基板に固定するハンダに使用され

る。生産１位は中国であり，次いでインドネシア・

ミャンマー・ペルー・コンゴ民主共和国（2020 年）。

世界の分布図ではマレー半島周辺に注目する。

（千 t）

国名	生産量	(%)
中国	84	31.8
インドネシア	53	20.1
ミャンマー	29	11.0
ペルー	21	8.0
コンゴ民主共和国	17	6.4
世界	264	100

▶すず鉱の生産（2020 年）

(USGS)

❺ **金鉱** 金は，錆びない貴金属であり，貨幣・装

飾用のほか，半導体や電子基板にも利用される。生

産１位は中国であり，オーストラリア・ロシア・

アメリカ合衆国・カナダが並ぶ（2020 年）。

(t)

国名	生産量	(%)
中国	365.3	12.1
オーストラリア	327.8	10.8
ロシア	305.0	10.1
アメリカ合衆国	193.0	6.4
カナダ	169.7	5.6
世界	3030.0	100

▶金鉱の生産（2020 年）

(USGS)

❻ **ダイヤモンド** 非常に硬く，熱伝導性がよいた

め，工業用にも多く使用される。生産上位国は，ロ

シア・ボツワナ・カナダ・コンゴ民主共和国・オー

ストラリア・南アフリカ共和国で，上位にはアフリ

カ南部の国が多い（2020 年）。

（千カラット）

国名	生産量	(%)
ロシア	31,200	29.2
ボツワナ	16,980	15.9
カナダ	13,104	12.2
コンゴ民主共和国	12,750	11.9
オーストラリア	10,919	10.2
世界	107,000	100

▶ダイヤモンドの生産（2020 年）

(USGS)

❼ **レアメタル（希少金属）** 先端技術産業の発展で需要が増大し，産業のビタミンとよば

れる。マンガン，クロム，コバルト，タングステン，リチウムなどがある。

発展途上国などでの埋蔵・産出が多く，供給に不安があるため，先進国では備蓄が行わ

れている。また，技術革新により，廃棄される家電製品からのレアメタルの回収量が増加

しており，都市を鉱山にみたてて，㊶＿＿＿＿＿＿＿＿（地上資源）ともよばれる。

実戦演習

解答：別冊 p.15

❶ リナさんたちは，資源の地域的な偏りを考えるために，主要な資源について調べた。次の図中の凡例**ア**と**イ**は炭田と油田のいずれかであり，文**A**と**B**は石炭と石油のいずれかを説明したものである。油田に該当する凡例と石油に該当する文との正しい組合せを，後の①〜④のうちから一つ選べ。　地理B（22年）[7]

Energy Statistics Yearbook などにより作成。

■ ア
△ イ

	①	②	③	④
凡例	ア	ア	イ	イ
文	A	B	A	B

A この資源は，生産量上位10か国の世界に占める割合が9割を超えており，世界最大の生産国と消費国が同一である。中国

B この資源は，世界のエネルギー供給量の約3分の1を占めており，確認されている埋蔵量の約半分が特定の地域に偏っている。西アジア

❶ 解答欄 ①②③④

❷ リナさんたちは，先生から配られた資料をもとに，世界の地域別の資源利用とその環境への影響について考えた。資料中の図は，世界の人口と世界の1次エネルギー消費量の推移を示したものであり，凡例**ア**と**イ**は，アフリカとヨーロッパのいずれかである。凡例**イ**に該当する地域名と，資料中の文章の空欄**A**に当てはまる語句との正しい組合せを，後の①〜④のうちから一つ選べ。　地理B（22年）[8]

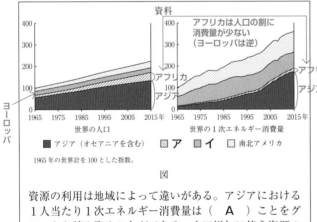

資料

アフリカは人口の割に消費量が少ない（ヨーロッパは逆）

ヨーロッパ

アフリカ
アジア

■ アジア（オセアニアを含む） ▨ ア ▦ イ ▨ 南北アメリカ

1965年の世界計を100とした指数。

図

資源の利用は地域によって違いがある。アジアにおける1人当たり1次エネルギー消費量は（　**A**　）ことをグラフから読み取ることができる。人口増加に伴う資源の需要増加は，環境にどのような影響を与えるだろうか？

World Population Prospects などにより作成。

	①	②	③	④
イ	アフリカ	アフリカ	ヨーロッパ	ヨーロッパ
A	増えている	変化していない	増えている	変化していない

❷ 解答欄 ①②③④

第**2**節 工業

ココが出る!!

1. 工業立地
2. 発展途上国の工業化

この単元は，さまざまな工業製品の世界各国の生産量が統計図表を用いて出題されることが多かったが，近年は工業立地の出題が増加している。2006〜23年のセンター試験・共通テストでは，第2問「資源と産業」，第4問「地誌」で出題されている。

---

1 工業の発達と立地

解答：別冊 p.7 ▶

❶ 産業革命　18世紀後半に ①＿＿＿＿＿＿＿＿＿ ではじまった産業革命は，19世紀以降ヨーロッパ諸国，アメリカ合衆国，ロシア，日本に波及した。②＿＿＿＿＿＿＿＿＿ の発明などの技術革新によって，工場制手工業（マニュファクチュア）から工場制機械工業に変化し，大量生産が可能になった。

❷ 発展途上国の工業化　一般に，発展途上国では，農産物や③＿＿＿＿＿＿＿＿ などの一次産品を輸出し，外貨（国際的に信用があり取引に使用される通貨）を得る。そして，その外貨を使って工業製品を輸入してきたが，この外貨を節約するために，従来輸入に頼っていた日用雑貨，繊維などの軽工業製品を国内で生産する④＿＿＿＿＿＿＿＿ 工業化政策を採るようになる。

地理A（23年）13
地理B（07年）12

しかし，この政策は，政府主導の保護政策のもと行われるため，製品に国際競争力がないことや，国内市場がせまいことなどにより，限界がある。そこで多くの国では，⑤＿＿＿＿＿＿＿＿ 工業化政策に転換した。これは，国内の安価な労働力を背景に，先進国の資本と技術を導入して工業化をめざすもので，繊維や電気機械工業などのような労働集約型の工業の発展につながった。1960年代後半から，この工業化を進展させたのが⑥＿＿＿＿＿ ・台湾・香港・シンガポールのアジアNIEsである。

地理B（22年・追）9
地理B（21年・第1日程）12

その後アジアでは，1980年代にマレーシア・タイ（準NIEs）などが，1990年代には改革開放政策により経済自由化を推し進めた中国，2000年代に入ると，インドやベトナムがめざましく発展した。

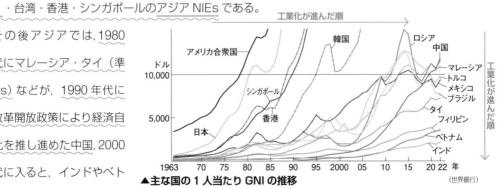

▲主な国の1人当たり GNI の推移
（世界銀行）

早い時期に1人当たりGNIが増加したアメリカ合衆国や日本に続いて，シンガポールなどNIEsの国々が発展した。早い時期に工業化が進展した国々と，遅れて進展した国々の違いに注目しよう。

❸ 工業立地 　工場の立地に影響を与え

る立地条件には，自然条件と社会条件が

ある。すぐれた立地条件をもつ地域に

は，工場が集積する。また，企業は工場

進出の際に，原料供給と市場の両面を考

慮して，生産費を最も節約できるところ

を探す。この生産費の中で，立地決定に

強く影響を及ぼすのは，⑦＿＿＿＿＿＿と労働費である。

▼工業立地の考え方

①原料と製品の輸送費が変わらない場合は，輸送費の合計（総輸送費）はどこでも変わらないので，工場は原料産地と市場の間のどこかに立地。

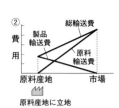

②原料に対して製品が軽い場合には，製品を運んだ方が総輸送費が安くなるので，工場は原料産地に立地。

地理B（21年・第1日程）10・11
地理B（21年・第2日程）10

原料指向型工業	原料の産地が限定され（局地原料），生産工程で製品の重量が大幅に減少する（重量減損原料）場合は，原料産地で製品を生産すると軽量化してから市場へ輸送することができるため，輸送費は最低となる。鉄鉱石や石炭などを原料とする鉄鋼業や，石灰石を主原料とする⑧＿＿＿＿＿＿工業などがこれに当てはまる。	地理B（10年）16
市場指向型工業	原料がどこでも入手でき（普遍原料），生産工程で重量がほとんど減らない（純粋原料）場合は，人口の多い市場（大都市）で生産すると輸送費が最低となる。水を主原料とするビール工業や⑨＿＿＿＿＿＿工業がこれに当てはまる。また，市場の情報や流行が重要となる⑩＿＿＿＿工業や，服飾業も大都市に立地する。	地理B（13年・追）9
地理B（08年）12
労働力指向型工業	原料の産地が限定され，生産工程でほとんど重さが減らない場合は，原料産地と市場との間のどこに工場を建てても輸送費は変わらない。そのため，労働費の安価なところに立地する。繊維工業や電気機械工業など，縫製や組み立てで労働力を多く必要とする工業が典型的であり，発展途上国に立地することが多い。	
集積指向型工業	集積により各種の生産費が節約される。関連する多数の工場が集積する自動車工業など。	
交通指向型工業　臨海指向型工業	原料を輸入に依存する工業の場合は，大都市に近接する港湾部に立地する。日本では，⑪＿＿＿＿＿＿や石油化学工業が太平洋ベルトの臨海部に集中している。	
交通指向型工業　臨空港指向型工業	集積回路をはじめとして，小型軽量で付加価値が高い製品は，生産費に占める⑫＿＿＿＿＿の割合が低いため，航空機による輸送が可能となる。日本の先端技術産業の生産部門は，安価な労働力と土地が得られる⑬＿＿＿＿地方などの地方空港周辺に多く立地している。	

② 繊維工業

❶ 綿工業 かつて先進国で生産が多かったが、現在は綿花生産の多い発展途上国へ生産の中心が移っている。綿糸の生産1位は中国で、⑭_____・パキスタン・トルコ・ブラジルが続く（2014年）。また、綿織物の生産は、中国・インド・パキスタンが上位国である（2014年）。

❷ 羊毛工業 原料の羊毛は、南半球のオーストラリアやニュージーランドの供給が多く、製品は北半球での生産が多い。毛糸の輸出は⑮_____・イタリア・ホンコン、輸入はホンコン・⑯_____・ドイツ・中国が上位である（2011年）。

❸ 化学繊維工業 石油を原料とするナイロン・ポリエステルや、パルプを原料とするレーヨンなど。近年は発展途上国で生産が増加している。生産1位は中国で、インド・アメリカ合衆国・インドネシア・台湾・韓国が続く（2016年）。

地理B（09年・追）⑰

③ 金属工業

❶ 鉄鋼業 鉄鉱石、石炭を主原料とする。鉄鋼業の立地は主に、炭田立地型、鉄山立地型、炭田・鉄山立地型、臨海立地型にわけられる。

▼鉄鋼業の立地

炭田立地型	ルール地方（エッセン、ドルトムント）、ピッツバーグ、北九州
鉄山立地型	ロレーヌ地方（メス、ナンシー）、クリヴォイログ、アンシャン
炭田・鉄山立地型	バーミンガム
臨海立地型	ボルティモア（スパローズポイント）、カーディフ、ダンケルク、フォス、デュースブルク*、ブレーメン、タラント、日本の太平洋ベルト、パオシャン、ポハン

＊デュースブルクはライン川の河港都市だが、輸入鉄鉱石を用いるので、臨海型に含めた。

粗鋼の生産量1位は中国で、インド・⑰_____・アメリカ合衆国・ロシア・韓国が続く（2022年）。また、鉄鋼製品の輸出額は⑱_____・ロシア・日本・ドイツ・韓国が上位。輸入額は中国・⑲_____・ドイツ・イタリア・韓国・タイの順である（2021年）。

地理B（06年）⑳

地理B（23年・追）⑦

❷ アルミニウム工業 アルミニウム製錬には大量の電力を使用するため、電力費の安価な国での生産が多い。1970年代に世界3位の生産量であった日本は、⑳_____後の電力費高騰により生産が激減し、今では世界有数のアルミニウムの輸入国となっている。

アルミニウムの生産1位は中国で、ロシア・インド・カナダ・アラブ首長国連邦・オーストラリア・バーレーン・ノルウェー・アメリカ合衆国が続く（2020年）。なお、カナダ・ブラジル・ノルウ

▼アルミニウムの生産（2020年）
（万t）

アルミニウム		(%)
中国	3,708	56.9
ロシア	364	5.6
インド	356	5.5
カナダ	312	4.8
アラブ首長国連邦	252	3.9
オーストラリア	158	2.4
バーレーン	155	2.4
ノルウェー	133	2.0
アメリカ合衆国	101	1.5
世界	6,520	100

(USGS)

ェーは ^㉑ ＿＿＿＿＿発電中心の国，アラブ首長国連邦とバーレーンは西アジアの産油国

で，天然ガスによる火力発電が中心の国である。

4 機械工業

❶ 自動車工業 産業用ロボットを使用するなど，合理化が進んでいる。1 万パーツを超

える部品を使用する組立工業で，周辺には多くの関連工場が集積する。

地理 B（12 年・追）
11
地理 B（10 年）17

石油危機を受けて，低燃費の日本車の世界販売が増加。1980 年から 1993 年まで生産

1 位であった。しかし，欧米との貿易摩擦を避けるために現地市場での生産が増え，国内

生産は減少した。

2009 年以降は中国が生産 1 位で，アメリカ合衆国・日本・インド・韓国・ドイツ・メ

キシコ・ブラジル・スペイン・タイが続く（2021 年）。

地理 B（22 年・追）
7

▼自動車生産の推移と割合

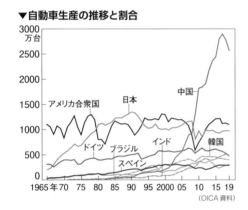

(OICA 資料)

▼自動車生産の推移

1970 年代末まで	アメリカ合衆国が 1 位。
1980 年代～ 90 年代はじめ	日本が 1 位。日本の対アメリカ輸出の増大で日米貿易摩擦が発生する。
1990 年代	日本の自動車会社はアメリカ国内での現地生産を増やす。アメリカ合衆国が 1 位。
2000 年代後半	日本が 1 位。 環境対応車（ハイブリッド車）の開発によって，日本が再び 1 位に。
2009 年～	中国が 1 位。2008 年の世界同時不況のために，先進国の販売が停滞したのを受けて生産も減少。中国が生産でも 1 位となる。先進国の自動車会社が中国に工場をつくり，中国市場向けに生産。

❷ 二輪自動車 アジアの発展途上国で需要が大きい。生産上位国は，インド・中国・イ

ンドネシア・タイ・パキスタン（2020 年）。

地理 B（10 年）17

❸ 造船業 石油危機後，タンカー需要の低下で生産が停滞したが，近年の発展途上国の

工業化により需要が増加。東アジアの中国・ ^㉒＿＿＿＿＿・日本で世界生産の約 9 割を占

める（2021 年）。

地理 B（11 年）9
地理 B（09 年・追）
15

❹ 航空機 軍事用が多いアメリカ合衆国のボーイング社（生産拠点は ^㉓＿＿＿＿＿＿）

と，旅客機が多くヨーロッパのフランス・イギリス・ドイツ・スペインなどで共同生産す

るエアバス社（生産拠点はフランスの ^㉔＿＿＿＿＿＿＿）の生産が多い。

地理 B（22 年・追）
8
地理 B（13 年）22
地理 B（07 年）
8・9

❺ 電気機械工業 量産製品は先進国から発展途上国へ生産の中心が移るが，高付加価値

製品は先進国でも生産される。テレビなどの家電の多くは，人口が多く，国内需要も大き

い中国の生産が多い。

❻ エレクトロニクス工業 集積回路などの半導体，大型コンピュータともに，1990 年

地理 B（11 年）12

代前半までは㉕＿＿＿＿＿＿＿＿＿＿・日本の生産が多かった。しかし近年は，日本メーカーのシェアは大幅に低下し，㉖＿＿＿＿＿や台湾の生産が増加している。

パソコン生産は単純組立で，労働集約的な側面が強いため，中国での生産が圧倒的である。オペレーションシステム（OS）などのソフトウェアは，アメリカ合衆国がほぼ独占。生産および研究開発地としては，アメリカ合衆国の㉗＿＿＿＿＿＿＿＿＿＿＿（サンノゼ周辺），㉘＿＿＿＿＿＿＿＿＿＿＿＿（ダラス周辺），㉙＿＿＿＿＿＿＿＿＿＿＿＿＿＿＿＿（ボストン周辺）や，インド南部の㉚＿＿＿＿＿＿＿＿，日本の㉛＿＿＿＿＿＿＿＿＿＿（九州）が有名。

集積回路の世界輸出は，ホンコン・中国・台湾・韓国・シンガポール・マレーシア・アメリカ合衆国・日本・ドイツ・フィリピンが上位国。輸入は中国・ホンコン・台湾・シンガポール・アメリカ合衆国・韓国・マレーシア・ベトナム・日本・メキシコが上位である（2021年）。

🔟 その他の工業

❶ 石油化学工業 石油を蒸留して得たナフサを原料として，プラスチック，合成ゴムなどを生産する。石油精製工場や石油製品の製造工場などが集積した石油化学コンビナートは，日本では臨海地域に立地。欧米などでは産油地域や㉜＿＿＿＿＿＿＿＿＿＿によって結ばれた地域にも立地する。汎用プラスチックの生産は，中国・アメリカ合衆国・サウジアラビア・韓国・インド・日本が上位国（2017年）。

❷ 窯業 セメント工業は石灰石産地，陶磁器工業は陶土産地に立地する。また，ガラス工業やセラミックス工業も含まれる。

❸ パルプ・紙工業 木材チップを化学的に処理してパルプをつくり，これを原料として紙を生産する。生産には大量の水を使用するので，パルプ・紙工場は林業地域や用水の得やすい地域に立地。ただし近年は，古紙パルプも使用するため，大都市周辺にも立地する。

パルプの生産1位はアメリカ合衆国で，ブラジル・中国・カナダ・スウェーデン・フィンランド・ロシア・インドネシア・日本が続く。また，紙・板紙の生産1位は中国で，アメリカ合衆国・日本・ドイツ・インド・韓国・インドネシア・ブラジルが続く（2020年）。

地理B（06年）21・22

地理B（07年）7

地理B（11年）10

地理B（13年）9

実戦演習

解答：別冊 p. 15

❶ 工場は，原料や製品の輸送費が小さくなる地点に理論上は立地するとされている。次の図は，原料産地から工場までの原料の輸送費と，市場で販売する製品の輸送費を示した仮想の地域であり，下の条件を満たす。また，図中の①～④の地点は，工場の建設候補地を示したものである。総輸送費が最小となる地点を，図中の①～④のうちから一つ選べ。

地理B（21年・第1日程）10

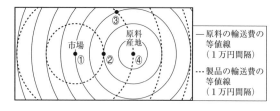

― 原料の輸送費の等値線（1万円間隔）
-- 製品の輸送費の等値線（1万円間隔）

❶ 解答欄
① ② ③ ④

条件

・使用する原料は1種類であり，原料産地から工場まで原料を輸送し，工場で生産した製品を市場まで輸送する。

・総輸送費は，製品1単位当たりの原料の輸送費と製品の輸送費の合計である。

・輸送費は距離に比例して増加し，距離当たり輸送費について，原料は製品の2倍の費用がかかる。

・市場や原料産地にも工場を建設できる。

総輸送費は
① 4万円
② 3万円
③ 5万円
④ 2万円

❷ 工業の立地には原料や製品の輸送費が影響し，主な原料が同じであっても製品の性質によって工場の立地パターンが異なる場合がある。下の文ア～ウは，飲用牛乳，バター，アイスクリーム*のいずれかの輸送費について述べたものであり，下の表中のA～Cは，東日本に立地する工場数をそれぞれ地域別に示したものである。ア～ウとA～Cとの正しい組合せを，下の①～⑥のうちから一つ選べ。

地理B（21年・第1日程）11

	A	B	C
北海道	51	29	4
東北	50	6	17
関東	60	11	26

年間生産量5万リットル未満のアイスクリーム工場は含まない。
統計年次は2018年。『牛乳乳製品統計調査』により作成。

*乳脂肪分8%以上のもので，原料は生乳のほかクリーム，バター，脱脂粉乳など。

ア 製品に比べて原料の輸送費が多くかかる。
→チーズ（B）

イ 原料と製品の輸送費はほとんど変化しない。
→飲用牛乳（A）

ウ 原料に比べて製品の輸送費が多くかかる。
→アイスクリーム（生産工程で重くなり，冷凍も必要：C）

	①	②	③	④	⑤	⑥
ア	A	A	B	B	C	C
イ	B	C	A	C	A	B
ウ	C	B	C	A	B	A

❷ 解答欄
① ② ③ ④ ⑤ ⑥

❸ レアメタルの一つであるマンガンは，鉄鋼の生産など様々な工業で用いられてきた。次の図は，いくつかの国におけるマンガン鉱の輸入量の推移を示したものであり，①～④は，インド，韓国，スペイン，日本のいずれかである。韓国に該当するものを，図中の①～④のうちから一つ選べ。

工業化の進展の程度違いが反映する

地理B（20年）7

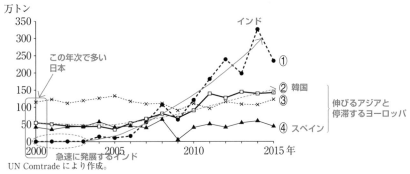

伸びるアジアと
停滞するヨーロッパ

UN Comtrade により作成。

❸	解答欄
	① ② ③ ④

❹ 環境意識の高まりや技術開発により，紙の生産には，木材から作られるパルプに加え，古紙の再生利用が進められている。次の図は，いくつかの国におけるパルプと古紙の消費量を示したものである。図中の**ア**～**ウ**はアメリカ合衆国，カナダ，ドイツのいずれか，凡例**A**と**B**はパルプと古紙のいずれかである。ドイツとパルプとの正しい組合せを，後の①～⑥のうちから一つ選べ。

地理B（23年）13

消費量は人口に対応

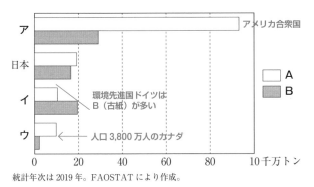

統計年次は 2019 年。FAOSTAT により作成。

	①	②	③	④	⑤	⑥
ドイツ	ア	ア	イ	イ	ウ	ウ
パルプ	A	B	A	B	A	B

❹	解答欄
	① ② ③ ④ ⑤ ⑥

第Ⅲ編　第2章　第2節　実戦演習

第1章
生活と文化 第**1**節 **環境問題**

ココが出る!!

1. 地球温暖化
2. 熱帯林破壊
3. 循環型社会

この単元は，地球温暖化や植生破壊などについて出題されてきた。2006～15年のセンター試験では，第5問「現代世界の諸課題」で出題されていた。

■ 地球環境問題と国際的な取り組み

解答：別冊 p.7

❶ 公害と地球環境問題 日本において公害とは，「事業活動その他の人の活動に伴って生ずる相当範囲にわたる(1)大気の汚染，(2)水質の汚濁，(3)土壌の汚染，(4)騒音，(5)振動，(6)地盤の沈下及び(7)悪臭によって，人の健康又は生活環境に係る被害が生ずること」と①＿＿＿＿＿＿＿法により定義されている。公害は，先進国では産業革命以降に発生したものの現在では対策が進んでその多くが沈静化しているが，発展途上国に拡大し深刻化している。

　また近年では，地球温暖化やオゾン層破壊などのように地球規模の環境問題が発生している。これに対する国際的な取り組みとして，1972年には，②＿＿＿＿＿＿＿のストックホルムで国連人間環境会議が開催され，③＿＿＿＿＿＿（国連環境計画）が設立された。1992年には，ブラジルの④＿＿＿＿＿＿＿で環境と開発に関する国連会議（地球サミット）が開催され，「持続可能な開発」を理念に生物多様性条約や気候変動枠組条約などが採択された。

▼環境に関する主な国際的取り組みと条約の採択

1971年	特に水鳥の生息地として国際的に重要な湿地に関する条約（ラムサール条約）
1972年	国連人間環境会議（ストックホルム）
1979年	長距離越境大気汚染条約
1985年	オゾン層保護に関するウィーン条約
1987年	オゾン層を破壊する物質に関するモントリオール議定書
1992年	環境と開発に関する国連会議（地球サミット・リオデジャネイロ）：気候変動枠組条約・生物多様性条約
1997年	気候変動枠組条約第3回締約国会議（地球温暖化防止京都会議）：京都議定書 ・先進国に対して温室効果ガスの排出削減を求める。
2002年	持続可能な開発に関する世界首脳会議（ヨハネスブルグ）
2010年	生物多様性条約第10回締約国会議（名古屋）
2012年	国連持続可能な開発会議（リオデジャネイロ）
2015年	気候変動枠組条約第21回締約国会議（パリ）：パリ協定 ・すべての参加国が温室効果ガスの排出削減目標値を提出。

地理A（23年）20

❷ 日本の公害 19世紀末の⑤＿＿＿＿＿＿＿鉱毒事件にはじまる日本の公害問題は，高
度経済成長期に深刻化した。

有機水銀による水俣湾沿岸（熊本県）と阿賀野川下流域（新潟県）の⑥＿＿＿＿＿＿＿，
カドミウムによる神通川流域（富山県）の⑦＿＿＿＿＿＿＿＿＿，亜硫酸ガスによる四
日市ぜんそくは，四大公害とよばれる。

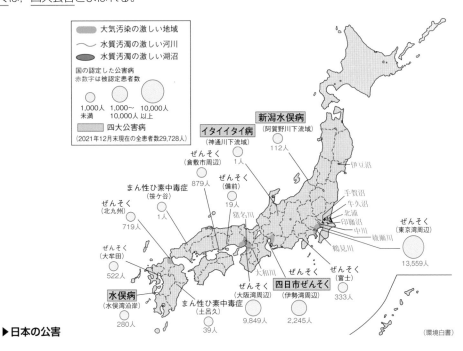

▶日本の公害

（環境白書）

2 さまざまな環境問題

❶ 大気汚染

地理B（23年）25

スモッグ	煙（smoke）と霧（fog）を合わせた造語。⑧＿＿＿＿＿＿を燃やした際に出る亜硫酸ガスなどによる大気汚染で，呼吸器疾患などの健康被害が発生。かつて冬のロンドンで多数の死者を出した。
光化学スモッグ	工場の排煙や自動車の排ガスが紫外線を受けて反応して光化学オキシダントなどが生成され，これによって呼吸器疾患などの健康被害が発生。夏のロサンゼルスでの発生が問題となり，日本では高度経済成長期に頻発した。現在も大都市圏を中心に発生することがある。

❷ 水質汚濁 河川や湖，海で生活・農業・工業排水などにより⑨＿＿＿＿＿＿＿化が進
むと，水質汚濁が進行し，プランクトンの大量発生によって⑩＿＿＿＿＿＿などが生じて魚
類が死滅することがある。

地理A（23年）22

また，タンカー航路では排油による汚染が進み，座礁事故による原油流出も深刻な水質

汚濁を引き起こしている。近年は<u>マイクロプラスチック</u>とよばれる微細なごみによる海洋生態系への影響が懸念されている。

地理A(23年)
21・25

❸ 産業廃棄物 日本各地で<u>産業廃棄物</u>の違法投棄が行われ，土壌汚染などの問題が発生している。放射性廃棄物やPCB（ポリ塩化ビフェニル）など有害物質を含む廃棄物の国際移動は，<u>バーゼル条約</u>によって禁止されているが，近年は電子機器やそのバッテリーなどの廃棄物が発展途上国へ輸出され，問題となっている。

❹ 酸性雨 工場の排煙や自動車の排ガスに含まれる⑪＿＿＿＿＿＿＿＿＿（SOx）や，⑫＿＿＿＿＿＿＿＿＿（NOx）が溶けこんだpH 5.6以下の雨。ヨーロッパやアメリカの<u>五大湖周辺</u>，中国などで森林の枯死や土壌・湖沼の酸性化による生態系破壊，<u>歴史的建造物の溶解</u>などの被害が生じた。上空の風によって，汚染物質が中部ヨーロッパからスカンディナビア諸国へ，中国から韓国，日本などへ運ばれ，⑬＿＿＿＿＿＿＿が発生。対策として，ヨーロッパでは，<u>長距離越境大気汚染条約</u>が結ばれた。

地理A(22年)22
地理A(21年・第
2日程)18
地理B(10年・追)
32
地理B(08年・追)
30

❺ オゾン層破壊 スプレーの噴射剤，冷凍庫やクーラーの冷媒，集積回路の洗浄剤などに利用された⑭＿＿＿＿＿が，成層圏で⑮＿＿＿＿＿を吸収する<u>オゾン層</u>を破壊。⑯＿＿＿＿＿上空などに<u>オゾンホール</u>が形成された。

　紫外線による皮膚ガンの増加など健康被害が危惧され，<u>モントリオール議定書</u>ではフロンや代替フロンの規制が進められている。

❻ 地球温暖化 太陽光線は通すが，地表面から放射される赤外線は通さない二酸化炭素（CO_2），フロン，<u>永久凍土</u>の融解などによって発生する⑰＿＿＿＿＿などの<u>温室効果ガス</u>が増加することで，地球規模での気温上昇が予想されている。極地方などの陸上の氷河の融解によって海面が上昇すると，バングラデシュやサンゴ礁の島々からなるツバルなど，低平な国々では国土水没の恐れがある。

地理B(21年・第
1日程)7

❼ 地球温暖化〈京都議定書〉 1997年の気候変動枠組条約第3回締約国会議（地球温暖化防止京都会議）で，先進国の温室効果ガスの削減目標値が定められ，議定書は2005年に発効した。しかし，当時最大の排出国であった⑱＿＿＿＿＿＿＿＿が離脱したことに加え，現在最大の排出国である⑲＿＿＿＿＿をはじめ工業化が進み排出量が増大している発展途上国に削減義務がないなど，問題点が多かった。

　ポスト京都議定書の議論が締約国会議などで進められ，先進国と発展途上国の間で意見が対立してきたが，2015年の気候変動枠組条約第21回締約国会議で採択されたパリ協定では，すべての参加国が温室効果ガスの排出削減目標を提出することとされた。

　一方，ヨーロッパや日本では，化石燃料の炭素含有量に応じて使用者に課す⑳＿＿＿＿＿＿＿（環境税）の導入も進められている。

地理B(10年・追)
33
地理B(08年・追)
26・27・28
地理B(06年)30

▼世界の温室効果ガス排出量の割合

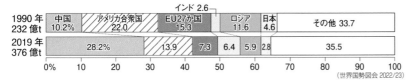

(世界国勢図会 2022/23)

❽ 放射線の影響　1986年，㉑＿＿＿＿＿＿＿＿（当時はソ連）の首都キーウの北方に

ある㉒＿＿＿＿＿＿＿＿原子力発電所で原子炉破壊事故が発生し，上空の風に運ばれ

た放射性物質で周囲の土壌や動植物が汚染された。

　2011年には，東日本大震災にともなう地震や津波によって福島第一原子力発電所が破

壊される事故がおこり，深刻な被害が発生している。

　また，アメリカ合衆国・中国・ロシアは主に国内の砂漠で，㉓＿＿＿＿＿＿＿は南太平

洋のムルロア環礁などで，核実験を行ってきた。

❾ 植生の破壊

熱帯林破壊	発展途上国では，人口急増が植生破壊の主な原因である。㉔＿＿＿＿＿＿の伐採，焼畑などでの農牧地の拡大，輸出用木材の伐採などによって，南米の㉕＿＿＿＿＿＿地方や東南アジア，アフリカで熱帯林が減少している。伐採により裸地化すると，保水力が低下して雨水が短時間に河川に流れ込む。土壌侵食による土砂の流入は河床を上昇させ，洪水がおきやすくなる。	地理B(21年・第2日程) 6 地理B(23年・追) 2 地理A(22年) 24 地理B(14年) 25・26 地理B(09年・追) 35 地理B(08年・追) 29
砂漠化	砂漠化は，植生に覆われた土地が㉖＿＿＿＿＿＿になっていくことである。サハラ砂漠南縁の㉗＿＿＿＿＿＿地域では，降水量の減少といった自然的な要因に加えて，人口急増にともなう㉘＿＿＿＿＿＿や㉙＿＿＿＿＿＿，薪炭材の過伐採などによる植生破壊という人為的な要因により砂漠化が進行した。 なお先進国でも，過耕作や過放牧に加えて，灌漑による㉚＿＿＿＿＿＿などで砂漠化が進行している。	地理B(14年) 27

▼世界の環境破壊

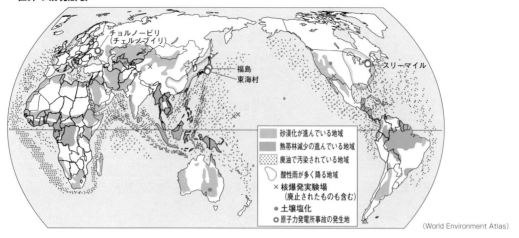

(World Environment Atlas)

③ 環境保全

❶ **ナショナルトラスト（国民環境基金）** 貴重な自然環境や歴史的環境を住民が買い取って保存する運動。イギリスからはじまり，日本でも知床の自然の保存運動など各地でみられる。

❷ **世界遺産条約** 1972年にユネスコ総会で採択。自然・文化遺産を保護する。

　日本では，自然遺産として白神山地（青森県・秋田県），屋久島（鹿児島県），知床（北海道），小笠原諸島（東京都），奄美大島・徳之島・沖縄島北部及び西表島（鹿児島県・沖縄県）の5か所が，文化遺産として原爆ドーム（広島県），白川郷・五箇山（岐阜県・富山県），富士山（静岡県・山梨県），富岡製糸場（群馬県）などが登録されている（2022年）。

❸ **特に水鳥の生息地として国際的に重要な湿地に関する条約（ラムサール条約）** 水鳥の生息地として国際的に重要な湿地を保全する。日本では，釧路湿原や琵琶湖など50か所以上が登録されている（2022年）。

❹ **循環型社会** 資源として再利用する (31)＿＿＿＿＿，古着などを繰り返し使う (32)＿＿＿＿＿，修理して使う (33)＿＿＿＿＿，ゴミを減らす (34)＿＿＿＿＿，環境負荷になるものをなるべく買わないRefuse（リフューズ）など，頭文字にRのつく循環型社会をめざす活動が，先進国を中心にみられるようになっている。

地理B（23年）13
地理B（14年）29
地理B（06年）33

解答：別冊 p. 15

❶ 次の図中に示した **A〜F** の地域・海域にみられる環境の変化やその要因および自然災害について述べた文として適当なものを，下の**①〜⑥**のうちから二つ選べ。ただし，解答の順序は問わない。

地理A（14年）27, 28

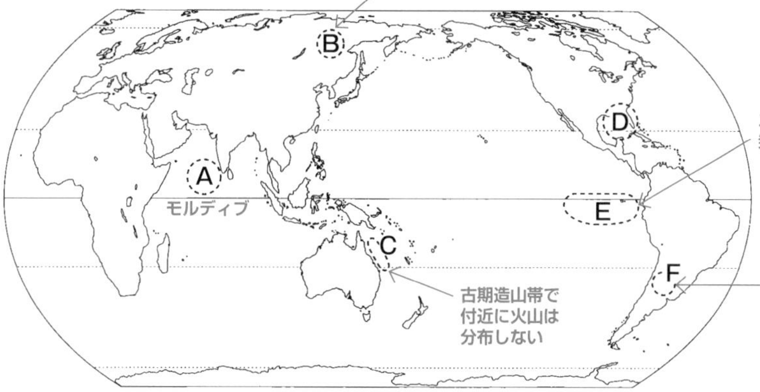

シベリア東部は冬季寒冷で
氷河の発達は悪かった

B

D

エルニーニョ現象の
発生海域

A

モルディブ

E

C

F

古期造山帯で
付近に火山は
分布しない

パンパが分布する

① **A** では，標高の低い島々が海面上昇による水没の危機に瀕している。○

② **B** では，氷河の融解×により，大規模な洪水が毎年頻発している。

③ **C** では，火山の噴火×によってサンゴ礁が大幅に減少している。

④ **D** では，ハリケーンが襲来し，津波や洪水を引き起こしている。

津波は主に
地震により発生する

⑤ **E** では，数年に一度，海面水温が大きく上昇する現象がみられる。

⑥ **F** では，針葉樹林（タイガ）×が消滅し，森林破壊が顕著である。

❶ 解答欄
① ② ③ ④ ⑤ ⑥

❷ 地球環境問題に関する国際協力について述べた文として**適当でないもの**を，次の**①〜④**のうちから一つ選べ。

地理A（14年）29

① IPCC（気候変動に関する政府間パネル）では，これまでの知見から気候変動の原因や影響の評価などが行われている。

② 東アジア諸国では大気汚染の深刻化にともない，酸性雨観測のネットワークづくりがすすめられている。

③ 木材輸出のために熱帯林が伐採された東南アジアでは，日本のNGO（非政府組織）による植林活動が行われている。

④ モントリオール議定書×の採択により，各国は水鳥の生息地となる湿地の保全に取り組んでいる。

ラムサール条約

❷ 解答欄
① ② ③ ④

❸ リナさんたちは，1995 年と 2015 年における各国のデータを調べて，経済発展が環境へ及ぼす影響について考察した。次の図は，いくつかの国 **a〜c** と世界平均について，1 人当たり GDP と 1 人当たり二酸化炭素排出量の変化を示したものである。また，後の文**ア〜ウ**は，図中の **a〜c** のいずれかにおける変化の背景をリナさんたちが整理したものである。**a〜c** と**ア〜ウ**との組合せとして最も適当なものを，右下の ① 〜 ⑥ のうちから一つ選べ。

地理B（22 年）⑨

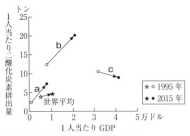

トン
1人当たり二酸化炭素排出量
○ 1995 年
● 2015 年
1 人当たり GDP

World Development Indicators により作成。

	①	②	③	④	⑤	⑥
a	ア	ア	イ	イ	ウ	ウ
b	イ	ウ	ア	ウ	ア	イ
c	ウ	イ	ウ	ア	イ	ア

❸ 解答欄
① ② ③ ④ ⑤ ⑥

ア 産業構造の転換に伴い脱工業化が進み，再生可能エネルギーの普及も進んだ。
1人当たり二酸化炭素排出量は減少（c）

イ 資源が豊富にあるため，国内の燃料消費のコストが低いことや，世界的な資源需要の高まりを背景に経済成長が進んだ。
1人当たり二酸化炭素排出量は増加（b）

ウ 農業や軽工業が中心であったが，その後は工業化が進み，重工業の比率が高まった。
1人当たり GDP が大幅に増加（a）

❹ 温室効果ガスの排出を削減するためには，各国のエネルギー消費のあり方が重要になる。右下の図は，イギリス，日本，アメリカ合衆国，インド，ロシアの 5 か国の GDP 当たり 1 次エネルギー消費量について，日本の値を 1 として示したものである。図から読み取れることがらとその背景について述べた文として最も適当なものを，下の ① 〜 ④ のうちから一つ選べ。

地理A（22 年・追）⑳

① イギリスは，エネルギー消費の少ない牧畜業や食品加工業が大きな比重を占めているため，日本より値が低いと考えられる。 ×

② アメリカ合衆国は，国土が広く自動車の利用が中心で，エネルギー消費の多い社会となっているため，日本より値が高いと考えられる。

③ インドは，国内の豊富な石油資源を用いて輸出目的の製造業が成長したため，アメリカ合衆国より値が高いと考えられる。 ×

④ ロシアは，気候が寒冷で主に石炭を利用した暖房設備のエネルギー効率が高いため，アメリカ合衆国より値が高いと考えられる。 ×

統計年次は 2017 年。
資源エネルギー庁の資料により作成。

❹ 解答欄
① ② ③ ④

第**2**節 **人口**

ココが出る!!

1.発展途上国の人口問題
2.都市人口率
3.日本人の労働力移動

この単元は，発展途上国の人口問題などについての出題が多い。人口統計は，産業分野の学習に必要なので上位国を中心にしっかり暗記しよう。2006～23年のセンター試験・共通テストでは，主に第3問，第5問で出題されている。

1 人口と人口密度 （統計は UN, World Population Prospects: The 2022 Revision による。数値は国連の 2022 年の推計値。）

解答：別冊 p. 8

❶ 居住地域　人類が常住している①＿＿＿＿＿＿＿（エクメーネ）に対して，砂漠や寒冷地域，高山地域など無居住地域（アネクメーネ）は陸地の1割を占める。ノルウェーやオーストラリアの資源産地のように，寒冷や乾燥によってアネクメーネとなっていても，居住者がみられるところもある。

❷ 地域別人口　世界人口は80億人を超えている。地域別にみると，②＿＿＿＿＿＿の人口が最も多く，世界人口の約6割を占める。③＿＿＿＿＿＿＿が約14億人，ヨーロッパが約7.7億人，中南アメリカが約6.7億人，北アメリカが約3.8億人，オセアニアが約4,000万人である（2022年）。

❸ 国別人口　10億人を超えるのが中国とインド。3億人を超えるのがアメリカ合衆国で，2億人を超えるのがインドネシアとパキスタン，ブラジル，ナイジェリア。1億人を超えるのがバングラデシュ，④＿＿＿＿＿＿，メキシコ，日本，フィリピン，エジプト，エチオピア。9,000万人を超えるのがベトナム，コンゴ民主共和国，8,000万人を超えるのがトルコ，イラン，ドイツである。

❹ 人口密度　大陸別では，アジアが151人/km²で人口密度が最も高い。次いで⑤＿＿＿＿＿＿が47人/km²，⑥＿＿＿＿＿＿が34人/km²，北中アメリカが28人/km²，南アメリカが25人/km²。オセアニアが最も低く5人/km²である。

地理B（22年・追）
13
地理B（12年・追）
27

　人口1,000万人以上の国では，⑦＿＿＿＿＿＿が1,000人/km²以上，韓国は500人/km²以上。インド・オランダ・ベルギー・日本などが300人/km²以上で人口密度が高い。

❺ 人口に関わる指標　単位は‰（パーミル）で示されることもあり，千分率とよばれる。自然増加とは，出生数から死亡数を引いた値のこと。社会増加は，転入数から転出数を

引いた値。人口増加は，自然増加と社会増加を加えた値をさす。

❻ 人口増加率の計算方法 　a 年の人口を A，b 年の人口を B とすると，この期間の

人口増加率（％）＝（B－A）÷A×100

> （例）アフリカ大陸の 2005 年の人口は 9.1 億人，2015 年の人口は 11.7 億人。この間
>
> 　　の人口増加数は 2.6 億人なので，この間の増加率は 28.6％となる。
>
> 　　（11.7 億人－9.1 億人）÷9.1 億人×100＝28.6％

▼地域別国家人口（2021 年，万人）

	アジア	59.4%	アフリカ	17.6%	ヨーロッパ	9.4%	北アメリカ 4.7%／中南アメリカ 8.3%／オセアニア 0.6%	
一億人以上	中国	144,422						
	インド	139,341						
	インドネシア	27,636					アメリカ合衆国	33,292
	パキスタン	22,520	ナイジェリア	21,140			ブラジル	21,399
	バングラデシュ	16,630			ロシア	14,591		
	日本	12,605	エジプト	11,788			メキシコ	13,026
	フィリピン	11,105	エチオピア	10,426				
五千万人以上	ベトナム	9,816						
	トルコ	8,504	コンゴ民主共和国	9,238	ドイツ	8,390		
	イラン	8,503						
	タイ	6,951	タンザニア	6,150	イギリス	6,821		
	ミャンマー	5,481	南アフリカ共和国	6,004	フランス	6,543		
	韓国	5,131	ケニア	5,499	イタリア	6,037		
					ノルウェー	547	カナダ	3,807
	モンゴル	333	リビア	696	アイスランド	34	オーストラリア	2,579

＊%は世界人口に占める割合。　　　　　　　　　　　　　　　　　　（世界国勢図会 2022/23）

② 人口の推移

❶ 大陸別人口の推移 　19 世紀，産業革命後のヨーロッパでは人口が倍増し，移住先の新 　　地理B（11 年）25

大陸の人口も急増した。一方，アフリカでは，植民地支配や奴隷貿易の影響で人口が停滞

していた。

　第二次世界大戦後，発展途上国では ⑧ ＿＿＿＿＿＿＿＿＿＿ の普及や環境衛生の改善などによっ

て死亡率，特に 5 歳未満の ⑨ ＿＿＿＿＿＿＿＿ 死亡率が低下した。しかし，出生率は高いま

まであったので，⑩ ＿＿＿＿＿＿＿＿＿＿ とよばれるほど人口が急増した。

▼世界人口の地域別割合の推移

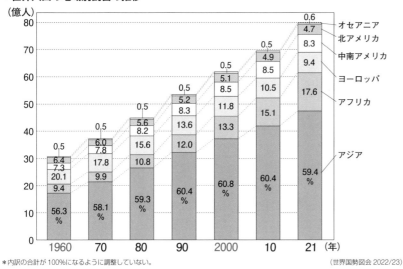

*内訳の合計が100%になるように調整していない。

（世界国勢図会 2022/23）

地理B（11年・追）
25

❷ 大陸別の人口増加率　世界の年人口増加率は0.87％（2020〜21年）で，近年は低下

傾向にある。地域別でみると，⑪＿＿＿＿＿＿＿＿が最も高く2.43％。次いでオセアニア

が1.27％，中南アメリカが0.65％，⑫＿＿＿＿＿＿が0.65％，北アメリカが0.35％，

⑬＿＿＿＿＿＿＿が−0.14％となっている。

❸ 人口転換と人口構成

地理B（22年・追）
14

❶ 人口転換　人口転換とは，人口の自然増加の形態が多産多死型から多産少死型を経て，

少産少死型へ変化することである。

▼人口転換のモデル

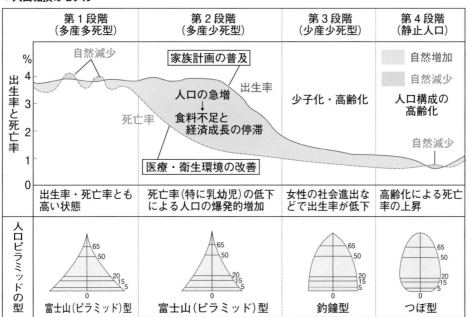

多産多死型	出生率，死亡率ともに高い。中南アフリカのナイジェリア，コンゴ民主共和国など一部の国が当てはまる。	地理B（15年）26 地理B（12年）25 地理B（09年）34
多産少死型	医薬の普及や環境衛生の改善などにより，死亡率（特に乳幼児死亡率）が低下。しかし貧困のため，子どもは家計を支える労働力として重要であることなどにより，出生率は高いままで維持される。これによって自然増加率は高くなり，人口爆発が生じる。 多くの発展途上国が該当。多くの発展途上国の死亡率は高齢化が進む先進国よりも低い。	
少産少死型	女性の社会進出や高学歴化，⑭ _____ の普及などにより出生率が下がり，自然増加率が低下する。一方，⑮ _____ の進行により死亡率が上昇して，先進国では多くの発展途上国よりも高くなる。日本や⑯ _____ _____，イタリアでは，出生率が死亡率を下回る⑰ _____ 状態となっている。 アメリカ合衆国など新大陸の先進国では，移民の流入とその出生率が高いことなどにより高齢化の進行が遅く，自然増加率は高めである。また，⑱ _____ _____ など旧ソ連・東欧諸国では，社会主義政権崩壊による社会不安，医療サービスの低下などにより，出生率の低下，死亡率の上昇が進み，自然減少となっている国もみられる。	

❷ 性別年齢別人口構成　一般に年齢別では，年少（幼年）人口（15歳未満），生産年齢人口（15歳から64歳），⑲ _____ 人口（65歳以上）の3つに区分する。

地理B（21年・第1日程）15

❸ 人口転換による人口ピラミッドの変化　出生率が高い多産多死型と多産少死型は，ともに底辺の広い⑳ _____ 型（ピラミッド型）である。出生率の低下とともに，少産少死型に移行すると，ピラミッドの底辺はせばまり，㉑ _____ 型になる。さらに出生率が低下すると，㉒ _____ 型になる。

地理B（23年・追）13
地理B（08年）26

▼人口ピラミッド

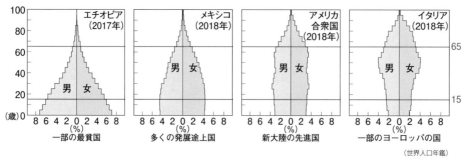

（世界人口年鑑）

❹ 人口移動による人口ピラミッドの変化　農村から都市への人口移動によって，農村では生産年齢人口割合が低い㉓＿＿＿＿＿＿＿＿型に，都市ではその割合が高い㉔＿＿＿＿＿型になる。

地理B（22年・追）[18]

❺ 産業別人口構成と産業構造の高度化　経済発展とともに，農林水産業などの第1次産業人口割合が低下し，鉱工業などの第2次産業人口割合，商業などの第3次産業人口割合が上昇。一般には，第2次産業人口割合は約30％台まで上昇した後，賃金上昇などによる工場の海外移転などで低下する。これを脱工業化・サービス経済化とよぶ。

地理B（22年・追）[10]・[12]
地理B（21年・第2日程）[7]
地理B（06年）[34]

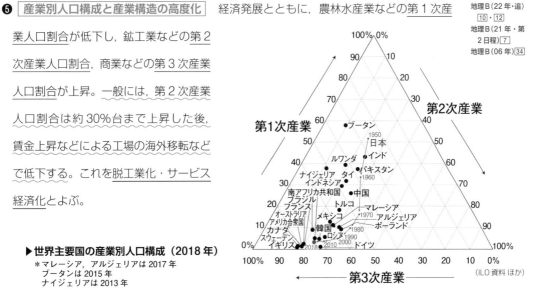

▶世界主要国の産業別人口構成（2018年）
＊マレーシア，アルジェリアは2017年
　ブータンは2015年
　ナイジェリアは2013年

産業別人口構成における三角グラフの読み取り方

A点から，最初に左方向，次に右上，次に右下へと，各辺に平行な3本の線を引き，その線が各辺に達した点を右図のように，それぞれX，Y，Zとする。すると，Xは第1次産業，Yは第2次産業，Zは第3次産業の数値になる。

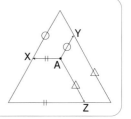

❻ 都市人口率　発展途上国は，農村人口が多いため，都市人口率は低い。先進国は，都市で第2次産業と第3次産業が発達するため，都市人口率が高い。ただし，発展途上地域でも，ヨーロッパ人が都市を拠点として入植を進めた中南アメリカなど新大陸では早い段階から都市人口率が高い。

地理A（23年・追）[19]
地理B（22年・追）[15]
地理B（21年・第2日程）[16]
地理B（11年・追）[15]
地理B（11年）[27]

4 人口問題

❶ 人口問題に関する国際的な取り組み　人口増加が経済発展に必要と考える発展途上国と，人口抑制が経済発展には必要と考える先進国との対立は深刻であった。

地理B（23年・追）[24]

　しかし，1994年の国際人口開発会議において，女性の教育水準の高さは家族計画の実行率に比例し，乳幼児死亡率の高さと反比例するため，人口増加の抑制には女性の社会的地位の向上をめざす活動が重要であるとされた。

▼主な取り組み

1969年	国連人口基金設立
1974年	世界人口会議（ブカレスト）
1984年	国際人口会議（メキシコシティ）
1994年	国際人口開発会議（カイロ）

❷ 発展途上国の人口問題 1979年～2015年で実施された中国の ㉕＿＿＿＿＿＿

など，東アジア・東南アジア・南アジアでは人口抑制策を採る国が多かった。㉖＿＿＿

＿＿＿＿＿やアフリカでは，女性の教育水準や社会的地位が低いことなどから，出生率が依然

として高い国が多い。

地理B（23年）㉒
地理B（13年）
㉕・㉗
地理B（10年）㉜
地理B（09年）㊱

❸ 先進国の人口問題 女性の社会進出や高学歴化，㉗＿＿＿＿＿＿＿の普及などにより

出生率が低下。1人の女性が一生の間に生むとされる子どもの数を示す ㉘＿＿＿＿＿

＿＿＿＿＿＿＿は，将来の人口減少が予想される2.1を下回る国がほとんどである。

㉙＿＿＿＿＿＿＿＿が早い時期から進んだヨーロッパ諸国では，男女平等の考え方の

浸透が進んでいることに加え，福祉などの社会保障の水準が高く，経済的な支援を含めた

少子化対策も行われている。これにより，デンマークなどの ㉚＿＿＿＿＿＿＿諸国や

フランスのように出生率が上昇した国もみられる。

地理B（23年）⑱
地理B（23年・追）
⑮・⑯
地理B（21年・第
2日程）⑬・⑭
地理A（21年・第
2日程）㉒
地理B（07年）㉕

▼欧米先進国より速い日本の高齢化

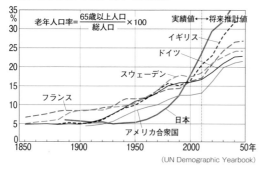

(UN Demographic Yearbook)

▼各国の合計特殊出生率の変化

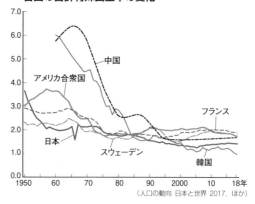

（人口の動向 日本と世界 2017，ほか）

5 人口移動

❶ 人口移動の背景

経済的理由	出稼ぎを含め，農村から都市へ，発展途上国から先進国への移動が多くみられる。
宗教的理由	イギリスの清教徒（ピューリタン）のアメリカへの移住や，イスラエルの建国にともなうパレスチナへの ㉛＿＿＿＿＿＿人の移動などがある。
流刑地	イギリスはかつて ㉜＿＿＿＿＿＿＿を，ロシア（ソ連）はかつて ㉝＿＿＿＿＿＿＿を流刑地としていた。そこで受刑者に道路や鉄道などの整備，鉱山開発をさせて開拓を進めた。
難民	難民とは，人種的・民族的・宗教的・思想的・政治的差別や迫害，対外戦争や自然災害などにより居住地域を逃れた人々，あるいは強制的に追われた人々をさす。先進国は一般に受入数が多いが，日本は難民の認定基準が厳しく，受入数は極めて少ない。世界では，㉞＿＿＿＿＿＿＿＿＿＿＿＿＿＿＿＿＿（UNHCR）などにより援助が進められている。

ヨーロッパ人	16世紀頃から㉟＿＿＿＿＿＿＿＿人やポルトガル人が中南アメリカに，イギリス人などが北アメリカに入植した。オーストラリアへは，19世紀以降，イギリス人を中心に入植が進んだ。	
アフリカ系奴隷	16〜19世紀にアフリカから南北アメリカへの奴隷貿易が行われ，北アメリカのコットンベルト，カリブ海諸国，ブラジル北東部で㊱＿＿＿＿＿＿＿＿＿＿労働力として利用された。	
華僑（かきょう）	㊲＿＿＿＿＿＿＿＿を中心に世界各地へ移住した。現地生まれの中国系は㊳＿＿＿＿＿＿とよばれ，商業などで活躍している。現在の中国南東部のフーチエン（福建）省や㊴＿＿＿＿＿＿＿＿省出身者が多い。	
印僑	19世紀に入って奴隷制が各国で廃止されるようになると，イギリス植民地だったインドから，マレーシアやフィジー，アフリカ東部，ガイアナなど世界各地のイギリス領にプランテーション労働力として移住した。	地理B（21年・第1日程）16
日本人	明治時代から昭和初期にかけて，㊵＿＿＿＿＿＿＿やペルー，ハワイなどへ移住。主に貧困から逃れるための㊶＿＿＿＿＿開拓が目的であった。	地理B（10年）33 地理B（10年・追）35

ヨーロッパへの移動	ヨーロッパ周辺諸国およびアフリカ・アジア諸国から労働者が流入。㊷＿＿＿＿＿＿＿へはトルコやイタリア，旧ユーゴスラビアから，㊸＿＿＿＿＿＿＿へはアルジェリアなど北アフリカの旧植民地から，イギリスへはインドなどアジアの旧植民地からの流入がみられる。1970年代の㊹＿＿＿＿＿＿＿による景気の停滞を受け，各国は移民に対し帰国を奨励した。近年は，EU域内の低所得国から先進地域への移動や，2010〜11年の「アラブの春」の影響（シリアなど）やアフガニスタンの政情不安などにより，アフリカやアジア諸国からの難民の移動も多い。	地理B（23年）19 地理B（23年・追）14 地理B（08年）29
アメリカ合衆国への移動	㊺＿＿＿＿＿＿＿やキューバ，プエルトリコなどカリブ海諸国からの，㊻＿＿＿＿＿＿語を母語とするヒスパニックが移民の中心。中国などのアジア系も多い。	
日本への移動	中国やフィリピンなどからの流入が多かったが，自動車産業など製造業での労働力不足を背景として，1990年の出入国管理法改正で日系人の就労目的での入国が認められた。これにより，㊼＿＿＿＿＿＿やペルーなどからの日系人の流入が増加した。	

第IV編　第1章　第2節　人口

実戦演習

解答：別冊 p. 15

20世紀半ばからの増加率が高いアフリカ，低いヨーロッパ

❶ 現代世界の大きな課題として急激な人口増加があり，その過程は地域により異なる。次の図中の **A～C** は，アフリカ，北アメリカ*，ヨーロッパのいずれかの地域における 1700 年から 2005 年の人口の推移を示したものである。**A～C** と地域名との正しい組合せを，下の①～⑥のうちから一つ選べ。

地理B（11年）25

*アメリカ合衆国およびカナダ。
3.3億人＋3,800万人

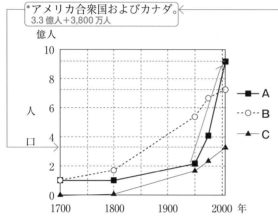

	A	B	C
①	アフリカ	北アメリカ	ヨーロッパ
②	アフリカ	ヨーロッパ	北アメリカ
③	北アメリカ	アフリカ	ヨーロッパ
④	北アメリカ	ヨーロッパ	アフリカ
⑤	ヨーロッパ	アフリカ	北アメリカ
⑥	ヨーロッパ	北アメリカ	アフリカ

国立社会保障・人口問題研究所の資料により作成。

❶ 解答欄
① ② ③ ④ ⑤ ⑥

❷ 次の表は，世界のいくつかの地域における合計特殊出生率*および 65 歳以上人口の割合を示したものであり，①～④は，アフリカ，北アメリカ，中央・南アメリカ，東アジアのいずれかである。東アジアに該当するものを，表中の①～④のうちから一つ選べ。

地理B（13年）25

*女性 1 人が生涯に産む子どもの数に相当する。

表中の
〈高〉途上地域
・アフリカ
・中央・南アメリカ

〈低〉先進地域
・ヨーロッパ
・北アメリカ

表中の
〈低〉途上地域
・アフリカ
・東アジア
・中央・南アメリカ

〈高〉先進地域
・ヨーロッパ
・北アメリカ

	合計特殊出生率	65 歳以上人口の割合（%）
①	4.64	途上地域 3.5
西アジア	3.02	4.7
②	2.30	6.9
③	2.03	13.2
④	1.61	9.5 中国の人口抑制策の影響で低い
ヨーロッパ	1.53	16.2

統計年次は，合計特殊出生率が 2005～2010 年，65 歳以上人口の割合が 2010 年。
World Population Prospects により作成。

❷ 解答欄

① ② ③ ④

❸ 次の図1は，A～C の三つの国における 2000 年の 64 歳までの人口ピラミッドを示したもの，図2は，全人口に占める 65 歳以上人口の割合の推移と予測を示したものであり，図2中のア～ウは，図1中の A～C のいずれかの国に該当する。A～C とア～ウとの正しい組合せを，下の①～⑥のうちから一つ選べ。

地理B（08 年）26

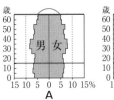 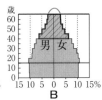 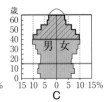

65 歳の人口割合が高い A はアで，B と C のうち 40 歳以上の人口割合が高い C の将来の高齢化スピードは速く（イ），割合の低い B はスピードは遅い（ウ）。

World Population Prospects により作成。

図1

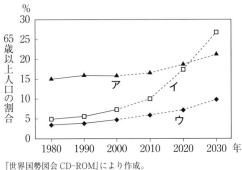

『世界国勢図会 CD-ROM』により作成。

図2

	①	②	③	④	⑤	⑥
A	ア	ア	イ	イ	ウ	ウ
B	イ	ウ	ア	ウ	ア	イ
C	ウ	イ	ウ	ア	イ	ア

❸ 解答欄
① ② ③ ④ ⑤ ⑥

❹ ミノルさんは，少子高齢化に伴う労働力不足を考える指標として，従属人口指数*があることを先生から聞き，次の図を作成した。図は，いくつかの国における，将来予測を含む従属人口指数の推移を示したものであり，①～④は，日本，エチオピア，中国**，フランスのいずれかである。日本に該当するものを，図中の①～④のうちから一つ選べ。

地理B（23 年）18

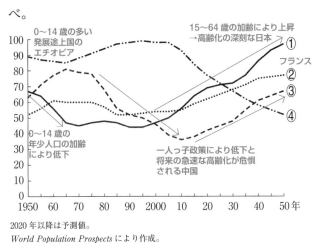

2020 年以降は予測値。
World Population Prospects により作成。

*（年少人口＋老年人口）÷生産年齢人口×100 で算出。従属人口指数が 60 の場合，100 人の生産年齢人口で 60 人の年少人口と老年人口を支えることを意味する。

**台湾，ホンコン，マカオを含まない。

❹ 解答欄
① ② ③ ④

第1章
生活と文化　　第**3**節 **村落・都市**

ココが出る!!

1. 都市化と都市問題
2. 都市の内部構造
3. 村落の形態

この単元は，都市化と都市問題，都市の内部構造などの出題が多い。ほかの単元とは異なり，地名の暗記が必要であるから注意しよう。2006〜23年のセンター試験・共通テストでは，主に第3問「村落・都市，人口，生活文化」で出題されている。

1 村落

解答：別冊 p. 8

❶ [村落] 村落とは，主に農林水産業・狩猟などの①＿＿＿＿＿＿＿産業に従事する人々によって構成される地域社会のこと。主に第2次，第3次産業に従事する人々で構成される都市に対する用語である。

❷ [村落の立地と自然環境] 扇状地の扇端，台地の崖下，乾燥地域の湧水地や外来河川沿いにみられる②＿＿＿＿＿＿＿など，水が得やすいところに立地する。一方，水の得やすい沖積低地（氾濫原や三角州）や海岸平野では，自然堤防や浜堤など③＿＿＿＿＿＿に遭いにくい④＿＿＿＿＿＿に立地する。また，地中海の周辺などにみられる⑤＿＿＿＿＿集落は，外敵からの防御のためであったり，感染症であるマラリアを媒介する蚊が生息する低湿地を嫌ったりしたことなどにより成立した。

2 村落の形態

村落の形態は，集村と⑥＿＿＿＿＿＿にわけられる。また日本の歴史的村落は，古代（奈良時代），中世，近世（江戸時代），近代（明治時代）に，それぞれ特徴のあるものがみられる。

❶ [集村] 防衛や共同作業などに有利。塊村・路村・円村などがみられる。

地理B（10年）21

塊村	自然発生的に家屋が塊状に集合したもの。
路村	⑦＿＿＿＿＿＿に沿って家屋が列状に並んだもの。武蔵野台地の新田集落やドイツ・ポーランドなどの⑧＿＿＿＿＿＿がこれに当てはまり，ともに開拓集落である。
円村（環村）	広場や草地を中心に，これを囲むように家屋が環状に並んだもの。ヨーロッパ北部にみられ，ドイツ東部からポーランドで特に発達した。

地理B（13年）15
地理B（11年・追）13

地理B（21年・第2日程）15

▼散村（砺波平野）

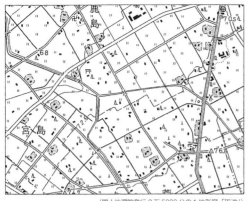

（国土地理院発行2万5000分の1地形図「砺波」）

▼路村（武蔵野台地）　※新田集落の例としても重要。

（国土地理院発行5万分の1地形図「青梅」「東京西北部」）

❷ 散村　家屋が，一戸または数戸ずつ散在している集落。どこでも水が得られることや，

地理B（09年）21

治安がよいことが成立条件として重要である。家屋のまわりに耕地を集めることができる

ため，大規模農業経営に便利で，新大陸の北アメリカやオーストラリアに多くみられる。

日本では成立の古いものが，⑨＿＿＿＿＿＿＿＿＿（富山県）や，出雲平野（島根県），

讃岐平野（香川県）にみられる。近代（明治時代）には，北海道にも成立した。

❸ アメリカ合衆国のタウンシップ制とホームステッド法　タウンシップ制は，18世紀後

半に成立した土地区画制度。正確な測量をもとに，土地を経緯線などを用いて碁盤目状に

区分した。

　また，19世紀の西部開拓時代に成立した⑩＿＿＿＿＿＿＿＿＿＿＿＿＿＿＿

は，タウンシップ制によって区分された土地の1区画（約65ha）を，

最低5年間は農業を行ったという実績をもとに無償で払い下げるとす

る法律だった。

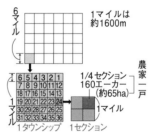

▶タウンシップ制の地割

3 日本の歴史的村落

❶ 条里制集落　条里制は，古代（奈良時代）の大化の改新にともなう班田制による

⑪＿＿＿＿＿＿＿＿＿＿制度。ここには塊村が多くみられる。現在でも，条・里などの地名

がみられ，ヤマト朝廷の勢力圏であった奈良盆地・近江盆地・讃岐平野など近畿以西に多

くみられる。北海道など勢力圏外ではみられない。

❷ 環濠集落　戦乱が続いた中世には，防御的村落が多くみられる。防衛のため集落のま

わりに濠を巡らせた環濠集落は，奈良盆地を中心として西日本に分布している。

❸ 新田集落　近世（⑫＿＿＿＿＿＿＿）に成立。土木技術の発達により，それまで土地条

件が悪く開拓しにくかった台地上や火山山麓，低湿地などが耕地化された。新田・開・搦

などの地名がみられる。

第IV編　第1章　第3節 村落・都市

❹ 屯田兵村（とんでんへいそん）　士族授産と ⑬＿＿＿＿＿＿＿＿＿ の防衛・開拓が目的の村落。アメリカ合衆国の

⑭＿＿＿＿＿＿＿＿＿＿＿＿＿ を模して，直交する道路で区画された。当時のロシアの南下政策

を背景として，平時は農業，戦時には兵務に従事する ⑮＿＿＿＿＿＿＿ が開拓にあたった。

1 戸当たり約 5 ha の土地が与えられた。

4 世界と日本の都市の発達

❶ 古代　政治・宗教の中心として，ギリシャやローマ帝国，中国などで発達。日本では，　地理A（22年）⑩

平城京や平安京のように中国の ⑯＿＿＿＿＿＿＿ を模した都市がつくられた。ユーラシアでは

防御のため城壁で囲まれた ⑰＿＿＿＿＿＿＿＿＿ や囲郭村が多いが，日本ではほとんどみら

れない。

❷ 中世　交通の発達を受け，商業都市が発達した。北海・バルト海沿岸の自立的な商業

都市で結成されたハンザ同盟都市や，博多，大阪の堺などが典型例である。また日本で

は，寺社の参詣者が集い発展した長野市・成田市（千葉県）・太宰府市（福岡県）などの

⑱＿＿＿＿＿＿（鳥居前）町，交通の要衝などで ⑲＿＿＿＿＿＿＿ が開かれた四日市市（三重

県）などの市場町や港町が発達した。

❸ 近世・近代　統一国家の誕生によって首都が，産業革命によって工業都市などが発達　地理B（10年・追）

した。日本では，領主の居城を中心に城下町がつくられた。ここでは武家町や町人町，寺　㉔

町など身分・職種による町割りや，防御のため見通しを悪くした鉤（かぎ）型の屈曲路や丁（てい）（T）

字路などの街路がみられる。また，街道の整備により ⑳＿＿＿＿＿＿＿＿ も発達した。

❹ 都市の立地

平野の中心	パリ（フランス），モスクワ（ロシア）	
湾奥	サンクトペテルブルク（ロシア），東京	
海峡	ジブラルタル海峡，ボスポラス海峡（㉑＿＿＿＿＿＿＿＿＿＿）	
河口	㉒＿＿＿＿＿＿（テムズ川），ロッテルダム（ライン川），㉓＿＿＿＿＿ ＿＿＿＿＿（ミシシッピ川），ハンブルク（エルベ川）	地理B（15年）⑬ 地理B（10年）⑳
河川の終航点	バーゼル（スイス・ライン川）	
河川の合流点	セントルイス（ミシシッピ川と支流），ベオグラード（ドナウ川と支流）	地理B（10年・追） ⑲
峠の麓	トリノ（イタリア），三島	

❺ 都市の平面形態

直交路型道路網	㉔＿＿＿＿＿＿状の道路網をもつ。中国の古代の都市や，アメリカ合衆国の諸都市，北海道など開拓地に設けられた都市にみられる。
放射環状路型道路網	広場や教会，王宮を中心として放射状の道路が形成され，後に環状道路が形成された。ヨーロッパに多いが，計画都市であるオーストラリアの首都㉕＿＿＿＿＿＿もこれに当てはまる。ワシントンD.C. などの放射直交路型の都市もある。
迷路型道路網	見通しが悪いため，防御的機能が強い。イスラーム圏である西アジア，北アフリカの旧市街地や，日本の城下町にもみられる。

地理B（22年・追）23
地理B（15年）15
地理B（09年）22

▶都市の街路網

直交路型	放射環状路型	放射直交路型	迷路型

5 都市の機能と都市圏

❶ 一般的機能（中心地機能） 都市機能とは，都市が社会生活上に果たす働きであり，㉖＿＿＿＿＿や経済，文化などの機能があげられる。

地理B（14年）16
地理B（12年・追）17

一般的機能とは，すべての都市が保有している機能。これは，都市が地域の中心地としてもつ一般的な機能で，周辺地域に物資や行政，教育，医療などの㉗＿＿＿＿＿と財を供給するもの。大都市ほど高次の中心地機能をもつ。

▼都市規模の大小による中心地機能

	小都市	中都市	大都市
中心地機能	スーパーマーケット	大型小売店	デパート
	小商店	都市銀行の支店	高級専門店
	卸売業，小売業の小支店	地元企業の本社	全国企業の本社
	高校	専門学校	大学，博物館
	保健所，病院	総合病院	専門病院
		役所の出先機関	広域の行政機関

❷ 特殊機能 それぞれの都市に固有の機能。工業都市などの㉘＿＿＿＿＿都市，商業都市などの㉙＿＿＿＿＿都市，政治・宗教・観光・保養都市などの㉚＿＿＿＿＿都市がある。大都市になるほど特殊機能が多角化し，分類不能な総合都市となる。

▼特殊機能で分類した都市

生産都市	工業都市	デトロイト，豊田
	鉱業都市	キルナ（鉄山），バクー（油田）
交易都市	商業都市	ニューヨーク
	交通都市	パナマシティ，千歳，米原
消費都市	政治都市	ワシントンD.C.，キャンベラ
	宗教都市	エルサレム，バチカン，メッカ，ヴァラナシ
	住宅都市	多摩，豊中，吹田（千里ニュータウン）
	学術都市	オックスフォード，ケンブリッジ，つくば
	観光都市	アテネ，ローマ，京都
	保養都市	ニース，マイアミ，軽井沢

❸ **都市圏** 都市の影響や勢力がおよぶ範囲。^㉛＿＿＿＿＿＿（買い物圏）や通勤・通学圏 地理B（11年）18

などで表される。都市の規模が大きくなるほど，高次の中心地機能をもつため，商圏や通

勤・通学圏は広くなり，都市圏は拡大する。

❹ **日本の都市階層** 中心地機能の高低によって，都市は階層構造をもつ。官公庁の出先

機関や企業の本支社の立地などに関係する。

三大都市（国家的中心都市）は，東京・大阪・名古屋。

広域中心都市（地方中枢都市）とは，北海道の中心である^㉜＿＿＿＿＿＿や東北地方の中 地理B（09年）25

心である^㉝＿＿＿＿＿＿，中国・四国地方の中心である^㉞＿＿＿＿＿＿，九州の中心である

^㉟＿＿＿＿＿＿のように，各地方の行政・経済・文化の中心となる都市。

準広域中心都市とは，北陸地方の中心である石川県の^㊱＿＿＿＿＿＿や，四国地方の中心

である香川県の^㊲＿＿＿＿＿＿など。

県域中心都市とは，県庁所在都市など。 地理B（14年）17

▶**日本の都市階層**

▼**日本の都市のタイプとその特徴**

	タイプ	具体例	特徴	特徴的な指標
①	三大都市圏の中心都市	東京（千代田区，中央区，港区など），大阪市，名古屋市	大都市圏で中心的な役割を果たす市区。企業の本社や金融機関，デパートや高級専門店が立地する。昼間，周辺から通勤や通学で流入する人が多い。	昼間人口比率が高い。住環境の悪化によって，人口流出が続き，人口増加率はマイナスだったが，東京は都心回帰現象によって，人口増加率がプラスに転じた。
②	大都市圏の周辺都市	首都圏の住宅都市	大都市圏の周辺の市区。昼間，通勤や通学で都心へ向かう人が多い。	昼間人口比率が低い。新興住宅地開発により若年夫婦層が流入し，出生率が高いため，人口増加率はやや高い。
		京阪神圏の住宅都市		
③	広域中心都市（地方中枢都市）	札幌，仙台，広島，福岡	各地方の中心都市。地方企業の本社のほか，東京に本社のある企業の支店，支社が立地。	周辺地域からの人口流入によって，地方圏では，人口増加率がやや高い。
④	その他	地方都市など	県庁所在地やその他の市。中心性は劣るが，県や地域の中心。	人口流出により人口が減少しているところが多いが，県や地域の中心都市には，人口が増加しているところ（岡山市など）もある。

都市の性格			都市名	人口 （万人） （2020年）	昼夜間人口比 （2020年）	人口増加率 （％） （2015～ 20年）	卸売業年間 商品販売額 （百億円） （2016年）	小売業年間 商品販売額 （百億円） （2016年）	製造品 出荷額 （百億円） （2019年）
三大都市圏	三大都市		東京23区	973.3	132.2	5.0	16,314	1,508	293
			大阪市	275.2	132.5	2.3	3,699	458	357
			名古屋市	233.2	111.9	1.6	2,388	348	330
	郊外の大都市	首都圏	横浜市	377.7	91.1	1.4	669	401	393
			川崎市	153.8	83.6	4.3	179	123	408
			さいたま市	132.4	90.9	4.8	384	138	89
			千葉市	97.5	97.1	0.3	257	111	128
			相模原市	72.5	86.2	0.7	53	66	133
		京阪神圏	京都市	152.5	102.5	−0.8	378	187	342
			神戸市	146.4	109.0	−0.8	353	183	246
			堺市	82.6	93.3	−1.6	99	76	348
地方圏	広域中心都市 （地方中枢都市）		札幌市	197.3	99.7	1.1	767	229	59
			仙台市	109.7	105.3	1.3	763	149	99
			広島市	120.1	101.0	0.6	638	146	310
			福岡市	161.2	109.8	4.8	1,160	214	58
	県庁所在都市		静岡市	69.3	102.9	−1.6	217	80	212
			新潟市	78.9	101.2	−2.6	227	96	115
			岡山市	72.5	103.1	0.7	231	88	107
			熊本市	73.9	101.0	−0.3	151	78	46
	工業都市		北九州市	93.9	102.1	−2.3	165	105	233
			浜松市	79.1	99.3	−0.9	192	93	197

（国勢調査，経済センサスほか）

⑥ 都市の発展

❶ 都市の内部構造　地価や鉄道・道路などの交通網の影響を受け，都市は地域により機能が分化する。⑱　　　　　　モデル，扇形モデル，多核心モデルなどで説明されてきた。

地理B（21年・第2日程）18

都心	官公庁，大企業の本支社などの中枢管理機能が集まる㊳　　　　　　（CBD：Central Business District）と，それに隣接してデパートなどの商業施設や娯楽施設が集積する地区。 ㊵　　　　　人口は多いが，㊶　　　　　（常住）人口は少ない。 ㊷　　　　　が高く，高層ビルや地下街がみられるなど，土地の高度利用が進んでいる。

地理B（08年）16
地理B（07年）18

遷移地帯	官庁や企業などが建物を更新する都心に対して，都心周辺の旧市街地（インナーシティ：都市内域）には，成立の古い住宅や商店，中小工場などが混在する。また，都心と郊外を結ぶ鉄道線の㊸＿＿＿＿＿＿には，都心の中枢管理機能の一部を担う㊹＿＿＿＿＿も形成される。
工場地区	河川沿いや海岸沿いの低地など，㊺＿＿＿＿＿が安く，広い土地が得られ，主要交通路が通るところに形成される。
住宅地区	都市の発達にともない鉄道や主要道路沿いに拡大する。閑静で交通の便がよいところに形成される。
郊外	居住環境が悪化すると，都心と都心周辺部の人口が減少し，郊外の人口が増加する㊻＿＿＿＿＿＿現象が発生。㊼＿＿＿＿＿機能を中心とする衛星都市や，㊽＿＿＿＿＿＿＿が形成される。 無計画に都市化が進むと，農地の中に住宅や工場などが無秩序に建設される㊾＿＿＿＿＿＿＿現象が生じ，インフラ（社会基盤）整備の遅れが問題となる。

地理A（21年・第2日程）24

地理B（23年）16
地理A（23年・追）20
地理B（14年）15
地理B（10年・追）23
地理B（07年）13

▼都市地域の内部分化

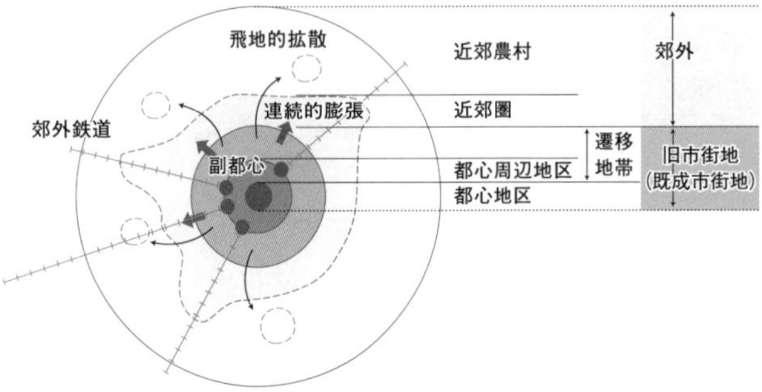

❷ 都市の拡大

メトロポリス（巨大都市）	政治・経済・文化などの中心となる大都市。
コナベーション（連接都市）	隣接する都市の市街地が拡大して連続した都市化地域。東京や大阪周辺，ドイツのルール地方などにみられる。
メガロポリス（巨帯都市）	複数の㊿＿＿＿＿＿＿圏が交通・通信網によって密接に結ばれた地域。アメリカ合衆国の(51)＿＿＿＿＿＿からワシントンD.C.にかけての地域，日本の東京から大阪・神戸にかけての地域などにみられる。

7 先進国の都市化と都市問題

❶ 工業化と都市化 産業革命後，工業化により都市が発達。農村地域から人口を吸引して，都市人口が増加した。

地理B（09年）24

❷ インナーシティ問題 都心周辺のインナーシティ（旧市街地）では，過密による居住環境の悪化などにともない，人口の郊外流出や産業の⑤²_____が進んだ。これとともに，建て替えの進まない建物が老朽化し，⑤³_____（不良住宅地区）が形成された。特に欧米の大都市では，低家賃を背景に外国人労働者などの貧困層が流入し，治安の悪化，税収の減少などの問題が発生している。

アメリカ合衆国の大都市では，⑤⁴_____（車社会化）の進行とともに，白人の富裕層が居住環境の悪化したインナーシティから郊外へ移住。インナーシティでは，アフリカ系やヒスパニック，中国系などの移民が，民族集団ごとにわかれて居住する⑤⁵_____がみられる。

❸ 都市計画の歴史と再開発 1 産業革命を世界で最も早く迎えたイギリスのロンドンは，人口や産業の過密により居住環境が劣悪となっていた。これに対して，19世紀末にハワードが⑤⁶_____を提唱し，郊外にレッチワースなどの職住近接型の⑤⁷_____を実験的に複数建設した。

地理B（14年）14
地理B（13年）14
地理B（12年・追）29

第二次世界大戦後には，都市の過密問題の解消や⑤⁸_____現象の防止を目的として，市街地の周囲に開発規制区域の⑤⁹_____を設置し，郊外に田園都市構想を引き継ぐニュータウンを建設する⑥⁰_____計画を実施した。

▶大ロンドン計画

❹ 都市計画の歴史と再開発 2 大ロンドン計画の実施や都市化の進展などにより，ロンドンでは都心とその周辺で産業の空洞化が進むなど，インナーシティ問題が深刻化した。このため，かつて河港として利用されていたが施設の老朽化が進み荒廃していたドックランズなどで⑥¹_____開発を実施し，人口の⑥²_____を促した。

地理B（12年）14
地理B（09年）23
地理B（07年）15

また，ヨーロッパの都市など都心部に伝統的な建造物が残るところでは，⑥³_____保全のため建物を修復しながらの再開発（修復・保全型）が行われた。パリでは，郊外のラ・デファンス地区に高層ビルが林立する⑥⁴_____が建設された。

一方，日本などでは衰退した都心周辺部の活性化をはかるため，老朽化した建物を一掃して高層ビルを建てる再開発（一掃型，クリアランス型）が中心である。

なお，再開発によって都心周辺が高級住宅地区に変化することを⁶⁵＿＿＿＿＿＿＿＿＿＿＿＿＿という。

❽ 発展途上国の都市化と都市問題

❶ 農村から都市へ　第二次世界大戦後の人口の急増によって，農村地域の余剰人口が押し出され雇用を求めて都市に流入した。政治・経済・文化などの都市機能が集中し，⁶⁶＿＿＿＿＿＿＿＿＿が整備された首都などの人口最大都市は，雇用機会に恵まれるため，人口の流入が著しい。これにより，第2位以下の都市との人口差が大きくなると，⁶⁷＿＿＿＿＿＿＿＿＿＿＿＿＿（首位都市）とよばれるようになる。

▼**首位都市人口の割合**

（総人口に占める割合。数字の単位は％）

国	都市	割合
ペ ル ー	リマ	32.0
大韓民国	ソウル	19.4
イ ラ ク	バグダッド	18.6
イ ラ ン	テヘラン	10.9
エジプト	カイロ	10.8
日 本	東京	7.5
アルゼンチン	ブエノスアイレス	6.9
メ キ シ コ	メキシコシティ	6.7
イギリス	ロンドン※	5.2
フランス	パリ	3.4
アメリカ合衆国	ニューヨーク	2.7
イ ン ド	ムンバイ	1.0
中 国	シャンハイ	1.0

※インナーロンドンの人口　（世界人口年鑑2018，ほか）

地理B（22年・追）16
地理B（12年）13
地理B（11年）15
地理B（11年・追）14
地理B（09年・追）23
地理B（07年）14

❷ 都市環境の悪化　発展途上国でも，都心には高層ビルが建ち並び，高級住宅地がみられる。また都心周辺のインナーシティには，⁶⁸＿＿＿＿＿＿＿＿（不良住宅地区）もみられる。しかし，雇用機会を上回る人口流入により，貧困層の多くが路上のもの売りなどの⁶⁹＿＿＿＿＿＿＿＿＿＿＿＿＿＿（非正規職）に就き，家賃を払うことが困難となる。このため，市街地の周辺部の空き地を不法占拠して集住し，ここにもスラムが形成される。

また，人口増加に社会基盤の整備が追いつかず，交通渋滞・大気汚染・騒音など都市環境の悪化が進んでいる。

地理A（23年・追）21・24
地理A（22年）21
地理A（21年・第2日程）23
地理B（13年）16
地理B（11年）16
地理B（07年）16

実戦演習

解答：別冊 p. 15

❶ 村落の伝統的な形態と機能について説明した次の文章中の下線部①～④のうちから，**適当でないもの**を一つ選べ。

地理B（13年）15

①～③は覚えよう！

村落の形態には，散村と集村がある。散村は屋敷の周りに耕地を集めやすいという農業経営上の利点をもつ。日本では，①出雲平野や砺波平野に典型的な散村がみられる。②アメリカ合衆国のタウンシップ制にもとづく村落も散村の一つである。集村は村落共同体としてのまとまりが良いという傾向をもつ。③防御的機能に優れた集村の例には，ヨーロッパの丘上集落がある。また，中世以降，森林開発によって成立したドイツの林地村は，④教会を中心に，家屋や耕地・林地が同心円状に配列されている。

④は円村の説明。林地村は，ドイツなどでみられる，道路に沿って短冊状に規則正しく地割りされた集村

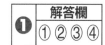

❶	解答欄
	①②③④

❷ 次の図は，北半球を赤道から緯度15度ごとに区切った範囲を示したものであり，下の表中の①～④は，図中の**ア**～**エ**のいずれかの範囲における人口300万人以上の都市*の数の推移を示したものである。**ウ**に該当するものを，表中の①～④のうちから一つ選べ。

地理B（20年）13

*各時点での各国の統計上の定義による。

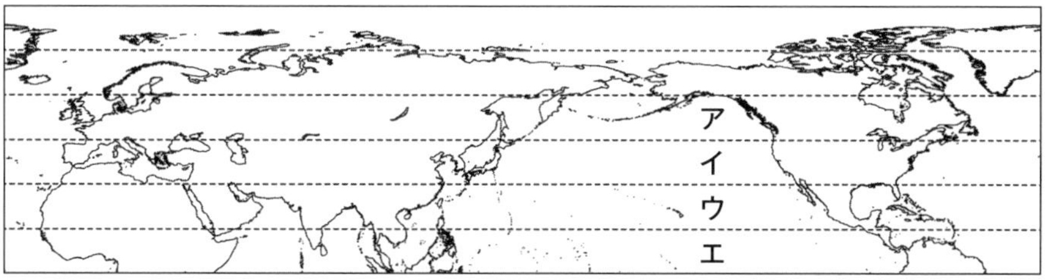

もともと多く　　さらに増加

	1975年	1995年	2015年
①	21	33	54
②	6	19	39
③	6	8	9
④	4	8	15
世界全体	44	79	141

World Urbanization Prospects により作成。

→イ（日本・アメリカ合衆国・中国に注目）
→ウ（中国・インドに注目）
→ア（増加数が少ないヨーロッパに注目）
→エ（もともと少なく増加率が高い低緯度地域に注目）

❷	解答欄
	①②③④

❸　次の表は，いくつかの国について，都市人口の変化*と1人当たりGDP（国内総生産）を示したものであり，①～④はエジプト，エチオピア，ナイジェリア，南アフリカ共和国のいずれかである。エジプトに該当するものを，表中の①～④のうちから一つ選べ。

地理A（17年・追）20

*1990年の値を100とした場合の2010年の値を指数で示したもの。

	都市人口の変化	1人当たりGDP（ドル）
①	249　人口2億人超のナイジェリア	519　←中南アフリカの後発発展途上国のエチオピア
②	245	2,996
③	167	6,354
④	137	3,003

統計年次は，1人当たりGDPが2013年。
African Statistical Yearbook などにより作成。

ナイジェリアより人口が少ない約1億人のエジプト

アフリカ最大の工業国の南アフリカ共和国

解答欄
❸ ① ② ③ ④

❹　次の表は，いくつかの国について，2015年の都市人口率と2010～2015年における人口の自然増加率を示したものであり，①～④は，アルゼンチン，インドネシア，日本，ルーマニアのいずれかである。インドネシアに該当するものを，表中の①～④のうちから一つ選べ。

地理B（20年・追）13

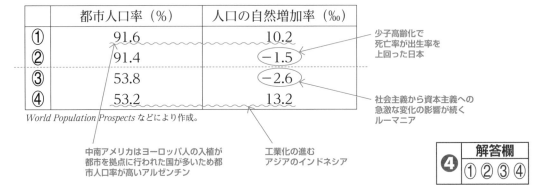

	都市人口率（％）	人口の自然増加率（‰）
①	91.6	10.2
②	91.4	−1.5　←少子高齢化で死亡率が出生率を上回った日本
③	53.8	−2.6
④	53.2	13.2

World Population Prospects などにより作成。

社会主義から資本主義への急激な変化の影響が続くルーマニア

中南アメリカはヨーロッパ人の入植が都市を拠点に行われた国が多いため都市人口率が高いアルゼンチン

工業化の進むアジアのインドネシア

解答欄
❹ ① ② ③ ④

第4節 民族問題

1 民族と領土問題

解答：別冊 p. 8

❶ 世界の人種　人種とは，身体的特徴から区分した集団。① ＿＿＿＿＿＿＿＿＿＿（白人・

ヨーロッパ系），② ＿＿＿＿＿＿＿＿＿＿（黄色人種・アジア系），③ ＿＿＿＿＿＿＿＿（黒

人・アフリカ系），オーストラリアの先住民であるオーストラロイドの４つに区分するの

が一般的である。

▼世界の人種分布

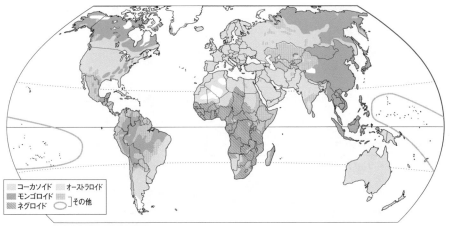

コーカソイド　オーストラロイド
モンゴロイド　　その他
ネグロイド

(Diercke Weltatlas 2000)

❷ 世界の民族　民族とは，言語，宗教など伝統的な文化や生活様式を共有し，強い帰属

意識によって結びついている集団で，言語や宗教で分類されることが多い。１つの言語を

起源とする言語集団が語族で，さらにいくつかの語派にわけられる。

▼世界の言語の主な分布

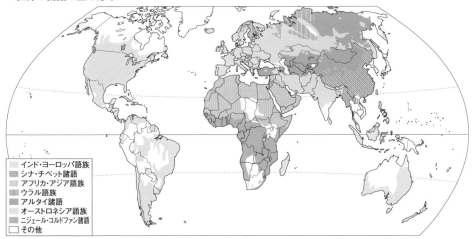

インド・ヨーロッパ語族
シナ・チベット諸語
アフリカ・アジア語族
ウラル語族
アルタイ諸語
オーストロネシア語族
ニジェール・コルドファン諸語
その他

(国立民族学博物館資料，ほか)

▼世界の言語の分類

地理A（23年）[11]
地理A（22年）[11]

語族，諸語	語派，代表的な言語	主な分布
インド・ヨーロッパ語族	ゲルマン語派：英語，ドイツ語，オランダ語など	ヨーロッパ北西部，北アメリカ，オーストラリア
	ラテン語派：フランス語，イタリア語，スペイン語，ポルトガル語，ルーマニア語	ヨーロッパ南部，中南アメリカ
	スラブ語派：ロシア語，ポーランド語，チェコ語	ヨーロッパ東部〜ロシア
	その他①：ケルト語（アイルランドやスコットランド），ギリシャ語など	ヨーロッパの一部
	その他②：ヒンディー語（インド），ペルシア語（イラン）など	イラン，パキスタン，インド北部，バングラデシュ
シナ・チベット諸語	中国語，チベット語など	中国〜インドシナ半島
アフリカ・アジア語族（アフロ・アジア語族）	アラビア語，ヘブライ語（イスラエル）など	西アジア〜北アフリカ
ウラル語族	フィンランド語，エストニア語，マジャール語（ハンガリー）など	ヨーロッパの一部
アルタイ諸語	トルコ語，モンゴル語など（日本語，韓国語を含む場合もある）	トルコ〜中央アジア，シベリア〜モンゴル
オーストロネシア語族（マレー・ポリネシア語族）	マレー語，インドネシア語，フィリピノ語，マダガスカル語，マオリ語など	東南アジア島嶼部，マダガスカル，ポリネシア
ニジェール・コルドファン諸語（バンツー・スーダン語族）	スワヒリ語など	サハラ以南の中南アフリカ
その他，インディアン・インディオ諸語（南北アメリカ大陸の先住民）や，バスク語（ピレネー西部），ドラヴィダ語族（南インドのタミル語）などがある。		

❸ 多民族国家と公用語　1つの民族が1つの国家をもつ④＿＿＿＿＿＿＿＿は厳密には存在しない。

　　複数の言語を公用語としている国の例としては，⑤＿＿＿＿＿＿（ドイツ語・フランス語・イタリア語・ロマンシュ語），ベルギー（オランダ語・フランス語・ドイツ語），⑥＿＿＿＿＿＿＿（中国語・マレー語・タミル語・英語）などがある。またアフリカでは，地域の言語として北アフリカの⑦＿＿＿＿＿語や，ケニアやタンザニアなど東アフリカの⑧＿＿＿＿＿語が普及しているが，サハラ以南の中南アフリカでは⑨＿＿＿＿＿＿の言語を公用語としている国がほとんどである。

❹ 世界宗教〈キリスト教〉　ヨーロッパを中心に広まった一神教。東西ローマ帝国の分裂とともに，バチカンを拠点とする⑩＿＿＿＿＿＿と⑪＿＿＿＿＿（東方正教）にわかれた。また16世紀の⑫＿＿＿＿＿＿により，カトリックから⑬＿＿＿＿＿が分離。⑭＿＿＿＿＿＿やポルトガルが植民活動と布教を熱心に行ったため，これらの旧植民地である中南アメリカやフィリピンなどでは⑮＿＿＿＿＿＿が信仰される。

❺ 世界宗教〈イスラーム（イスラム教）〉 神（アッラー）が最後の預言者であるムハン

地理B（00年）14

マドを通じて人々に下したとされるコーラン（クルアーン）の教えにしたがう一神教。信

仰告白やメッカの方角に向かって行う⑯＿＿＿＿＿＿＿，施しをすること（喜捨），断食，メ

ッカのカーバ神殿への巡礼など，ムスリム（イスラム教徒）がとるべき信仰行為が定めら

れている。また，飲酒や豚肉を食べること，女性が人前で肌をみせることなどを禁じてい

る。礼拝堂は⑰＿＿＿＿＿＿＿とよばれ，丸い屋根とミナレット（尖塔）が特徴的。

　西アジア〜北アフリカ，中央アジアの乾燥地域のほか，バングラデシュやインドネシ

ア，マレーシアなどにも分布する。⑱＿＿＿＿＿＿＿派が多数派で，イランで大多数を占め

る⑲＿＿＿＿＿＿＿派は少数派である。

❻ 世界宗教〈仏教〉 インドのシャカ（釈迦）を開祖とする宗教。日本などの東アジアに

伝播した⑳＿＿＿＿＿＿＿と，スリランカや東南アジアに伝播した㉑＿＿＿＿＿＿＿と

にわけられる。

❼ 民族宗教 民族宗教とは，特定の民族と結びついた宗教のこと。ユダヤ人のユダヤ教

やインド人のヒンドゥー教，チベットやモンゴルで信仰されるチベット仏教（ラマ教）な

どをさす。

▼世界の宗教の特徴

	宗教	特徴	主な分布
世界宗教	キリスト教	西アジアで発生したが，ヨーロッパを中心に普及した。	カトリック（ラテン系が主）：南ヨーロッパ，アイルランド，中南アメリカ，フィリピン，スラブ系のポーランドとチェコ，スロバキアなど
			プロテスタント（ゲルマン系が主）：ヨーロッパ北部，北アメリカ
			正教会（スラブ系が主）：ロシア〜東ヨーロッパ
	イスラーム（イスラム教）	豚肉や宗教上の適切な処理が施されていない肉を食べず，飲酒も禁じられている。	スンナ派：西アジア〜北アフリカ，中央アジア，パキスタン，バングラデシュ，インドネシア，マレーシア
			シーア派：イラン，イラク南部
	仏教	輪廻転生の考え方や不殺生の教えなどはヒンドゥー教と同じだが，カースト制はない。	大乗仏教：東アジア，ベトナム
			上座（部）仏教：インドシナ半島，スリランカ
民族宗教	ヒンドゥー教	身分制度のカースト制との関わりが強い。牛は聖なる動物とされ食べない。不殺生の教えから菜食主義者が多い。左手は不浄であるため，右手だけで食べる。	インド，ネパール，印僑の居住地
	ユダヤ教	豚や馬のように，胃袋で反芻しない動物の肉や，イカやタコのように鱗のない海の生きものの食用を禁じている。	イスラエルとユダヤ人の居住地

▼世界の宗教分布と伝播のようす

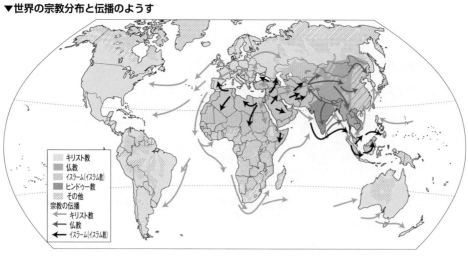

❽ 民族問題と領土問題

カシミール問題	ヒンドゥー教徒とムスリム（イスラム教徒）が居住する<u>カシミール地方</u>では，インドとパキスタンが領有を巡って対立している。
南沙群島	南シナ海の島々を巡る，中国・フィリピン・ベトナム・マレーシアなどの対立。
スリランカ	多数派で仏教徒の<u>シンハラ人</u>と，インド南部から移住した少数派のヒンドゥー教徒の ㉒＿＿＿＿＿＿＿が対立してきた（2009 年内戦終結）。
中国西部	<u>チベット</u>や<u>ウイグル</u>などの少数民族の分離独立運動。
パレスチナ問題	1948 年のユダヤ人によるイスラエル建国にともなって難民化したアラブ系のパレスチナ人の抵抗運動（インティファーダ）。
クルド人	㉓＿＿＿＿＿＿＿・イラク・イラン・シリア・アルメニアにまたがって居住するクルド人の分離独立運動。総人口は 2,500 万人を超えるとされるが，それぞれの国では少数派であり，弾圧を受けている。
スーダン	北部（イスラーム）と南部（非イスラーム）の対立。南スーダンが 2011 年にスーダンより分離独立。
バスク	スペイン北部，フランス国境に居住するバスク人の分離独立運動。
カタルーニャ	スペイン北東部，カタルーニャ地方の住民（カタルーニャ人）による分離独立運動。
北アイルランド	アイルランドの統一をめざす少数派の ㉔＿＿＿＿＿＿＿系住民と多数派の ㉕＿＿＿＿＿＿＿系住民との対立。

地理B（13年）㉘

旧ユーゴスラビア	ボスニア・ヘルツェゴビナの独立時におけるクロアチア人（カトリック），セルビア人（正教会），ムスリム人（ボスニャク人，イスラーム）の対立を背景とする内戦と，<u>コソボ（イスラーム）</u>のセルビアからの分離独立運動など。
チェチェン	黒海とカスピ海にはさまれた㉖＿＿＿＿＿＿＿山麓のロシア領内にある<u>チェチェン共和国（イスラーム）</u>の，ロシアからの分離独立運動。
ケベック	㉗＿＿＿＿＿＿＿系住民が多数を占める<u>ケベック州</u>の，カナダからの分離独立運動。
日本	ロシアとの間に<u>国後島</u>，<u>択捉島</u>，<u>色丹島</u>，<u>歯舞群島の北方領土問題</u>，韓国との間に<u>竹島問題</u>などの領有権を巡る問題がある。

▼世界の主な紛争地域

地理B(12年)⑰
地理B(11年・追)
㉘
地理B(08年)
㉘・㉙
地理B(06年・追)
㉟

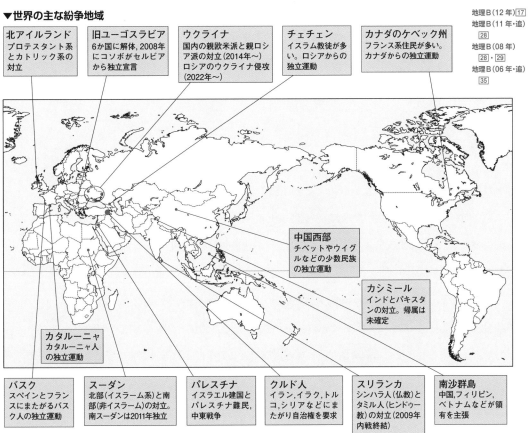

北アイルランド
プロテスタント系とカトリック系の対立

旧ユーゴスラビア
6か国に解体, 2008年にコソボがセルビアから独立宣言

ウクライナ
国内の親欧米派と親ロシア派の対立(2014年〜)ロシアのウクライナ侵攻(2022年〜)

チェチェン
イスラム教徒が多い。ロシアからの独立運動

カナダのケベック州
フランス系住民が多い。カナダからの独立運動

中国西部
チベットやウイグルなどの少数民族の独立運動

カシミール
インドとパキスタンの対立。帰属は未確定

カタルーニャ
カタルーニャ人の独立運動

バスク
スペインとフランスにまたがるバスク人の独立運動

スーダン
北部(イスラーム系)と南部(非イスラーム)の対立。南スーダンは2011年独立

パレスチナ
イスラエル建国とパレスチナ難民，中東戦争

クルド人
イラン,イラク,トルコ,シリアなどにまたがり自治権を要求

スリランカ
シンハラ人(仏教)とタミル人(ヒンドゥー教)の対立(2009年内戦終結)

南沙群島
中国,フィリピン,ベトナムなどが領有を主張

第Ⅳ編　第1章　第4節　民族問題

139

② 現代世界の地域区分

❶ 世界の地域区分 世界の地域区分は，目的や方法によってさまざまである。例えば，図1に示した国連による世界の地域区分は，統計などの集計や分類に反映されている。また，SDGs（持続可能な開発目標）の報告書などに使われる図2をみると，このように区分される理由を考えることで，区分のねらいや特徴を理解することもできる。

世界の地域区分には，アジア・アフリカ・ヨーロッパ・北アメリカ・南アメリカ・オセアニアの6州に区分する方式や，ケッペンの気候区分など自然地域区分，言語や宗教による区分などの文化による区分のほかに，国家群による区分，経済水準による区分，経済成長率による区分などがあり，多様である。

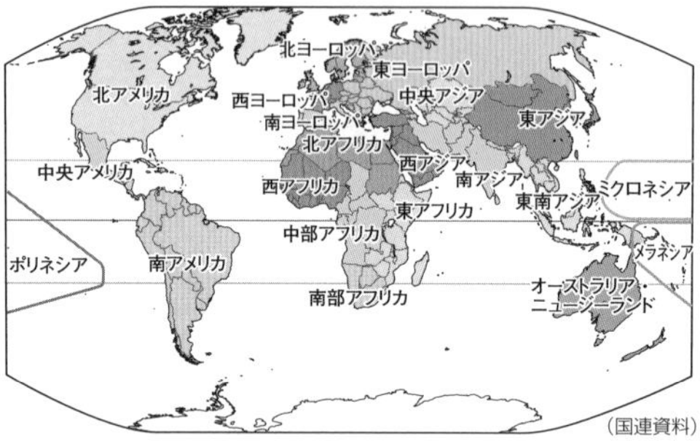

▲図1（国連の地域区分） 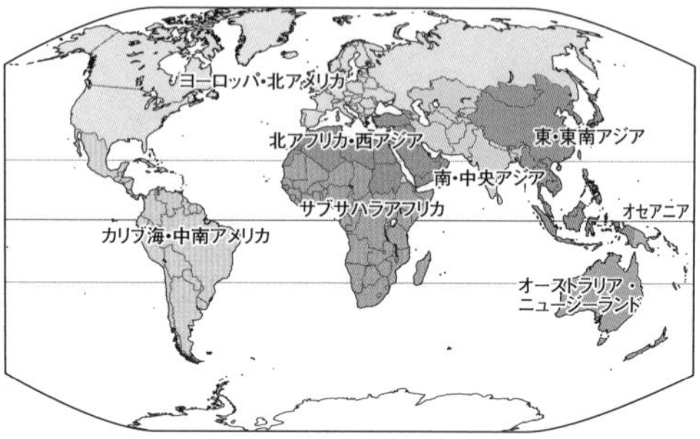　　　　▲図2（SDGsの報告書などに使われる地域区分）

❷ 地域とはなにか 地域とは，『最新地理学用語辞典［改訂版］』によると「何らかの意味のある指標によって抽出された地表の一部を指して用いる区域」のことで，このような地域の概念はいくつかに区分することができる。その代表的なものとして，下の図3に示した農業地域区分などの㉘＿＿＿＿＿＿区分と図4に示した通勤圏などの㉙

＿＿＿区分がある。等質地域とは，類似した性格の地点や地区のまとまりのことで，その地域の全域がある指標について同質的であると認定される。これには，ケッペンによる気候区分やホイットルセイによる農業地域区分などが事例としてあげられる。機能地域とは，地域内部の性格が類似していることは求められず，1つまたは複数の中心点との間に強い結びつきが存在する範囲のことである。これには，ある都市を中心とした通勤圏や商圏（→p128）などが事例としてあげられる。

地理B（21年・第2日程）⑰

凡例：
■ 畜産（酪農が主）
□ 畜産（肉牛・羊・酪農など）
▨ 畑作（小麦など穀物が主）
■ 園芸
□ その他

▲図3（等質地域区分の例（フランスの農業地域））

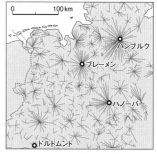

▲図4（機能地域区分の例（ドイツ北西部の通勤圏））

第1節 東アジア

ココが出る!!

1. 中国の農業，工業，貿易の動向
2. 韓国の工業化
3. 東アジア各国の貿易

この地域については，2006〜23年のセンター試験・共通テストでは，第4問「地誌」で扱われるとともに，中国や韓国の産業の動向と変化が，第2問「資源と産業」で出題されている。

1 アジアの自然環境

解答：別冊 p.9

❶ 地形　中国東部から朝鮮半島にかけての地域の大地形区分は ①＿＿＿＿＿＿＿ である。　地理B（93年）⑦

中国西部の ②＿＿＿＿＿＿＿ 山脈やモンゴル西部のアルタイ山脈は，③＿＿＿＿＿＿＿ に分類されるが，ヒマラヤ山脈やチベット高原を形成したプレート運動により，低くなだらかであったところが再隆起し，高く険しい。

太平洋プレートやフィリピン海プレートが沈み込むところには，日本列島やフィリピン諸島などの ④＿＿＿＿＿＿＿（島弧）が発達している。一方，ユーラシアプレートとインド・オーストラリアプレートが衝突するところには，ヒマラヤ山脈やチベット高原，イラン高原などのアルプス＝ヒマラヤ造山帯に属する新期造山帯の山脈や高原が連なる。

日本列島などが位置する環太平洋造山帯とアルプス＝ヒマラヤ造山帯は，東南アジアの小スンダ列島の東側で会合している。

▶アジアの地形

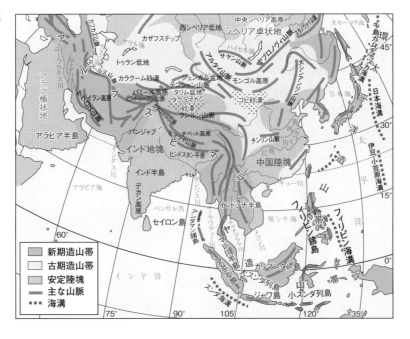

凡例：
- 新期造山帯
- 古期造山帯
- 安定陸塊
- 主な山脈
- 海溝

❷ 気候　東・東南・南アジアは，⑤＿＿＿＿＿＿＿（季節風）の影響を受け，海洋か

ら湿った風の吹く夏季は雨季，大陸から乾燥した風の吹く冬季は乾季となる。モンスーン

アジアは，ケッペンの気候区分では主に w 型（⑥＿＿＿＿＿＿，夏季多雨）の Aw（サ

バナ気候）や Cw（温暖冬季少雨気候）に分類されるが，東アジアの日本や長江中下流域

は⑦＿＿＿＿＿＿＿＿（Cfa）が卓越する。

地理B（23年）①
地理B（23年）⑳
地理A（22年）⑬
地理A（19年・追）
⑯・⑰
地理B（05年・追）
④

　　一方，西アジアのアラビ
ア半島から南アジアのパキ
スタン，中央アジアのカス
ピ海の東側から東アジアの
モンゴルに至る地域は，乾
燥気候が卓越する。

▼アジアのモンスーン（季節風）

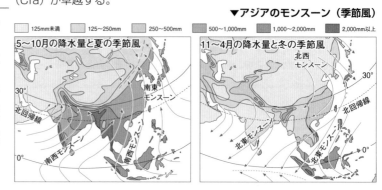

2 中国

❶ 自然環境　中国は，西高東低の地形で，北西部には乾燥気候（BW・BS）が広がる。

平均高度 4,000 m を超えるチベット高原は，夏季冷涼な気候（ET）に区分される。一方，

東部は湿潤で平野が広がり，北部から Dw→Cw（チンタオ）→Cfa（長江中下流域・シ

ャンハイ）→Cw（ホンコン）の順に配列する。

地理B（17年）⑲

▼中国の地形

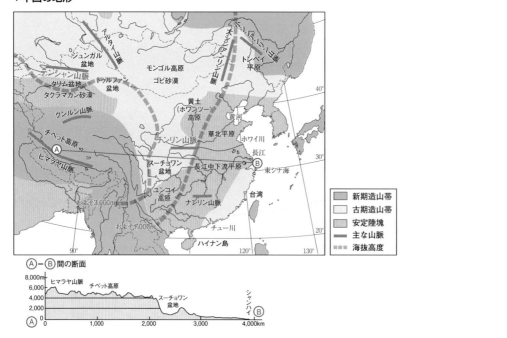

▼気候区分

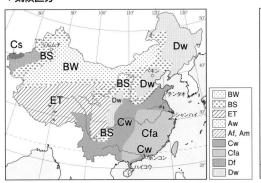

▼年降水量と１月の平均気温

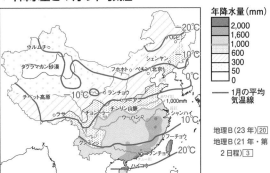

年降水量（mm）
2,000
1,600
1,000
600
300
50
0
── 1月の平均
　　気温線

地理B（23年）20
地理B（21年・第
2日程）3

❷ 社会　人口の約92%が⑧＿＿＿＿＿族である。少数

民族のうち５民族は自治区を形成し，ウイグル族（ア

ルタイ諸語）とホイ族は⑨＿＿＿＿＿＿＿を，チベ

ット族（シナ・チベット諸語）とモンゴル族（アルタ

イ諸語）はチベット仏教を信仰する。チベット自治区

とシンチヤンウイグル自治区を除くと，自治区内では

漢民族の方が人口が多い。近年は，少数民族の言語の

使用が制限されることが多い。

地理A（19年・追）
22
地理B（17年）23

▼中国の民族分布

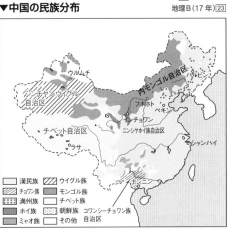

□ 漢民族　　▨ ウイグル族
▨ チョワン族　▨ モンゴル族
▨ 満州族　　▨ チベット族
▨ ホイ族　　▨ 朝鮮族　コワンシーチョワン
▨ ミャオ族　□ その他　　自治区

▼中国の民族：５つの自治区と漢民族

内モンゴル自治区	モンゴル族	チベット仏教を信仰する。モンゴル語（アルタイ諸語）はモンゴル文字を用いる。 遊牧（馬，羊，ヤギ）。
ニンシヤホイ（回）族自治区	ホイ（回）族	イスラームを信仰する。
シンチヤンウイグル自治区	ウイグル族	イスラームを信仰する。ウイグル語（アルタイ諸語）はアラビア文字を用いる。 遊牧（羊，ヤギ，ラクダ）とオアシス農業（綿花生産量は中国国内で１位）。
チベット自治区	チベット族	チベット仏教を信仰する。遊牧（ヤクなど）。
コワンシーチョワン（壮）族自治区	チョワン（壮）族	少数民族の中では，最も人口が多い。
多数派（92%）	漢民族	公用語は北京語だが，上海語，広東語，福建語など，地域によって発音などが異なる。儒教や道教。

❸ 第二次世界大戦後の歴史　1949年に社会主義の中華人民共和国が成立。1970年代末

以降，経済改革・対外開放政策を実施し，1993年には社会主義市場経済を導入。

❹ 人口抑制策　人口は14億人を超える。人口抑制のため1970年代から晩婚晩生，1970

年代末からはより強制力のある⑩＿＿＿＿＿＿＿政策を導入。しかし，無戸籍児の増加

や，男子を優先する伝統社会であるため，男女比のアンバランスが生じるなどの問題がお

こり，将来の急速な⑪＿＿＿＿＿が予想されるため，2015年に廃止された。2016年

以降は２人目，2021年以降は３人目の出産も容認された。

❺ 都市 22 省，5 自治区，4 直轄市，2 特別行政区で構成される。

▼中国の行政区分

4 直轄市	ペキン（首都），テンチン（ペキンの外港として発達），シャンハイ（中国最大の都市），チョンチン（1997 年に直轄市となった。内陸開発の拠点）。
2 特別行政区	ホンコン（1997 年イギリスから返還。自由貿易港として，中継貿易が発展。工業化が進み，アジア NIEs の 1 つ）。マカオ（1999 年ポルトガルから返還。現在は観光やカジノなどで発展）。
	特別行政区は，返還後 50 年間は，資本主義体制を維持することが決められている。

❻ 農業 社会主義国であるため，⑫＿＿＿＿＿＿＿の設立などにより集団化が進められたが，計画経済は農家の自主性を損ない，集団化は生産意欲を低下させたため，1980 年代前半に生産請負制（⑬＿＿＿＿＿＿＿）を導入した。これにより，生産性は飛躍的に向上した。近年は，国内での食生活の変化により，飼料用・油脂用として大豆などの輸入が増加している。

農業地域は，東部の平野部において，年間降水量850〜1,000 mm 線（⑭＿＿＿＿＿＿＿ライン）を境に北部は畑作，南部は稲作中心となっている。

地理B（23 年）21
地理B（17 年）20
地理B（12 年）10
地理B（08 年・追）11

▼中国の農牧業

およそ3,000m
オアシス農業区（綿花・小麦）
西部
牧畜
年降水量300mm
東北
トンペイ平原
トウモロコシ
大豆区 水稲区
春小麦
春小麦区
華北
華北平原冬小麦区（トウモロコシ，綿花も多い）
年降水量1,000mm線
チンリン（山脈）・ホワイ川ライン
スーチョワン稲作区
ユンコイ高原稲作区（トウモロコシも多い）
長江流域水稲区（茶も多い）
華中
10℃（1月の平均気温）
華南
華南水稲二期作区

春小麦
冬小麦
トウモロコシ・大豆
水稲
水稲二期作
稲作
牧畜
オアシス農業

地理A（22 年）14
地理A（19 年・追）17

❼ 鉱業 石炭生産は世界の過半を占め，鉄鉱石生産も世界の約 15％を占めるなど，大産出国である（2021 年）。ただし，旺盛な国内需要のため，輸入も上位。また，タングステンなどのレアメタル，レアアースなどの生産も盛んである。

❽ 工業 社会主義の中華人民共和国の成立後は，計画経済のもと，内陸を中心に工業化を進めた。当初は「自力更生」をスローガンとし，原料産地であるアンシャン・パオトウ・ウーハンの⑮＿＿＿＿＿＿＿などの整備が進んだ。1970 年代末からの経済改革・対外開放政策により，沿岸部を中心にシェンチェンなどの⑯＿＿＿＿＿＿＿や経済技術開発区を設置し，外国の資本や技術を導入するなどして輸出指向型工業化政策に転換した。特に，沿海部の

地理B（17 年）21
地理B（07 年）10
地理B（06 年・追）22

▲中国の鉱工業

⑰ ＿＿＿＿＿＿＿＿＿＿＿＿（町営・村営・私営の中小企業）が農村地域の余剰労働力を吸収して発

展し，また国営企業の民営化も進められた。一方で，工業化の進む沿海部と内陸地域の格

差が拡大し，⑱ ＿＿＿＿＿＿＿＿＿＿＿などとよばれる労働力の移動が顕著となった。

地理B（17年）22

　　格差是正のため，2000年代に入ると⑲ ＿＿＿＿＿＿＿＿＿＿＿＿＿＿や東北振興などが進められ

るようになった。2013年から，アジアとヨーロッパを陸路と海上航路で結ぶ物流ルート

をつくり貿易を活発化させ，経済発展につなげようとする「⑳ ＿＿＿＿＿＿＿＿＿＿」構想のも

と，中央アジアを経てヨーロッパへ至る「陸のシルクロード」とヨーロッパやアフリカへ

至る「海のシルクロード」に沿う地域へ投資を進めている。

▼中国と台湾の工業都市

＊内モンゴル自治区を含む。

	特徴	代表的な都市
東北部	フーシュン炭田の石炭と，アンシャン鉄山の鉄鉱石を用いて，アンシャンに鉄鋼業が立地。中国最大のターチン油田からターリエンへパイプラインがのびている。	シェンヤン（東北部最大の都市） アンシャン（鉄鋼業） ターチン（石油関連産業） ターリエン（貿易港，石油化学工業）
華北＊	石炭や鉄鉱石にめぐまれ，黄河河口部にはションリー油田がある。黄河中流域のパオトウに鉄鋼業が立地。ペキン，テンチン，チンタオなどで工業が発達。古くから繊維工業が発達したが，近年は綿花産地に近く，安価な労働力が得られるシーアンなどへ立地移動している。	ペキン（大学を拠点とする先端技術産業） テンチン（繊維，ビール） シーアン（唐の都長安，綿工業） パオトウ（鉄鋼業）
華中	長江河口のシャンハイには，繊維，機械，自動車のほか，臨海立地型のパオシャン製鉄所が立地。シャンハイのプートン新区での開発が著しい。 長江中流域のウーハンでは原料指向型の鉄鋼業。スーチョワン盆地のチョンチンは内陸開発の拠点として開発が進みつつある。	シャンハイ（経済の中心地。プートン新区には，工業団地や金融センター，ハブ空港が立地。郊外にパオシャン製鉄所） ウーハン（鉄鋼業） チョンチン（長江の河港）
華南	経済特区（アモイ，スワトウ，シェンチェン，チューハイ，ハイナン省）での外資導入による輸出指向型工業。コワンチョウは，ホンコンを中心とする華南経済圏の中で発展。チューハイはカジノなどで発展するマカオ（ポルトガルから返還）に隣接。	ホンコン（特別行政区。イギリス植民地時代に中継貿易で発展。輸出指向型工業が進展し，アジアNIEsの1つとなる。近年は金融業が数多く立地） シェンチェン（ホンコンに隣接する経済特区）
内陸部	内陸部は，石油化学工業の発達するランチョウ，2010年に経済特区となったカシ（カシュガル）などが発展。	ランチョウ（石油化学）
台湾	人口は約2,300万人，1人当たりGNIは約29,000ドル（2021年）。資本主義体制のもとで，1970年代から外資導入によって急速に経済発展したアジアNIEsの1つ。南部のカオシュンに輸出加工区。ハイテク産業が立地し，パソコンなどの機械類の輸出が多い。	カオシュン（輸出加工区）やシンジュー，タイナンに科学工業園区が立地し，ハイテク産業が発達。

地理A（19年・追）18

▼中国の西部大開発

	内容
西気東輸	西部の天然ガスを開発し，パイプラインで東部へ輸送する。
西電東送	西部で電力開発をして，電力を東部へ送り，東部の電力不足を解消する。
南水北調	北部での水不足に対応するため，長江などの水を運河などを利用して黄河まで引く。
青蔵鉄道	チベット高原を南北に結ぶ鉄道で2006年に全通。チンハイ（青海）省とチベット自治区のラサを結ぶ。
退耕還林	農業開発によって砂漠化が進行しつつある地域で，植林をして環境を保全する。

③ 朝鮮半島

▼朝鮮半島の地形

❶ 自然環境　日本海沿岸にはテベク山脈が南北に走っており，西岸や南岸には㉑ ＿＿＿＿＿＿ 海岸が発達している。

　気候は，モンスーンの影響を強く受け，北部から南部に向けて Dw → Cw と並び，南東部のプサン付近は Cfa が分布する。大陸性の気候であり，冬季の寒気が厳しく，㉒ ＿＿＿＿＿＿ とよばれる伝統的な床暖房施設が利用されてきた。

▼朝鮮半島の気温と降水量

❷ 社会　伝統的に儒教思想が根底にあるが，㉓ ＿＿＿＿＿＿ 教徒も多い。20 世紀に入り，15 世紀に発明された表音文字の㉔ ＿＿＿＿＿＿ が主に使用されるようになった。女性の伝統的な衣装は，チマ（長スカート）・チョゴリ（上衣）。

❸ 歴史　1910 年に日本に併合され，第二次世界大戦後の 1948 年に北緯 38 度線で韓国（大韓民国）と北朝鮮（朝鮮民主主義人民共和国）にわかれて独立。1950～53 年の朝鮮戦争の結果，北緯 38 度線付近を休戦ラインにして，現在に至る。1991 年，ともに国連に加盟した。

❹ 韓国　1960 年代から工業化が進み，1970 年代には外国の資本・技術を導入して輸出指向型工業化が本格化した。首都ソウルを流れる河川から「ハンガン（漢江）の奇跡」とよばれるほどの発展を遂げ，台湾・ホンコン・シンガポールとともにアジア NIEs（新興工業経済地域）となる。工業は，ソウルとその外港である㉕ ＿＿＿＿＿＿ 周辺，南東部沿岸にある第二の都市プサン（都市型の総合工業），ウルサン（自動車・石油化学），㉖ ＿＿＿＿＿＿（鉄鋼）で発達。

地理A（22 年）
13・16
地理B（20 年）7
地理A（19 年・追）
16・17
地理A（19 年・追）
21
地理B（16 年・追）
7
地理B（12 年・追）
8
地理B（11 年）
15・26
地理A（10 年・追）
20

　ソウルの人口は 1,000 万人程度，国内人口の 5 分の 1 を占めるプライメートシティ。

❺ 北朝鮮　人口は約 2,600 万人の社会主義国。首都ピョンヤンはテドン川に沿う。閉鎖的な政治体制で，対外開放が進んでいない。経済危機が続き，食料不足が深刻化している。核開発を進め国連などから制裁を受けるも，大陸間弾道ミサイルなどの開発を進めている。

④ モンゴル

　人口は約 335 万人（2021 年）。モンゴル高原に位置する内陸国。乾燥気候が卓越し，国土の約 7 割が牧場・牧草地である。近年は遊牧民の定住化も進んでいる。旧ソ連の影響を強く受けた社会主義国であったが，冷戦終結後の 1992 年，資本主義国に転換した。㉗ ＿＿＿＿＿＿ 系の言語を使用し，文字はモンゴル文字やキリル文字を使用する。首都ウランバートルは人口約 147 万人（2020 年）。

地理B（08 年・追）
10
地理A（19 年・追）
19

第2節 東南アジア

ココが出る!!

1. ASEAN加盟国の工業化の進展
2. タイとマレーシアの産業
3. 自然環境

この地域については，2006〜23年のセンター試験・共通テストでは，主に第4問「地誌」で扱われ，
ASEAN加盟国の産業の動向などは，第2問「資源と産業」でも出題されている。

1 東南アジア地誌

解答：別冊 p.9 ▶

❶ 自然環境〈地形〉 大陸部の ① ＿＿＿＿＿＿＿＿＿＿ 半島，島嶼部のマレー半島，② ＿＿＿＿＿

列島，フィリピン諸島，③ ＿＿＿＿＿＿＿＿＿＿（ボルネオ）島などからなる。

地理B（12年・追）20
地理A（07年・追）17
地理B（05年・追）6

スンダ列島やフィリピン諸島などは ④ ＿＿＿＿＿に沿う弧状列島（島弧）で，火山活動

も活発である。

インドシナ半島のメコン川やチ
ャオプラヤ川，エーヤワディー川
などの河口には，⑤ ＿＿＿＿＿＿＿
（デルタ）が発達している。

▶東南アジアの地形

凡例：
新期造山帯
古期造山帯（平野）
安定陸塊
—— 主な山脈
----- 海溝

❷ 自然環境〈気候・植生〉 インドシナ半島とフィリピン諸
島の大半はモンスーン（季節風）の影響を強く受け，雨季と
乾季が明瞭な Aw（サバナ気候）や Am（熱帯モンスーン気
候）。⑥ ＿＿＿＿＿半島とカリマンタン（ボルネオ）島は大
部分が Af（熱帯雨林気候）で，年中 ⑦ ＿＿＿＿＿＿＿帯の
影響を受ける。ジャワ島など南半球側に位置する地域は北半
球と季節が逆になるので，赤道の位置に注意。

Af は熱帯雨林，Aw は乾季に落葉する雨緑林。河口付近
の潮間帯には，⑧ ＿＿＿＿＿＿＿＿＿＿がみられるが，エビの
養殖場の造成により伐採が著しい。

▼東南アジアの気候

地理B（23年）3
地理B（18年）16
地理B（12年・追）19
地理B（08年）2
地理A（07年・追）16

凡例：
Af, Am
Aw
BS
Cw
Cfa
Cfb
Dw
ET

❸ 民族 インドシナ半島のミャンマーは，中国などと同じ ⑨ ＿＿＿＿＿＿＿＿＿ 諸語

地理A（23年・追）16
地理B（11年・追）16

（タイとラオスはタイ・カダイ語族，ベトナムとカンボジアはオーストロアジア語族）で，

⑩＿＿＿＿＿＿＿＿仏教（ベトナムは大乗仏教）の信者が多い。島嶼部は，オーストロネシア

（⑪＿＿＿＿＿＿＿＿＿＿＿＿系）語族で，⑫＿＿＿＿＿＿＿＿＿＿

の信者が多い。スペインの植民地であった⑬＿＿＿＿＿＿＿＿＿

と，ポルトガルの植民地であった東ティモールではキリスト教

の⑭＿＿＿＿＿＿＿＿＿＿の信者が多い。また，インドネシアの

⑮＿＿＿＿＿＿島は，ヒンドゥー教を信仰する住民が多数を占める。

　この地域で経済的に優位に立つのは⑯＿＿＿＿＿＿＿（華人）で

あり，現地人との間で軋轢（あつれき）が生じている。

▼東南アジアの宗教分布

凡例：大乗仏教／上座部仏教／イスラーム／キリスト教／儒教・道教／その他

バリ島（ヒンドゥー教）

地理Ａ（23年・追）
10
地理Ｂ（12年・追）
22

❹ [旧宗主国]　ミャンマー・マレーシア・シンガポール・ブル

ネイは旧⑰＿＿＿＿＿＿＿＿領で，インドシナ半島のラオス・ベ

トナム・カンボジアは旧⑱＿＿＿＿＿＿＿＿領。これらの領域の

間に位置する⑲＿＿＿＿＿＿は，緩衝国として独立を維持した。

インドネシアは旧⑳＿＿＿＿＿＿＿＿領，フィリピンはスペイン

領から㉑＿＿＿＿＿＿＿＿＿＿領に変わった。

▼東南アジアの旧宗主国

凡例：イギリス／フランス／アメリカ合衆国／オランダ／ポルトガル

イギリス領ビルマ／フランス領インドシナ／イギリス領マレー／オランダ領東インド

❺ [ASEAN（東南アジア諸国連合）]　東西冷戦を背景として，

1967年に当時の資本主義5か国が結成。冷戦終結後，社会主義国の㉒＿＿＿＿＿＿＿＿や

ラオスなども加盟した。現在は㉓＿＿＿＿＿＿＿＿＿＿を除く東南アジアの10か国が加盟

している（2022年）。1993年にはASEAN自由貿易地域（AFTA）が発足。2015年に

はASEAN経済共同体（AEC）へと発展し，2018年には関税が撤廃され，市場統合が

進められている。

▶ASEANの加盟国

原加盟国（1967年）		その後の加盟国	東南アジアの未加盟国
シンガポール，マレーシア，タイ，インドネシア，フィリピン	→	ブルネイ（1984年）ベトナム（1995年）ラオス，ミャンマー（1997年）カンボジア（1999年）	東ティモール（2023年6月現在，加盟申請中）

❻ [工業]　かつては，天然ゴムや原油，天然ガスなどの一次産品の輸出に依存する

㉔＿＿＿＿＿＿＿＿＿＿＿＿＿経済の国がほとんどだった。1960年代後半よりシンガポール

（アジアNIEs）が㉕＿＿＿＿＿＿＿＿＿＿工業化政策に転換し，外国の資本・技術を導

入して工業化を進めた。1980年代にはマレーシアとタイ（準NIEs）で，2000年代に

入ると人口の多いインドネシアやフィリピン，ベトナムで工業化が進展した。

　また，1993年にはじまったASEAN自由貿易地域により，各国の貿易環境の整備が進

められた。域内の工業化も相まって，域内分業も盛んとなっている。

地理Ｂ（12年・追）
10・23
地理Ｂ（07年）12
地理Ａ（07年・追）
20

❼ 農業　植民地時代より欧米人によって㉖_____が開かれ，現在もアブラヤシや天然ゴム，バナナ，ココヤシ，コーヒー豆などの栽培が盛んである。

地理A（23年・追）
15
地理A（18年・追）
17 ・ 18
地理A（07年・追）
18 ・ 19

　また，㉗_____による稲の高収量品種の導入が，フィリピンやインドネシアなどの島々からはじまり，沖積低地が広がるインドシナ半島のタイなどへの導入も後に進んだ。インドシナ半島では，灌漑（かんがい）の整備とともに1年に2度作付けする㉘_____も行われるようになった。しかし，自給をほぼ達成したインドネシアに対して，フィリピンは現在も米の輸入上位となることが多い。

　近年タイなどでは，㉙_____（農水産物加工業）とよばれる農業資源をもとにした食肉加工業などが発展し，日本など先進国への㉚_____食品などの輸出も盛んとなっている。

② 東南アジアの国々

❶ シンガポール　人口約600万人の島国の都市国家。1人当たりGNIは日本よりも高い。マラッカ海峡に面する自由貿易港で，古くから㉛_____貿易が盛んである。

　当初，マレーシアと連邦を構成していたが，マレー系優遇政策に反発して1960年代に分離独立。民族融和策を採るため，公用語は㉜_____語・マレー語・㉝_____語（インド南部のドラヴィダ語族の言語）・英語の4言語。

地理A（18年・追）
20

❷ マレーシア　マレー系6割，中国系2割，インド系1割（㉞_____植民地時代のプランテーション労働力として移入）の多民族国家。経済的に最下位にあるマレー系を優遇する㉟_____政策（マレー人優遇政策）を採る。この政策では，マレー語を国語，㊱_____を国教とし，公務員採用，会社の管理職への登用義務など，マレー人の優遇を行う。工業化の進展とともに，政府主導で情報通信インフラの整備を進め，首都㊲_____の近郊に高度情報都市を建設するなど，インドネシアやタイなどに比べ人口が少ないため産業の高度化を積極的に進めている。

地理A（18年・追）
19
地理A（07年・追）
21

❸ タイ　マレーシアとともに準NIEsといわれる新興国の1つ。首都㊳_____は，古くから米の輸出港として発展した。近年は，バンコク近郊で自動車産業の集積がみられ，周辺地域・周辺諸国からも部品を調達し，自動車生産では世界10位（2021年）。また，ハードディスクなどの電子部品・デバイスでは，中国・マレーシアとともに世界的な製造拠点となっている。首都バンコクは，プライメートシティの例として有名。

❹ インドネシア　人口約㊴_____億人の約6割が首都㊵_____の位置するジャワ島に居住しているため，他島への移住政策が採られている。イスラームの人口は世界最大で，総人口の9割以上を占めるが，キリスト教徒や㊶_____教徒（バ

リ島）の住民もみられる。輸出量世界 1 位の石炭（2021 年）や，石油，天然ガスなどの
エネルギー資源に恵まれるほか，アブラヤシなどの熱帯商品作物の生産も盛んで，一次産
品輸出への依存度が比較的高い。木材では，丸太の輸出規制を行い，国内産業の育成や環
境保護に努めており，主に ㊷ _____ を輸出。近年は工業化も進展しつつあり，旺盛な
国内需要を背景として，経済発展が著しい。

❺ フィリピン 首都 ㊸ _____ を含む首都圏は典型的なプライメートシティであ
り，総人口（約 1.1 億人）の約 1 割が居住。政情が不安定であったため，工業化が遅れ
たが，GNI の約 1 割を占める海外出稼ぎ者からの送金や，㊹ _____ が公用語の 1 つ
であることを活かしたコールセンター業務などにより，近年は経済発展が進んでいる。

　　国民の多くはキリスト教のカトリックを信仰するが，南部のミンダナオ島にはイスラー
ム教徒の住民が多く，分離独立運動が長らく展開されてきたが，和平により，ミンダナオ
島西部にバンサモロ自治政府の設立で合意。

❻ ベトナム ベトナム戦争（1965〜73 年）後，南北ベトナムが統一され，ベトナム社
会主義共和国が 1976 年に成立。首都は北部の ㊺ _____ で，旧首都である南部の
ホーチミンが人口最大。1980 年代半ばから中国と同様に経済改革・対外開放政策を採り，
㊻ _____ 政策により社会主義市場経済を導入して産業発展を推し進めた。近年は
農業の生産性の向上，工業化の進展が著しい。

地理 A（18 年・追）
21
地理 A（23 年・追）
17・18
地理 B（12 年・追）
24
地理 B（09 年・追）
18

▼東南アジアのまとめ（人口と 1 人当たり GNI は2021 年）

主要国	人口 （万人）	GNI/人 （ドル）	主な輸出品目（主に 2020 年）
シンガポール	594	58,770	機械類，石油製品，精密機械，金（非貨幣用），プラスチック，有機化合物
マレーシア	3,357	10,769	機械類，石油製品，パーム油，衣類，精密機械
タイ	7,160	6,818	機械類，自動車，金（非貨幣用），プラスチック，ゴム製品，野菜・果実
インドネシア	27,375	4,217	パーム油，石炭，機械類，鉄鋼，衣類，自動車
フィリピン	11,388	3,584	機械類，野菜・果実，精密機械，銅，ニッケル鉱，衣類，金（非貨幣用）
ベトナム	9,747	3,506	機械類，衣類，はきもの，家具，繊維品，魚介類
その他の国	人口 （万人）	GNI/人 （ドル）	主な輸出品目，その他
ブルネイ	45	31,650	天然ガス，原油の産出が多い君主国。1 人当たりの所得水準は高い。 主要輸出品は，原油，天然ガス。
ラオス	743	2,414	メコン川中流域の内陸国。農業や林業が中心で，工業化は遅れている。 主要輸出品は，タイ・ベトナム向けの電力，野菜・果実など。
ミャンマー	5,380	1,095	エーヤワディー川流域での稲作。2021 年の軍事クーデターにより民主化は停滞。 主要輸出品は，衣類，天然ガス，野菜・果実。
カンボジア	1,659	1,523	メコン川流域で稲作。内戦が続き，難民も多く発生した。復興の際，日本も PKO （国連平和維持活動）で参加。世界遺産のアンコールワットがある。経済発展は 遅れているが，近年，外国資本による繊維工業が進展。主要輸出品は，衣類。
東ティモール	132	1,842	旧ポルトガル領で，いったん独立するも，インドネシアによって軍事併合され た。2002 年独立。カトリックが多い。

（世界国勢図会 2022/23 ほか）

第**3**節 南アジア

ココが出る!!

1.気候や地形などの自然環境
2.農業や工業の動向
3.人口問題

この地域については，2006〜23年のセンター試験・共通テストでは，地形や気候・植生・土壌など
が第1問「自然環境」，農業や工業の動向などは第2問「資源と産業」，人口問題・民族問題などは第
4問「地誌」でも出題されている。

1 南アジア地誌

解答：別冊 p.9

地理B（08年）
5 ・ 19
地理B（05年・追）
2 ・ 5

❶ **自然環境〈地形〉** インド半島の大地形区分はほと

んどが①＿＿＿＿＿＿で，かつて存在したゴンドワ

ナランドの一部である。インド半島の多くを占める

②＿＿＿＿＿高原には溶岩台地が広がり，玄武岩の

風化した肥沃な黒色土壌の③＿＿＿＿＿が高原の

北西部に分布。

　インド半島の北部は，プレートの衝突によって形成

された新期造山帯のヒマラヤ山脈や④＿＿＿＿＿

高原を源流とするインダス川，ガンジス川，ブラマプ

トラ川が流れる。ガンジス川・ブラマプトラ川の河口

には巨大な⑤＿＿＿＿＿（デルタ）がみられる。

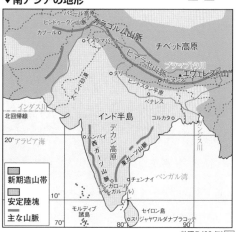

▼**南アジアの地形**

新期造山帯
安定陸塊
主な山脈

地理B（08年）20
地理B（05年・追）
1

❷ **自然環境〈気候〉** モンスー

ンの影響を強く受ける。夏季の

⑥＿＿＿＿＿モンスーンがイン

ド洋から吹くインド半島西岸や，

ベンガル湾から吹く⑦＿＿＿＿＿

＿＿＿丘陵は，世界的な多雨地

域。雨季と乾季が明瞭であり，

インド半島の北部は Cw，それ

以外の地域は⑧＿＿＿＿＿が卓

越する。また，インド半島の基

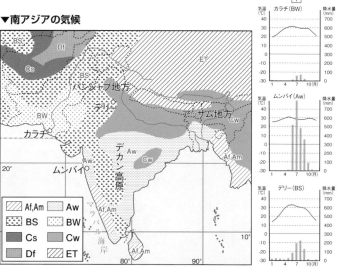

▼**南アジアの気候**

Af,Am　Aw
BS　BW
Cs　Cw
Df　ET

部は，北回帰線が通り，西方のインド・パキスタン国境以西は BW・BS が広がる。

❸ 農業 年降水量 1,000 mm 以上の沿岸部や ⑨＿＿＿＿＿＿＿＿川沿いのヒンドスタン平

地理 B（23 年）21
地理 B（08 年）21

原では，稲作が行われる。ガンジス川河口部の三角州（デルタ）地帯では，繊維原料の

⑩＿＿＿＿＿＿＿＿＿の栽培が盛んである。

インダス川流域では，イギリス植民地時代からの灌漑施設が整い，インドとパキスタンの国境付近に広がる ⑪＿＿＿＿＿＿地方では小麦の栽培が盛んで，中下流域では綿花などの栽培も行われる。

肥沃なレグールが分布するデカン高原では ⑫＿＿＿＿＿＿や雑穀の栽培が盛ん。

茶は，ヒマラヤ山麓のダージリンやアッサム丘陵，半島南西部のニルギリ，⑬＿＿＿＿＿＿＿＿＿＿島（スリランカ）で栽培されている。

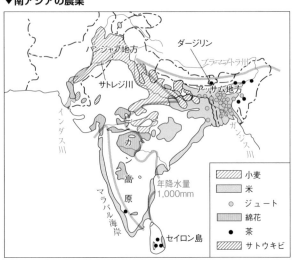

▼南アジアの農業

	小麦
	米
○	ジュート
	綿花
●	茶
	サトウキビ

❹ 民族 南アジアでは，ドラヴィダ系の ⑭＿＿＿＿＿＿語などを使用する住民は南部に多く，西方から侵入したアーリア系（インド・ヨーロッパ語族）の言語を使用する住民は北部に多い。

南アジアの国々は，第二次世界大戦後にイギリスから独立したが，宗教の違いによって，ヒンドゥー教のインド，イスラームの ⑮＿＿＿＿＿＿＿＿（後に ⑯＿＿＿＿＿＿＿＿が分離独立），仏教のセイロン（現在のスリランカ）に分離した。ヒンドゥー教徒が大半のインドとイスラーム教徒が大半のパキスタンは，住民の大半がイスラームを信仰する ⑰＿＿＿＿＿＿地方の領有を巡り対立している。

② 南アジアの国々

❶ インド〈社会〉 インドは，連邦公用語の ⑱＿＿＿＿＿＿＿語，準公用語の ⑲＿＿＿のほか，憲法公認語が 20 言語以上ある（2022 年）。

ヒンドゥー教徒が約 8 割，⑳＿＿＿＿＿＿＿教徒が約 1 割であるが，人口が多いため前者は 10 億人以上，後者も 1 億人を超える。ヒンドゥー教のカースト制度は残るが，カーストによる差別は憲法で禁止されている。しかし，伝統的社会では職業などと結びついた差別が現在も残る。

人口最大都市でインド半島西岸に位置する ㉑＿＿＿＿＿＿＿，ガンジスデルタに位置す

るコルカタ，北部に位置する首都㉒＿＿＿＿＿＿が３大都市。

❷ インド〈工業〉 デカン高原の周縁に位置する西部のムンバイ，南東部のチェンナイなどで綿工業が盛ん。ガンジスデルタに位置するコルカタでは周辺で栽培が多い原料を用いた㉓＿＿＿＿＿＿工業。半島基部東側のダモダル川流域では総合開発が行われ，付近では㉔＿＿＿＿＿＿炭田の石炭，シングブームの鉄鉱石を利用した鉄鋼業が盛ん。

　1990年代初頭より経済開放政策を採り，外資・技術の導入が進み工業化が進展。特に，準公用語の英語と，理数教育が充実していることを活かした㉕＿＿＿＿＿＿開発が有名。アメリカ合衆国西部とのおよそ12時間の時差を利用した先端技術産業が立地するデカン高原南部の㉖＿＿＿＿＿＿は，インドのシリコンヴァレーとよばれる。

地理B(23年)23
地理A(23年・追)
12
地理B(12年・追)
7
地理B(09年・追)
17
地理B(08年)
22・23
地理B(07年・追)
12

❸ パキスタン 公用語はインド・ヨーロッパ語族の㉗＿＿＿＿＿＿語（国語）と英語。綿花のほか西アジア向けの高級米の栽培が有名で，輸出上位品目には米が入る。首都は計画的に建設されたイスラマバードで，人口最大都市は南部のカラチである。

❹ バングラデシュ 公用語はインド・ヨーロッパ語族の㉘＿＿＿＿＿＿語。国土の大部分がガンジスデルタに位置し，低平で湿潤であるため，耕地率は約7割。繊維原料のジュート生産が有名だが，近年は㉙＿＿＿＿＿を輸入して，ファストファッション向けの繊維品・衣類などを安価で豊富な労働力を活かして生産している。首都はダッカで，北回帰線付近に位置する。

地理B(08年)24

❺ スリランカ 人口の約7割を占める仏教徒のシンハラ人と，人口の約1割を占めるヒンドゥー教徒のタミル人との内戦が，2009年に終結した。中央部の山地が茶の産地で，スリランカ産紅茶の総称がセイロンティー。

❻ ネパール 多くの住民がヒンドゥー教徒で，インド・ヨーロッパ語族のネパール語を使用する人々が約半数を占める多民族国家。2015年4月には，首都カトマンズの北西を震源とする大地震にみまわれた。

▼南アジアの主要国のまとめ（人口と1人当たりGNIは2021年）

	人口 （万人）	GNI/人 （ドル）	主な輸出品目（主に2020年）
インド	140,756	2,339	機械類，石油製品，医薬品，有機化合物，ダイヤモンド，繊維品
パキスタン	23,140	1,584	繊維品，衣類，米，野菜・果実，銅
バングラデシュ	16,936	2,579	衣類，繊維品，はきもの，えび
スリランカ	2,177	3,823	衣類，茶，ゴム製品，ダイヤモンド，機械類

（世界国勢図会 2022/23ほか）

第1章
アジア・アフリカ ## 第**4**節 中央・西アジア，アフリカ

1 自然環境

解答：別冊 p.10

❶ 西アジアの地形　安定陸塊の ①＿＿＿＿＿＿＿半島（楯状地）は，プレートの広がる境

界にあたる紅海でアフリカ大陸から分裂し，ユーラシア大陸と衝突して，アルプス＝ヒマ

ラヤ造山帯に属するアナトリア高原，イラン高原，ザグロス山脈などの新期造山帯を形成。

北部の新期造山帯と南部の安定陸塊の間には，②＿＿＿＿＿＿＿川とユーフラテス川が流

れる低地が広がり，両河川はメソポタミア平原で合流し③＿＿＿＿＿＿湾へ注いでいる。

地理B（08年）④
地理B（08年・追）
⑲
地理B（07年）⑲

❷ 中央アジアの地形　南部はアルプス＝ヒマラヤ造山帯に属する新期造山帯の山地で，世

界の屋根ともよばれるパミール高原付近が南アジアとの境界となっている。北東部はテンシ

ャン山脈から続く古期造山帯の山地で，東アジアとの境界となっている。その他の地域の大

部分は安定陸塊で，古期造山帯のウラル山脈を境として西側に東ヨーロッパ平原が広がって

いる。カスピ海とその東側に広がるトゥラン低地は，地中海や黒海とともに，古生代に存在し

たテーチス海（ローラシア大陸とゴンドワナランドの間の海）の名残で，カスピ海の湖面標高

は−28 mの海面下である。

❸ アフリカの地形　大地形

区分は，北西端のアトラス山

脈が ④＿＿＿＿＿＿＿

＿＿＿＿造山帯に属する新期造山

帯で，南東端のドラケンスバ

ーグ山脈が古期造山帯。それ

以外のほとんどの地域とマダ

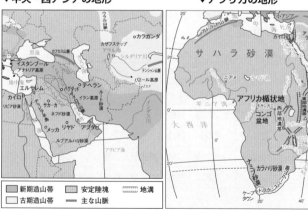

▼中央・西アジアの地形　　▼アフリカの地形

新期造山帯　　安定陸塊　　地溝
古期造山帯　　主な山脈

ガスカル島は，かつてゴンドワナランドの一部を構成した安定陸塊。大陸東部には，プレ

ートの⑤＿＿＿＿＿＿境界が南北に走る。ここにはアフリカ大地溝帯が位置し，標高が高

く，タンガニーカ湖などの⑥＿＿＿＿＿＿湖（断層湖）があり，火山活動が活発で地震も発

生する。また，ナイル川やザンベジ川，コンゴ川，ニジェール川などの大河がある。

❹ 中央・西アジアの気候　北回帰線付近の ⑦＿＿＿＿＿＿＿半島からインダス川流域にか

地理B（21年・第2日程）19

けては年中亜熱帯高圧帯の圏内であるため，中央アジアは隔海度が大きいため，ともに乾

燥気候（BW・BS）が大部分を占めるが，地中海沿岸から内陸にかけては Cs，アナトリ

ア高原など内陸の高原には Df も分布している。

❺ アフリカの気候　アフリカ大陸の南端が南緯 35 度付近，西アジアのトルコが北緯 40

地理B（08年）6
地理B（08年・追）20
地理B（07年）20

度付近であり，気候区が赤道をはさんで対称的に分布する。すなわち，西岸では北から

⑧＿＿＿＿＿＿（地中海周辺）→BS→ ⑨＿＿＿＿＿＿（北回帰線付近）→BS→Aw→ ⑩＿＿＿＿＿

（赤道付近）→Aw→BS→ ⑪＿＿＿＿＿＿（南回帰線付近）→BS→Cs（ケープタウン）の順

に配列している。

(1) 熱帯　コンゴ盆地は Af だが，赤道付近の大地溝帯付近から東側は ⑫＿＿＿＿＿＿。

Af を取り巻くように Aw が分布している。なお，エチオピア高原など低緯度地域にみ

られる ⑬＿＿＿＿＿ は Aw と降水の季節配分は同じだが，高度が大きいため最寒月平

均気温が 18℃ を下回ることによる。

(2) 乾燥帯　南北回帰線付近のサハラ砂漠やアラビア半島，カラハリ砂漠は，年中

⑭＿＿＿＿＿＿＿＿（中緯度高圧帯）の影響を受け少雨。南西部の ⑮＿＿＿＿＿

砂漠は，沖を北上する寒流の影響を受け，大気の低層が冷却され上昇気流が発生しにく

く少雨となっている。サハラ砂漠南縁の東西に広がる地域は，⑯＿＿＿＿＿＿＿＿とよばれ

る。自然的な要因に加え，人口増加にともなう過耕

作・過放牧・過伐採により植生が破壊され，⑰＿＿＿

＿＿＿＿が進行。地域住民は ⑱＿＿＿＿＿難民化し

ている。

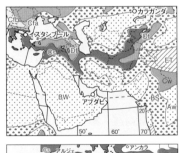

◀中央・西アジアの気候

◀アフリカの気候

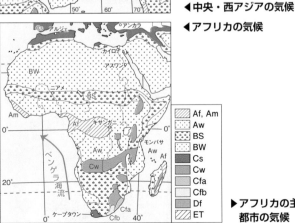

▶アフリカの主な
都市の気候

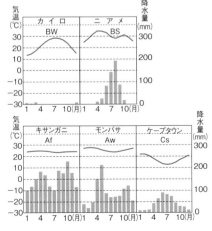

2 社会

❶ 中央・西アジアと北アフリカの人種・民族　人種は，西アジ

アと北アフリカはともに⑲＿＿＿＿＿＿＿＿が多数を占め，中

央アジアは，モンゴロイドとコーカソイドの混血が多い。

　宗教は，イスラーム（スンナ派）を信仰する住民が多数を占める。

　言語は，イランからパキスタン・インド・バングラデシュにか

けては，⑳＿＿＿＿＿＿・ヨーロッパ語族の言語が使用され，イ

ランでは㉑＿＿＿＿＿＿＿語の話者が多数を占める。トルコから

中央アジアを経てモンゴルにかけては，トルコ語やウズベク語，

カザフ語など㉒＿＿＿＿＿＿諸語の言語が使用される。また，

シリア，イラク以南のアラビア半島とサハラ砂漠以北の北アフリ

カでは，アフリカ・アジア語族のアラビア語が広く使用される

が，㉓＿＿＿＿＿＿＿＿ではヘブライ語が使用されている。イラ

ン・トルコ・イラクなどにまたがるクルディスタン地方には，イ

ンド・ヨーロッパ語族の言語を使用する㉔＿＿＿＿＿人が居住。

❷ 中南アフリカの人種・民族　サハラ砂漠以南には㉕＿＿＿＿＿

＿＿＿＿が多く居住し，スワヒリ語などニジェール・コルドファン

諸語の話者が多数を占める。㉖＿＿＿＿＿＿＿では，1世紀

頃から東南アジアより伝わったオーストロネシア語族（マレー・ポリネシア系）の言語が

使用される。原始宗教が広く信仰されるが，エチオピアなどでは㉗＿＿＿＿＿＿教徒も

多くみられる。

　多民族からなる国がほとんどで，主要民族の言語であっても国民の間で意思疎通が難し

く，文字がないことも多い。そのため，旧宗主国の言語を公用語としている国が多い。

　なお，東アフリカのケニアやタンザニアでは，現地の交易で使

用されてきた㉘＿＿＿＿＿語も公用語とされている。

❸ 植民地支配　アフリカにおける第二次世界大戦前の独立国は，

㉙＿＿＿＿＿＿＿・リベリア・エジプト・南アフリカの4か国

のみ。第二次世界大戦後に独立が相次ぎ，17か国が独立した

1960年は「アフリカの年」とよばれた。1980年以降の独立国

は，ジンバブエ（イギリス：1980年），ナミビア（南アフリカ

共和国：1990年），エリトリア（エチオピアから分離独立：

▼西アジアの主な国の主要言語

イラン	ペルシア語，トルコ語
イラク	アラビア語，クルド語
トルコ	トルコ語
イスラエル	ヘブライ語，アラビア語
サウジアラビア	アラビア語
シリア	アラビア語
ヨルダン	アラビア語，英語
レバノン	アラビア語，英語，仏語
クウェート	アラビア語
イエメン	アラビア語

▼アフリカの主な国の主要言語

エジプト	アラビア語
リビア	アラビア語
アルジェリア	アラビア語，ベルベル語，仏語
モロッコ	アラビア語，ベルベル語
スーダン	アラビア語，英語
エチオピア	アムハラ語，英語
ナイジェリア	英語，ハウサ語
コンゴ民主共和国	仏語，リンガラ語
タンザニア	スワヒリ語，英語
南アフリカ共和国	英語，アフリカーンス語

（世界国勢図会 2022/23）

地理B（14年）㉔
地理B（13年）㉘
地理B（12年・追）
　　　　　　㉕
地理B（11年）
　㉑・㉓・㉔
地理B（07年）㉓

▼アフリカの旧宗主国（1914年）

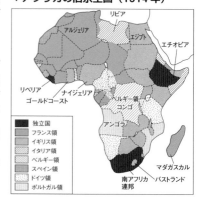

1993年），南スーダン（スーダンから分離独立：2011年）。

③ 農業

❶ 中央・西アジア　乾燥地域ではラクダや羊，ヤギなどの遊牧も行われる。オアシスは

外来河川沿いや湧水地，㉚_____（イラン），カレーズ（中央アジア）などの地下

水路の末端に位置し，ブドウ（トルコ，ウズベキスタンなど），西アジアではナツメヤシ

（サウジアラビア，イランなど）などが栽培されている。ウズベキスタン，トルコ，トル

クメニスタンなどでは灌漑により綿花栽培も行われる。また，カザフスタンなど黒色土

（チェルノーゼム）が分布する中央アジアの北部では企業的穀物農業も行われている。

地理B（21年・第2日程）20

地理B（11年）20

地理B（08年・追）21

地理B（07年）21

❷ 北アフリカ　羊・ヤギ・ラクダなどの遊牧が行われる。湿潤地域を源流として乾燥地

域へ流入する㉛_____沿いや，フォガラ（サハラ砂漠）などとよばれる地下水

路の末端，オアシスなどでは，㉜_____（果実はデーツ）や綿花などを栽培する

オアシス農業も行われる。また，Cs地域では，㉝_____やブドウ，柑橘類（かんきつ）など

を栽培する地中海式農業もみられる。

❸ 中南アフリカ　熱帯では焼畑農業が行われ，

Af地域では㉞_____・タロイモ・ヤ

ムイモのイモ類，Aw地域ではキビやアワなどの

㉟_____類が栽培の中心。コートジボワー

ルやガーナなどの㊱_____湾岸（カカオ

豆）や，エチオピア（コーヒー豆），ケニア（茶）な

どでは，プランテーション農業もみられる。また，

南アフリカ共和国では，入植したヨーロッパ人に

より企業的牧畜や地中海式農業も行われている。

▼アフリカの農業

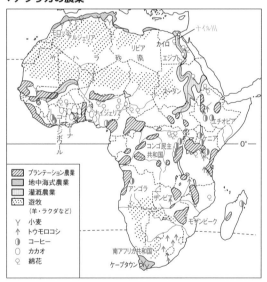

凡例：
- プランテーション農業
- 地中海式農業
- 灌漑農業
- 遊牧（羊・ラクダなど）
- Y 小麦
- ↑ トウモロコシ
- ◑ コーヒー
- ◎ カカオ
- ♀ 綿花

④ 鉱産・エネルギー資源

❶ 石油　1960年の㊲_____（石油輸出国機構）と1968年のOAPEC（アラブ

石油輸出国機構）の結成，1970年代の石油危機を経て，㊳_____とよばれる国

際石油資本の支配から脱し，油田や関連施設の国有化が進んだ。

❷ 原油・天然ガス　原油の埋蔵量（2021年）は，西アジアが世界の約半分を占め，タ

ンカーやパイプラインで輸出されている。中央アジアでは，カザフスタンやトルクメニス

タンなどが産出国で，パイプラインでヨーロッパ，中国などへ輸出されている。一方，天

然ガスの埋蔵量（2020年）は，西アジアが世界の約4割を占める。中央アジアでは，ト

ルクメニスタン，ウズベキスタンなどが産出国である。サウジアラビアなど<u>ペルシア湾岸</u><u>の君主国</u>には外国人労働者が流入しているが，<u>労働環境の劣悪さ</u>が問題となっている。

<u>その他❶</u>　西アジアでは，ペルシア湾岸の<u>アラブ首長国連邦（UAE）</u>の^㊳＿＿＿＿＿のように，観光，金融，運輸業など第3次産業への産業構造の転換を進めている国もある。また，ヨーロッパとの境界に位置する<u>トルコ</u>は，EUと関税同盟を結んでおり，外国資本の進出が盛んで工業化が進展している。一方，中央アジア諸国は，1922年から1991年末まではソ連の共和国として主に鉱産・エネルギー資源を供給する役割を担い，カザフスタンの<u>カラガンダ</u>やウズベキスタンの<u>タシケント</u>，サマルカンドなど一部の都市を除いて現在も工業化が遅れている。近年は，<u>中国による一帯一路構想のシルクロード経済ベルト</u>の一環として投資が増えており，鉄道や道路，パイプラインの建設が進められている。

地理B（21年・第2日程）21

<u>その他❷</u>　OPEC加盟国は，西アジアのイラン，イラク，クウェート，サウジアラビア，アラブ首長国連邦，北アフリカの^㊵＿＿＿＿＿＿とリビア，ギニア湾岸の^㊶＿＿＿（生産・輸出アフリカ第1位），アンゴラなど。

石炭と鉄鉱石の産出では^㊷＿＿＿＿＿＿がアフリカ第1位。コンゴ民主共和国・ザンビア国境付近は，^㊸＿＿＿＿＿＿とよばれる銅鉱の産地。コンゴ民主共和国から南側では，ダイヤモンドの生産が多い。近年は，南アフリカ共和国やコンゴ民主共和国などでプラチナやコバルトなどの<u>レアメタル</u>の生産も増加している。

▲アフリカの鉱産資源

5 中央・西アジアと北アフリカの国々

❶　<u>中央アジア諸国</u>　ウズベキスタン，カザフスタン，キルギス，タジキスタン，トルクメニスタンの5か国はいずれも<u>イスラームのスンナ派</u>である。

国名	特色
ウズベキスタン	人口は約3,400万人，オアシス都市である首都タシケントは200万人を超え，ともに中央アジア最大。旧ソ連の構成国の中では，ロシア，ウクライナに次ぐ人口である（2021年）。ウズベク語の表記は主にキリル文字であるが，ローマ字も使用される。
カザフスタン	人口は約1,900万人で中央アジアではウズベキスタンに次ぐ。首都はアスタナ（ヌルスルタンから改称）で，人口最大は旧首都のアルマティ。アルタイ系のカザフ語が国家語で，公用語はロシア語。カザフ語の表記は，ソ連の構成国であった時代は，キリル文字を使用していたが，ローマ字表記への移行が決定されている。

国名	特色
イラン	イスラーム<u>シーア派</u>，ペルシア語。首都<u>テヘラン</u>（35°N）は，標高 1,204 m でイラン高原に位置する。核開発を進めたことにより，アメリカなどによる経済制裁を受けており，経済は極めて不安定である。OPEC 加盟，OAPEC 非加盟。
イラク	首都バグダッドの位置する肥沃な三日月地帯で農業が行われる。湾岸戦争後，国連の経済制裁で大打撃を受け，2003 年のフセイン政権（スンナ派）崩壊後も混乱が続いている。北部にはクルド人，中部にはスンナ派，南部にはシーア派がそれぞれ多い。OPEC，OAPEC 加盟。
サウジアラビア	ネフド砂漠，ルブアルハリ砂漠が広がり，遊牧民のベドウィンは定住化が進む。西部にイスラームの聖地メッカが位置する。2019 年に観光ビザ発給の要件が緩和され外国人観光客の誘致も進めている。OPEC，OAPEC 加盟。
アラブ首長国連邦	首都はアブダビ。<u>ドバイ</u>は海港，空港ともに<u>ハブ港</u>であり，国際線旅客数は世界 1 位，コンテナ取扱量は世界 11 位（2021 年）。物流・観光の拠点として発展している。OPEC 加盟，OAPEC 加盟。
イスラエル	ユダヤ人の祖国回帰運動である<u>シオニズム</u>運動により，1948 年建国。エルサレムはユダヤ教・イスラーム・キリスト教の聖地。パレスチナ問題は，1993 年にパレスチナ暫定自治協定が結ばれたが，混迷が続く。先端技術産業の研究開発の拠点があり，暗号技術の高さで知られる。1 人当たり GNI は約 4 万ドルを超える。
トルコ	ムスリムが大多数を占めるが，20 世紀初頭の建国時から政教分離を行い，欧米寄りの外交政策をとる。OECD・NATO 加盟。ボスポラス海峡に臨むイスタンブールが人口最大都市。アジアでは中国に次いで外国人観光客数が多い（世界 7 位：2019 年）。また，2011 年から続く隣国シリアの内戦，アジアとヨーロッパの境界に位置することなどにより難民受入数は世界 1 位（2021 年）。首都<u>アンカラ</u>は 40°N の高原に位置する。2023 年 2 月に M7.8 の大地震が，シリアとの国境に近い南東部の東アナトリア断層に沿って発生。
アフガニスタン	首都<u>カブール</u>。1990 年代に設立され，パキスタンに支援されたイスラーム主義組織のタリバンが勢力を増し1990 年代末には国土のほとんどを制圧。イスラーム法による厳しい政策をとった。2001 年 9 月のアメリカでの同時多発テロ後，アメリカ合衆国政府によるテロ首謀者の引き渡し要求をタリバン政権は拒否し，空爆を受ける。同年の 12 月にタリバン政権は消滅したが，2021 年 8 月に再び首都カブールを含む全土を制圧し，アメリカ軍も撤退。現在はタリバン政権による統治が行われている。世界 3 位の難民の送出国（2021 年）。

❸ 北アフリカ

国名	特色
エジプト	人口 1.1 億人（アフリカで 3 位）。首都カイロはアフリカ最大の大都市。<u>ナイル川沿い</u>でのオアシス農業で，米や野菜，綿花の栽培が盛ん。<u>アスワンハイダム</u>の建設によって，綿花生産は増えたが，塩害や地力低下などの問題も発生した。 OAPEC に加盟し，石油関連製品の輸出のほか，野菜や果実，衣類の輸出も多い。紅海と地中海を結ぶスエズ運河を保有。
スーダン	2011 年に南部が南スーダンとして独立。西部の<u>ダルフール地方</u>は，アラブ系とアフリカ系による長年の対立で多くの犠牲者が出ている。
リビア	イタリアから独立。OPEC・OAPEC に加盟する産油国。2011 年，独裁を続けてきたカダフィ政権が崩壊。
アルジェリア	フランスから独立。南スーダン独立後，アフリカ最大の面積をもつ国となった（238 万 km²）。OPEC に加盟する産油国。アトラス山脈北側の Cs 地域では地中海式農業が，南部では地下水路<u>フォガラ</u>によるオアシス農業もみられる。 チュニジア，モロッコとともに<u>マグレブ諸国</u>（アラビア語で「西」の意）という。フランスへの出稼ぎも多い。
モロッコ	フランスから独立。北アフリカに位置するが非産油国であり，安価な労働力を背景として労働集約型の工業が発展。

⑥ 中南アフリカの国々

地理B（07 年）24

国名	特色
エチオピア	人口 1.2 億人（アフリカで 2 位）。エチオピア高原に位置するアフリカ最古の独立国。コプト派キリスト教を信仰する住民が多い。1993 年に紅海沿岸部のエリトリア（旧イタリア領でイスラームが多い）が分離独立し，内陸国となる。エチオピア高原南部のカッファ地方は，コーヒーの原産地。インフラの整備が進まず経済発展は遅れ，所得は世界最低水準。2018 年から北部で内戦がはじまり，戦闘が続いている。
ケニア	イギリスから独立し，植民地時代に流入した印僑（インド系）も居住。 首都ナイロビは高原上に位置し，白人によるコーヒー豆や茶のプランテーションが開かれた。近年は，バラなどの切り花の輸出も多い。サバナが広がり，火山が分布し，自然公園を訪れる観光客も多い。少数民族マサイ人の踊りは有名。
マダガスカル	フランスから独立。オーストロネシア語族（マレー・ポリネシア系）で，米を主食とする。安定陸塊の島で，中央山地の東部は南東貿易風の風上で熱帯気候，風下の南西部は乾燥気候となる。アイアイなど小型のサルの種類が豊富で珍しい生態系もみられる。
コートジボワール	フランスから独立（国名はフランス語で「象牙海岸」）。 カカオの生産は世界一。アビジャンは西アフリカ地域屈指の大都市で Aw（サバナ気候）。
ガーナ	イギリスから独立。カカオのほか，金の輸出も多い（植民地時代は「黄金海岸」といわれていた）。 ヴォルタ川の総合開発による電力でアルミニウム工業も立地。
ナイジェリア	イギリスから独立。人口 2.1 億人で，アフリカ最大。国内には多くの民族が居住し，南部にはキリスト教徒，北部にはイスラーム教徒が多い。 ニジェール川河口部で原油を産出し，1960 年代末，南東部のイボ人がビアフラ共和国の独立を宣言し，ビアフラ内戦が発生。その後，首都を沿岸部のラゴスから国土の中央部のアブジャへ移した。
コンゴ民主共和国	南スーダン独立後，アフリカで 2 番目の面積をもつ国（235 万 km²）となった。人口 1 億人（アフリカで 4 位）。熱帯雨林気候が発達し，イモ類の焼畑がみられる。南部のザンビアとの国境付近では，銅の産出が多い（カッパーベルト）。コバルトなどレアメタルの産出も多い。
南アフリカ共和国	人口 6,000 万人（アフリカで 6 位）。オランダ系白人（ボーア人）入植後，イギリス系白人が入植し，イギリス植民地となる。少数派の白人（約 1 割）による有色人種への人種隔離政策（アパルトヘイト）が行われてきた。 アパルトヘイトを廃止して経済制裁が解除されたことにより外国資本の導入が進み，アフリカ最大の工業国となる。1995 年にラグビー，2010 年にサッカーの W 杯を開催。

解答：別冊 p.16

❶　地形や気候の影響を受けて，世界の大河川の流域には様々な植生がみられる。次の図中の **A〜D** は，チベット高原に源流をもついくつかの河川の流域と主な河道を示したものである。また，後の表は，図中の **A〜D** のいずれかにおける，流域面積全体に占めるいくつかの植生などの面積割合を示したものである。**C** に該当するものを，表中の ①〜④ のうちから一つ選べ。

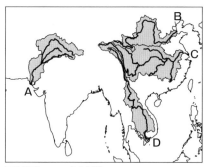

■ 流域　── 主な河道

地理B（22年） ③

低緯度側に流域のある D

（単位：%）

	常緑広葉樹林の割合	落葉広葉樹林の割合	低木・草地の割合	裸地（砂や岩など）の割合
①	31.0	10.3	7.4	0.0
②	14.5	13.7 (C)	13.0	0.0
③	0.7	0.5	38.0	18.3
④	0.4	4.1 (B)	28.9	8.9

Geospatial Information Authority of Japan, Chiba University and collaborating organizations の資料などにより作成。

流域が湿潤な C・D

流域に乾燥地域のある A・B

流域に温帯も分布

流域の多くが乾燥気候の A

解答欄
❶ ① ② ③ ④

❷　次の図は，インドと中国周辺の地形を示したものであり，下の表は，図中の **A〜D** のいずれかの範囲における耕地，草地・裸地，森林の面積割合を示したものである。図中の **C** に該当するものを，表中の ①〜④ のうちから一つ選べ。

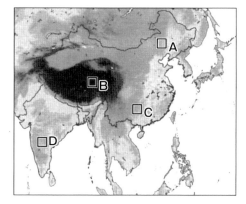

色の濃い部分ほど標高の高い地域を示している。
国土地理院の資料により作成。

地理B（23年） ⑳

湿潤〜乾燥の遷移地域で耕地化が進むデカン高原 D

（単位：%）

	耕地	草地・裸地	森林	その他
①	96.3	0.4	0.8	2.5
②	50.4	45.7	0.8	3.1
③	15.9	0.3	72.5	11.3
④	10.2	88.6	0.1	1.1

国土地理院の資料により作成。

高緯度で標高もやや高いため草地や裸地が広がる A

ツンドラ気候で草地が広い B

山地で森林が広く耕地も少ない C

解答欄
❷ ① ② ③ ④

❸ 次の図1は，1人当たり GNI（国民総所得）と1日当たり原油生産量によって西アジアの国々を a～d の4つのグループに分けたものであり，次の図2は，各グループの分布を示したものである。図2中の凡例ア～ウは，図1中の a～c のいずれかである。a～c とア～ウとの正しい組合せを，下の①～⑥のうちから一つ選べ。

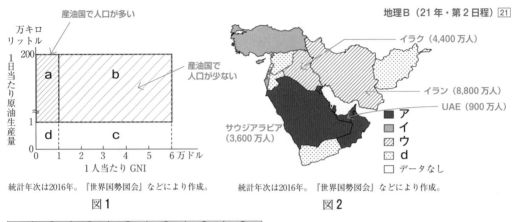

地理B（21年・第2日程）21

統計年次は2016年。『世界国勢図会』などにより作成。
図1

統計年次は2016年。『世界国勢図会』などにより作成。
図2

	①	②	③	④	⑤	⑥
a	ア	ア	イ	イ	ウ	ウ
b	イ	ウ	ア	ウ	ア	イ
c	ウ	イ	ウ	ア	イ	ア

```
解答欄
❸ ①②③④⑤⑥
```

❹ 次の図は，アフリカの地域区分*と，いくつかの国におけるアフリカの各地域からの輸入額を示したものであり，ア～ウは，イギリス，中国**，フランスのいずれかである。国名とア～ウとの正しい組合せを，下の①～⑥のうちから一つ選べ。 地理B（20年・追）22

*マダガスカル以外の島嶼国を除く。

**台湾，ホンコン，マカオを含まない。

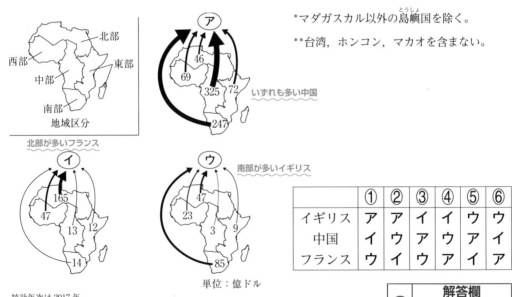

単位：億ドル

統計年次は2017年。
International Trade Centre の資料により作成。

	①	②	③	④	⑤	⑥
イギリス	ア	ア	イ	イ	ウ	ウ
中国	イ	ウ	ア	ウ	ア	イ
フランス	ウ	イ	ウ	ア	イ	ア

```
解答欄
❹ ①②③④⑤⑥
```

第**1**節 **ヨーロッパ**

ココが出る!!

1. 地形などの自然環境
2. 農業や工業の動向
3. 人口問題

この地域については，2006〜23年のセンター試験・共通テストでは，主に第4問「地誌」で扱われてきた。また，ヨーロッパの地形や気候・植生・土壌などは第1問「自然環境」，農業や工業などを巡る動向は第2問「資源と産業」，人口問題や民族問題などは第3問「村落・都市，人口，生活文化」でも出題されてきた。

1 自然環境

解答：別冊 p.10 ▶

❶ 地形　大地形区分は，主に地中海周辺など南部のカルパティア山脈，アルプス山脈，ピレネー山脈が① ＿＿＿＿＿＿である。バルト海周辺には② ＿＿＿＿＿＿のバルト楯状地やロシア卓状地が広がり，東ヨーロッパ平原は構造平野である。パリ盆地やロンドン盆地には，一方が急崖で他方が緩斜面の非対称の丘陵が続く③ ＿＿＿＿＿＿も発達する。安定陸塊の周囲にはスカンディナヴィア山脈やペニン山脈などの④ ＿＿＿＿＿＿が位置する。

地理B（22年・追）
20
地理B（10年）25
地理B（09年）
2・3・4・
7・8
地理B（07年・追）
19

今から1万年ほど前まで続いた氷期の最寒冷期には，北緯50度付近（グレートブリテン島南西端）まで⑤ ＿＿＿＿＿＿が拡大した。このため，北ドイツ平原以北にはフィヨルドや氷河湖，モレーンなどの氷河地形がみられる。

⑥ ＿＿＿＿＿＿はスペイン北西部のリアスバハス海岸，カルスト地形は⑦ ＿＿＿＿＿＿西部のカルスト地方が，それぞれ名称の由来である。

エルベ川（ハンブルク）やセーヌ川（ルアーヴル），⑧ ＿＿＿＿＿＿川（ロンドン）の河口には⑨ ＿＿＿＿＿＿（三角江）が発達し，河口には大都市が位置する。一方，ライン川やドナウ川，ポー川の河口には⑩ ＿＿＿＿＿＿（デルタ）が発達。

▲ヨーロッパの地形

地理B（22年・追）
19
地理A（21年・第2日程）13・15
地理B（13年）
19・20
地理B（12年・追）2
地理B（09年）
1・5・6
地理B（07年・追）
20
地理B（06年・追）
29

❷ 気候　アイスランド島北部とスカンディナヴィア半島の最北部は⑪ ＿＿＿＿＿＿であり，後者の南には⑫ ＿＿＿＿＿＿が広がる。地中海沿岸は，夏季に亜熱帯高圧帯（中緯度高圧

帯）の圏内となり少雨となる⑬＿＿＿＿＿が卓越する。

　アルプス山脈以北は Cfb（西岸海洋性気候）であり，高緯度に位置するため夏季冷涼で，暖流の⑭＿＿＿＿＿＿＿海流とその上を吹く⑮＿＿＿＿＿＿＿の影響を受けて，高緯度に位置するが冬季温暖である。1月の等温線は南北に走り，東側は低温で気温の⑯＿＿＿＿＿＿が大きい Df（亜寒帯（冷帯）湿潤気候）である。

▲ヨーロッパの気候

② 社会

地理 B（22 年・追）
23

❶ │言語│ ヨーロッパの大部分の住民がインド・ヨーロッパ語族の言語を使用している。北西部に英語・ドイツ語などの⑰＿＿＿＿＿＿語派，南部にフランス語・スペイン語・イタリア語・ルーマニア語などの⑱＿＿＿＿＿＿語派，東部にロシア語・ポーランド語などの⑲＿＿＿＿＿＿語派が分布する。また，ラトビアやリトアニアのバルト語派，アイルランドなどのケルト語派のほか，ギリシャ語派やアルバニア語派などもみられる。なお，フィンランド・エストニア・ハンガリーでは⑳＿＿＿＿＿＿語族，フランス・スペイン国境では㉑＿＿＿＿＿＿語族の言語が使用され，インド・ヨーロッパ語族とは異なる。

▼ヨーロッパの言語

❷ │宗教│ 一般に，ゲルマン系は㉒＿＿＿＿＿＿，ラテン系は㉓＿＿＿＿＿＿，スラブ系は正教会（東方正教）を信仰する住民が多い。ただし，スラブ系でもポーランドやチェコ，スロバキア，スロベニア，クロアチア，ゲルマン系でもドイツ中南部やオーストリアなどでは㉔＿＿＿＿＿＿を信仰する住民が多い。また，バルカン半島のボスニア・ヘルツェゴビナやアルバニア，コソボでは㉕＿＿＿＿＿＿を信仰する住民が多い。

▼ヨーロッパの宗教

地理 A（21 年・第
2 日程）14
地理 B（12 年）16
地理 B（11 年・追）
28
地理 B（10 年）29
地理 B（09 年・追）
36
地理 B（08 年）30
地理 B（07 年・追）
24

◀ベルギーとスイスの
　言語事情

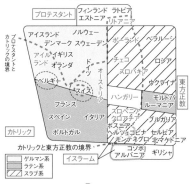

❸ EU

❶ |EC の成立と発展| ⁽²⁶⁾＿＿＿＿＿＿＿＿＿（ヨーロッパ石炭鉄鋼共同体：1952 年），
⁽²⁷⁾＿＿＿＿＿＿＿＿＿（ヨーロッパ経済共同体：1958 年），EURATOM（ヨーロッパ原子力共
同体：1958 年）を，1967 年に統合して ⁽²⁸⁾＿＿＿＿＿＿＿（ヨーロッパ共同体）を結成。
ECSC は戦略物資であった石炭と鉄鋼を共同管理することで，EEC は経済を統合するこ
とでアメリカ合衆国やソ連などの超大国に対抗して，ともにヨーロッパにおける平和を構
築し維持することを目的とした。

❷ |EU への発展| 1993 年の ⁽²⁹⁾＿＿＿＿＿＿＿＿＿＿＿条約（ヨーロッパ連合条約）の発効
により，EC が共通外交・安全保障政策や司法・内政分野における協力も柱とする EU
（ヨーロッパ連合）へ発展した。本部は ⁽³⁰⁾＿＿＿＿＿＿＿＿＿（ベルギー），ヨーロッパ議会
はストラスブール（フ
ランス），ヨーロッパ
司法裁判所はルクセン
ブルク，ヨーロッパ中
央銀行の本店は ⁽³¹⁾＿＿
＿＿＿＿＿＿＿＿（ドイ
ツ）にそれぞれ置かれ
ている。

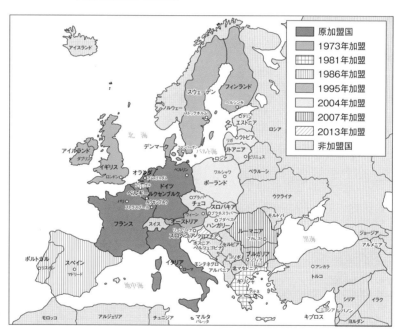

▶ヨーロッパの統合

▶EU 加盟国

EC 原加盟国	1973 年	1981 年	1986 年	1995 年
ベネルクス 3 国（ベルギー，オランダ，ルクセンブルク）ドイツ，フランス，イタリア	＋ イギリス* アイルランド デンマーク	＋ ギリシャ	＋ スペイン ポルトガル	＋ オーストリア フィンランド スウェーデン

	2004 年	2007 年	2013 年
＋	バルト 3 国：エストニア，ラトビア，リトアニア（旧ソ連）東欧 4 か国：ポーランド，チェコ，スロバキア，ハンガリー地中海 3 か国：スロベニア，マルタ，キプロス	＋ ルーマニア ブルガリア	＋ クロアチア

※2020 年 1 月にイギリスは EU 離脱。

❸ |経済統合と共通通貨| 商品・労働者・資本・サービスの ⁽³²⁾＿＿＿＿＿＿＿＿の自由化，域
内関税や非関税障壁の撤廃と対外共通関税を実施した。シェンゲン協定により加盟国間で

地理B(10 年)30

は，国境管理を廃止し，人の移動を促進した。

　また，共通通貨ユーロを 1999 年から導入し，資本移動の自由化とともに経済活動が活発になるように工夫した。なお，ユーロに参加していない EU 加盟国としては，東ヨーロッパの経済水準の低い国々のほかに，スウェーデンとデンマークがある。

❹ 共通農業政策と問題点　EU は，域内では農産物（小麦・大麦・トウモロコシ・牛肉など）を EU が定める ㉝＿＿＿＿＿＿＿＿＿より高く買い上げ，安価な輸入農産物には関税（課徴金）をかけて域内への流入を抑えてきた。また，余剰農産物の輸出には ㉞＿＿＿＿＿を出すなどの保護政策を実施し，これによる ㉟＿＿＿＿＿＿＿＿＿が問題となってきた。近年は，農業の盛んな新規加盟国が増え，その負担はさらに増しており，保護政策の見直しが進められている。現在は農家の所得を直接保障する「価格・所得政策」と「農村振興政策」の二本の柱から成り立っている。

❺ EU の拡大による課題　2020 年 1 月にイギリスが EU から脱退した。その背景には，地理A（21 年・第 2 日程）16アフリカやアジアなどからの移民や ㊱＿＿＿＿＿の受け入れ問題や，加盟国が各国の GDP に応じて課される EU 予算への多額の ㊲＿＿＿＿＿＿に対して国民の理解が得られなかったことがある。前者は，域内各地で民族問題を顕在化させ，イギリスからの独立を目指す ㊳＿＿＿＿＿＿＿＿＿地方や，㊴＿＿＿＿＿からの独立を目指すカタルーニャ地方において独立の可否を問う住民投票が行われた。また，EU 内で 2009 年に発効した ㊵＿＿＿＿＿＿条約などで進められてきた政治的な統合は，EU 加盟各国の制度を一元化し，各国の主権を制限する方向にあり，ポーランドやハンガリーなどの 2000 年代以降の加盟国では民族意識の高まりによる不満が強まっており，統合の深化には時間が必要である。

4 農業

　スカンディナヴィア半島の北部ではトナカイの ㊶＿＿＿＿＿＿＿，冷涼で氷食を受けた北海・バルト海周辺とアルプス地方では ㊷＿＿＿＿＿が行われる。

　中部では ㊸＿＿＿＿＿が行われ，その北側ではジャガイモ・ライ麦・テンサイ，南側では小麦やトウモロコシの栽培に特色がある。

　また，地中海周辺では地中海式農業や温暖な気候を活かした輸送園芸も発達。イタリア半島やイベリア高原などでは，夏季は低地に比べ気温が低く湿潤な高地で家畜を放牧し，冬季は低地の畜舎で飼育する ㊹＿＿＿＿＿も行われている。

▲ヨーロッパの農牧業

凡例：
混合農業 ／ 酪農 ／ 地中海式農業 ／ 園芸農業 ／ 森林・その他
▲ ブドウの主産地
--- ブドウの北限
● オリーブの主産地
--- オリーブの北限

地理A（21 年・第 2 日程）17
地理B（13 年）21・24
地理B（10 年）26
地理B（08 年・追）13
地理B（07 年・追）21

▼ヨーロッパの主要国の農産物自給率

	穀物全体	小麦	肉類	牛乳・乳製品	野菜	果実
イタリア	△	△	△	△	◎	○
スペイン	△	△	◎	△	◎	◎
フランス	◎	◎	○	○	△	△
ドイツ	○	◎	◎	○	×	×
オランダ	×	×	◎	◎	◎	×
イギリス	○	○	△	△	×	×

◎ 120%以上　○ 90–120%　△ 50–90%　× 50%未満
果実は南ヨーロッパが、野菜は南ヨーロッパとオランダが、肉類と牛乳・乳製品はオランダが、小麦はフランスが、それぞれ輸出国。
(世界国勢図会 2022/23, データブック　オブ・ザ・ワールド 2023)

▼ヨーロッパ主要国の土地利用率

森林率	65%以上	フィンランドスウェーデン	タイガの広がる国で林業
牧場・牧草地率	45%以上	イギリスアイルランド	丘陵状の地形，冷涼な気候で，放牧による酪農や牧羊
耕地率	40%以上	デンマークハンガリールーマニア	混合農業と舎飼いによる酪農混合農業混合農業

(データブック　オブ・ザ・ワールド 2023)

5 鉱工業

❶ 鉱産資源　石炭は ⑤＿＿＿＿＿＿＿＿＿ のシロンスク地方やドイツのルール地方，油田

やガス田は北海油田（ノルウェー・イギリス），鉄鉱石は ⑥＿＿＿＿＿＿＿＿ 北部（キル

ナ）などでの産出が多い。

地理B (13年) 22
地理B (10年) 27
地理B (07年) 8
地理B (06年・追) 26

▼ヨーロッパの鉱工業

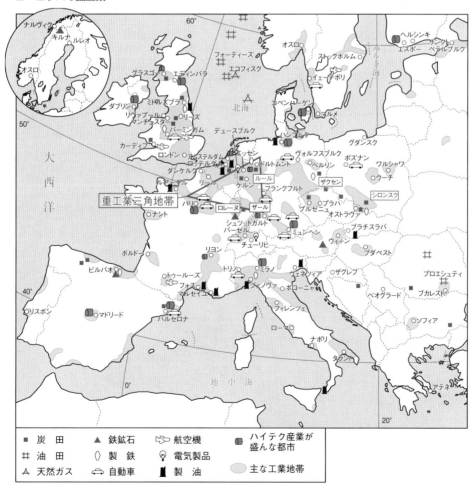

■	炭　田	▲	鉄鉱石	🛩	航空機	🏭	ハイテク産業が盛んな都市
⌗	油　田	◇	製　鉄	⚙	電気製品		主な工業地帯
⅄	天然ガス	🚗	自動車	🛢	製　油		

❷ 工業地帯と立地移動　かつて ⑰＿＿＿＿＿＿＿＿＿を動力源としていた時代は，イギリスのランカシャー地方など ⑱＿＿＿＿＿＿＿＿（原料産地立地）型の工業地域が発展し，そのほかにはベルギーやドイツなどヨーロッパ中部が典型例であった（重工業三角地帯）。

　　その後，資源の低品位化やエネルギー革命，工場施設の老朽化などにより，原燃料の輸入港付近に立地する ⑲＿＿＿＿＿＿＿＿型の工業が発展した。

　　伝統的な工業地域では，機械やエレクトロニクスなどの ⑳＿＿＿＿＿＿＿産業への転換が進んだ。近年は，かつての生産施設が産業遺産に登録される例も多く，ルール地方（ルール炭田）やバスク地方など（スペイン・ビルバオ鉄山跡）は観光地にもなっている。

地理B（22年・追）24

　　近年は，EUの市場統合の深化により，事実上国境がなくなったため，イギリス中南部からベネルクス３国，ドイツ西部，イタリア北部にかけての地域がEUの核心地域となった。ここは ㉑＿＿＿＿＿＿＿＿とよばれている。

▼ヨーロッパの臨海・交通立地型の工業都市

鉄鋼	イギリス：カーディフ フランス：ダンケルク，フォス ド　イ　ツ：デュースブルク（ライン川最大の河港） イタリア：タラント
石油化学	イギリス：ミドルズブラ（北海油田からパイプラインがのびている） フランス：ルアーヴル，マルセイユ ド　イ　ツ：ハンブルク オランダ：ロッテルダム（ユーロポート）

▼ヨーロッパの自動車産業とハイテク産業

自動車産業	フランス：パリ ド　イ　ツ：ヴォルフスブルク，シュツットガルト，ミュンヘン イタリア：トリノ スペイン：バルセロナ
ハイテク産業	イギリス：シリコングレン（スコットランドのグラスゴー付近） ド　イ　ツ：南ドイツのシュツットガルト，ミュンヘン
航空機産業	フランス：トゥールーズ

地理B（22年・追）21

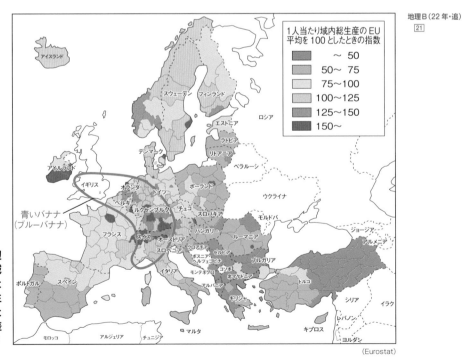

1人当たり域内総生産のEU平均を100としたときの指数

	～　50
	50～　75
	75～100
	100～125
	125～150
	150～

▶EUと周辺地域の地域別1人当たり域内総生産からみた経済格差（2020年）

（Eurostat）

国名	特色
ドイツ	ヨーロッパ最大の工業国。ルール炭田とライン川の水運を背景に，ヨーロッパ最大のルール工業地帯（エッセン，ドルトムント，デュースブルクの鉄鋼など）を形成。近年，重化学工業の地位が低下し，先端技術や環境関連産業の集積もみられる。 南ドイツ（ミュンヘンなど）では自動車産業のほかハイテク産業がみられ，エルベ川河口のハンブルクでは石油化学工業が発達。旧東ドイツ地域（ザクセン工業地域）は，生産が停滞し，東西での格差が大きい。
イギリス	産業革命期は，湿潤なランカシャー地方で綿工業が，乾燥したヨークシャー地方で羊毛工業が，鉄鉱石を産出するミッドランド地方で鉄鋼業が発達した。 イングランド北東部のミドルズブラは北海油田からの原油を利用した石油化学工業，ウェールズのカーディフでは臨海立地型の鉄鋼業が発達している。かつて造船業が盛んだったスコットランド（グラスゴーなど）は先端技術産業が集積し，シリコングレンといわれる。 2020年1月にEUを離脱。
フランス	首都パリを中心に自動車のほか大都市型総合工業がみられる。ドイツ国境に近い北東部のロレーヌ鉄山（閉山）を背景にメス，ナンシーで鉄鋼業が立地したが，現在は臨海部のダンケルク，フォスへ立地移動。ルアーヴルやマルセイユでは石油化学工業，ボルドーではワイン醸造業がみられる。ピレネー山脈の麓のトゥールーズには，エアバス社の最終組立工場が立地し，航空機生産が行われている。
ベネルクス3国	南ベルギーは炭田を背景に鉄鋼業が発達したが，国内での地位は低下している。北ベルギーのフランドル地方は，伝統的な羊毛工業のほか，臨海地域で石油化学工業などが発達している。オランダはロッテルダム（ユーロポート）に石油化学工業が立地し，輸出も多い。
イタリア	北部のミラノ（繊維），トリノ（自動車），ジェノヴァ（石油化学）は工業の三角地帯といわれ，大企業を中心に工業が発達。南部は農業中心で工業化が遅れていたが，総合開発によってタラントに臨海立地型の鉄鋼業やナポリに石油化学工業が立地。近年は「第三のイタリア（サードイタリー）」といわれる中・北部地域で，中小企業による繊維や皮革などの地場産業が発展。
スペイン	北部のバスク地方では，ビルバオ鉄山を背景に鉄鋼業がみられたが，鉄山の閉山により観光業などの第3次産業へ産業の転換が進んでいる。カタルーニャ地方の中心都市バルセロナで外国資本の進出による自動車産業が発達し，輸出も多い。
北欧諸国	亜寒帯林を背景に，スウェーデンとフィンランドでは紙・パルプ工業が発達。スウェーデンでは自動車産業もみられる。
東欧諸国	社会主義時代にポーランドのシロンスク炭田やチェコのボヘミア炭田を背景に重工業が立地。設備の老朽化などで生産は停滞していたが，2000年代初頭のEU加盟によって，外国資本が進出し，自動車産業など各種工業が発達している。

▼ヨーロッパ主要国のまとめ（主に2020年）

	面積 （万km²）	人口 （万人）	GNI/人 （ドル）	主な輸出品目	出生率 （‰）	死亡率 （‰）	年平均 人口増加率 （%）
ドイツ	35.7	8,390	52,885	機械類，医薬品，自動車，精密機械，金属製品	9.5	11.5	0.36
イギリス	24.3	6,821	46,338	機械類，自動車，医薬品，金（非貨幣用），原油	10.7	9.0	0.60
フランス	55.2	6,543	45,535	機械類，自動車，医薬品，航空機，精密機械	11.1	9.2	0.23
イタリア	30.1	6,037	36,216	機械類，医薬品，自動車，衣類，金属製品，鉄鋼	7.3	10.5	−0.36
スペイン	50.6	4,675	30,216	自動車，機械類，野菜・果実，医薬品，衣類，石油製品	7.6	8.8	0.38
ポーランド	32.3	3,780	16,908	機械類，自動車，家具，金属製品，衣類，肉類，鉄鋼	10.2	10.9	−0.03
ルーマニア	23.9	1,913	14,416	機械類，自動車，穀物，鉄鋼	9.6	13.4	−0.50
オランダ	4.2	1,717	56,574	機械類，石油製品，医薬品，精密機械，野菜・果実	9.8	8.8	0.55
ベルギー	3.1	1,163	51,639	医薬品，自動車，機械類，有機化合物，プラスチック	10.1	9.5	−
チェコ	7.9	1,073	25,608	機械類，自動車，金属製品，鉄鋼，精密機械	10.5	10.6	0.28
スウェーデン	45.0	1,016	62,469	機械類，自動車，医薬品，紙類，鉄鋼，石油製品	11.4	9.1	1.06
フィンランド	33.8	555	54,714	機械類，紙類，石油製品，自動車，鉄鋼	8.3	9.7	0.27
ノルウェー	32.4	547	93,149	原油，天然ガス，魚介類，機械類，石油製品	10.2	7.6	0.68

（世界国勢図会 2022/23，データブック　オブ・ザ・ワールド 2023 ほか）

第2章
ヨーロッパ・ロシアとその周辺

第2節 ロシアとその周辺諸国

ココが出る!!

1. 地形などの自然環境
2. エネルギー資源の動向
3. 人口問題

この地域については，2006～23年のセンター試験・共通テストでは，第4問「地誌」で扱われたことはない。しかし，地形や気候・植生・土壌などは第1問「自然環境」，エネルギー資源などを巡る動向は第2問「資源と産業」，人口問題や民族問題などは第3問で出題されている。

1 自然環境

解答：別冊 p. 10

ロシアを中心とする地域は，ウラル山脈以西のヨーロッパロシア，以東のシベリア，極東ロシア（サハ共和国，アムール州から東側の地域でシベリアと区別する）およびカフカスの4地域に大別される。この地域は，ウラル山脈を通過する東経60度線が北極海のノヴァヤゼムリャ，ロシアとカザフスタンの国境の一部，アラル海付近，アラビア半島東端付近を通過することや，黒海と中央アジアのカスピ海，アラル海，バルハシ湖の南端がほぼ北緯45度であることを利用して，位置関係を把握する（下図参照）。

❶ 地形　黒海とカスピ海の間を東西に走る① ＿＿＿＿＿＿山脈は，アルプス＝ヒマラヤ造山帯に属する。極東ロシアの② ＿＿＿＿＿＿川の流路よりも東側で，カムチャツカ半島から千島列島，日本列島へ続く地域は，環太平洋造山帯に属し，地震や火山活動が活発である。

東経60度線に沿うウラル山脈は低くなだらかで，バルハシ湖の南から東に走る③ ＿＿＿＿＿＿山脈，アルタイ山脈は高く険しいが，いずれも古期造山帯である。

安定陸塊は広大で，ウラル山脈の西側のロシア卓状地には④ ＿＿＿＿＿＿平原，ウラル山脈の東側には西シベリア低地，中央シベリア高原などがみられる。

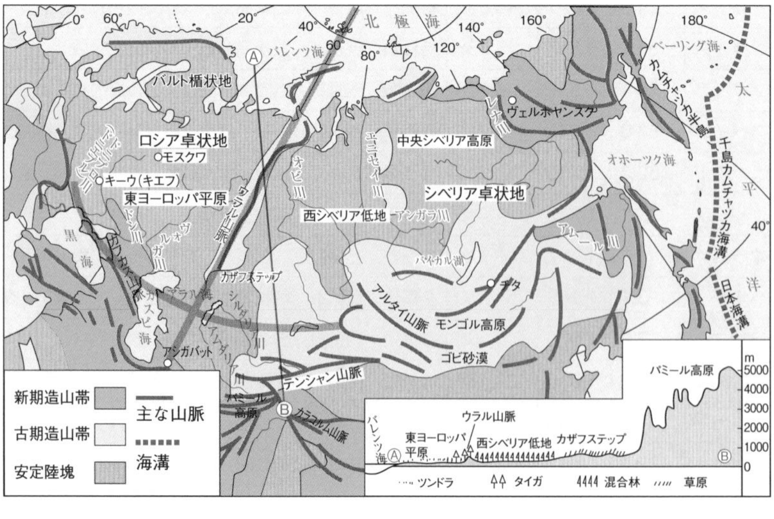

▶ロシアと周辺諸国の地形

❷ 気候 北極海沿岸は夏季冷涼な ⑤＿＿＿＿＿＿＿。その南側は D 気候（亜寒帯（冷帯））

で，針葉樹の純林である ⑥＿＿＿＿＿＿＿ が広がる。レナ川の流路以西は ⑦＿＿＿＿＿＿＿，東

側とバイカル湖付近には ⑧＿＿＿＿＿＿＿ が分布する。これは，大西洋から吹く ⑨＿＿＿＿

＿＿によってもたらされる海洋の影響が東に向かうにつれて弱まるためである。シベリア

東部は冬季厳寒であり，空気が高密度に蓄積されることから高気圧が形成され，これに覆

われる地域は冬季少雨の w 型となる。

また永久凍土も，シベリア東部では南方まで広がる。建物は凍土の融解による傾きや沈

下を防ぐため，⑩＿＿＿＿＿＿＿にするなどの工夫がなされている。

一方，カスピ海以東の中央アジアは，大西洋，北極海，太平洋，インド洋のいずれから

も遠く BW・BS が卓越する。

▼ロシアと周辺諸国の気候区分

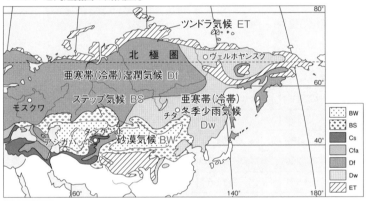

▼主な都市の気候

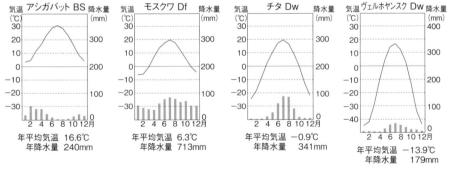

❸ 河川 ヨーロッパロシアには，⑪＿＿＿＿＿＿＿＿に注ぐヴォルガ川，⑫＿＿＿＿＿＿に

注ぐドニプロ（ドニエプル）川，ドン川などが流れる。

⑬＿＿＿＿＿＿＿に注ぐオビ川，エニセイ川，レナ川などの大河川は，下流側の凍結期間

が長く，春には低緯度側の上流から雪・氷の融解がはじまる。これが下流側に流れ込ん

で，⑭＿＿＿＿＿＿＿が発生する。

中央アジアの ⑮＿＿＿＿＿＿＿に注ぐシルダリア川とアムダリア川流域では，灌漑による

⑯＿＿＿＿＿＿＿栽培が盛んになり，湖への流入量が激減。アラル海の面積の縮小などが問題

となっている。

2 社会

❶ 歴史 　ソビエト社会主義共和国連邦（ソ連）は，ロシア革命によって 1922 年に成立した世界最初の⑰＿＿＿＿＿＿＿＿＿＿であり，15 の共和国からなる連邦国家であった。

　農業の集団化，企業の国営化などを進め，5 カ年計画による工業化政策を実施。第二次世界大戦後は，アメリカ合衆国との軍拡競争を繰り広げた。

　1970 年代以降は経済停滞が顕著となり，1980 年代後半からは自由化の動きが高まった。1991 年に⑱＿＿＿＿＿＿＿＿が分離独立し，同年末にはソ連が崩壊した。社会主義計画経済から資本主義市場経済への急変により，政治的，経済的，社会的に混乱が生じ，貧富の差の拡大や治安の悪化がみられた。

　2000 年代以降は，発展途上国の工業化の進展により，需要が高まったエネルギー資源の価格が高騰し，ロシア経済も浮揚した。

▼旧ソ連の構成国（2021 年）※中央アジアを除く

▓▓▓▓インド・ヨーロッパ語族

		国名	人口（万人）	1人当たり GNI（ドル）	主な言語	主な宗教
3	バルト3国	エストニア	133	27,506	ウラル語族	プロテスタント 正教会 （東方正教）
		ラトビア	187	20,876	バルト語派	
		リトアニア	269	22,926		カトリック
3＋1	スラブ3か国＋1	ロシア	14,591	11,960	スラブ語派（*）	正教会（**） （東方正教）
		ウクライナ	4,397	4,347		
		ベラルーシ	944	6,842		
		モルドバ	306	4,592	ラテン語派（***）	
3	カフカス3か国	ジョージア	398	4,700	コーカサス諸語	正教会 （東方正教）
		アルメニア	297	5,032	その他のインド・ ヨーロッパ語族	
		アゼルバイジャン	1,022	5,263	アルタイ諸語	イスラーム（シーア派）

＊ロシアのシベリアには，トルコ系やモンゴル系などの少数民族が居住。
＊＊カフカス山脈の北側のチェチェンなどにはムスリムも居住。
＊＊＊モルドバ人は隣のルーマニア人（ラテン語派）とほぼ同一。

(IMF ほか)

❷ 民族 　ロシアとウクライナ，ベラルーシは，インド・ヨーロッパ語族のスラブ系で，正教会（東方正教）を信仰する住民が多く，キリル文字が使用される。

　バルト 3 国では，ラトビアとリトアニアでインド・ヨーロッパ語族の⑲＿＿＿＿＿＿＿派，⑳＿＿＿＿＿＿＿＿＿＿ではウラル語族の言語が使用される。宗教は，エストニアとラトビアが㉑＿＿＿＿＿＿＿＿＿や正教会で，リトアニアでは㉒＿＿＿＿＿＿＿＿＿を信仰する住民が多い。

　ルーマニアに隣接する㉓＿＿＿＿＿＿＿＿は，ラテン語派で正教会が信仰される。

　カフカス山麓ではアゼルバイジャンでイスラームが信仰されているものの，アルメニア

とジョージアでは ²⁴＿＿＿＿＿＿が信仰されている。なお，カフカス山麓のロシア領内に位置するチェチェン共和国では，イスラームを信仰する住民が多数を占め，ロシアからの分離独立運動を展開してきたが，厳しい弾圧を受けている。

近年周辺国では，ロシア系の住民が多数を占める一部地域において，ロシアへの併合の動きが高まっており，2014 年には ²⁵＿＿＿＿＿のクリム（クリミア）半島や東部地域，バルト 3 国などで緊張の度合いが増し，2022 年 2 月にはロシアのウクライナ侵略が始まった。

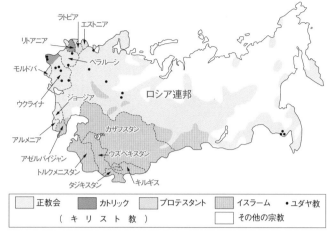

▼ロシアと周辺諸国の宗教

凡例：
- □ 正教会（キリスト教）
- ■ カトリック（キリスト教）
- □ プロテスタント（キリスト教）
- □ イスラーム
- ・ユダヤ教
- □ その他の宗教

3 農業

❶ 集団農業の解体 ソ連時代は，²⁶＿＿＿＿＿＿＿（集団農場）や ²⁷＿＿＿＿＿＿（国営農場）によって集団化が進められた。しかし，計画経済や集団化による生産意欲の低下，干ばつ，冷害などにより農業生産は不安定だった。ソ連崩壊後のロシアでは，農場の多くが，企業による大規模農場として存続している。

地理 B（09 年・追）
29

社会的な混乱がみられた 1990 年代には，農業生産性は著しく低下したが，近年は回復傾向にあり，ロシア・ウクライナは小麦の輸出国となっている。

一般に，都市住民は郊外に ²⁸＿＿＿＿＿＿とよばれる菜園付きのセカンドハウスをもっていることが多い。ソ連崩壊の混乱期や，近年も，ここでの作物栽培が都市住民を救ってきた。

❷ 農業地域 農業地域区分は，気候・植生・土壌にほぼ対応し，東西に帯状に広がる。

地理 B（09 年・追）
30・32

ET の北極海沿岸や，タイガの広がるシベリア北部では，先住民による ²⁹＿＿＿＿＿の遊牧や狩猟・漁労などが行われている。遊牧地域や森林地帯の南側で，ウラル山脈以西の Df 地域では，混合農業が一般的で，冷涼であるため，穀物では ³⁰＿＿＿＿＿・エン麦・ライ麦の栽培が中心である。

黒海北岸から西シベリアにかけての地域には，³¹＿＿＿＿＿＿＿とよばれる肥沃な黒色土が分布し，³²＿＿＿＿＿の粗放的な栽培を行う企業的穀物農業がみられる。

また，バルト 3 国では ³³＿＿＿＿＿が行われ，温暖なカフカス山麓ではブドウや茶などの栽培もみられる。

地理B（12 年）9
地理B（09 年・追）
27

▼ロシアと周辺諸国の農牧業

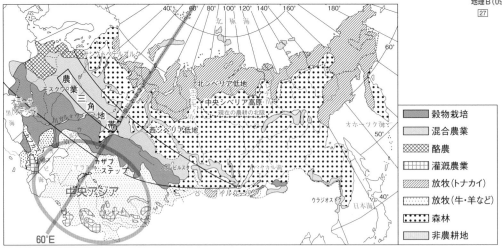

凡例
■ 穀物栽培
■ 混合農業
■ 酪農
■ 灌漑農業
■ 放牧（トナカイ）
■ 放牧（牛・羊など）
■ 森林
■ 非農耕地

▼ロシアと周辺諸国における農産物と家畜の上位 3 か国（2021 年）※中央アジアを含む

	農産物（生産量）					家畜（飼育頭数）		
	小麦	ライ麦	ジャガイモ	綿花	茶	牛	豚	羊
1位	ロシア 9.9%	ロシア 13.0%	ウクライナ 5.7%	ウズベキスタン 4.6%	ジョージア （－）	ロシア 1.2%	ロシア 2.7%	ロシア 1.5%
2位	ウクライナ 4.2%	ベラルーシ 6.4%	ロシア 4.9%	トルクメニスタン 1.5%	アゼルバイジャン （－）	ウズベキスタン 0.9%	ウクライナ 0.6%	ウズベキスタン 1.5%
3位	カザフスタン 1.5%	ウクライナ 4.5%	ベラルーシ 1.3%	タジキスタン 0.7%	ロシア （－）	カザフスタン 0.5%	ベラルーシ 0.3%	カザフスタン 1.4%

※（－）は僅少。世界生産量に占める割合。 (FAOSTAT)

4 鉱工業

❶ ソ連時代の工業化　③④＿＿＿＿＿＿＿＿＿＿方式とよばれる，離れた地域の資源を鉄道やパイプラインなどで結びつけた工業化や，コンプレックス（地域生産複合体）とよばれる，より狭い地域内で産出する資源を利用する工業化など，③⑤＿＿＿＿＿＿＿＿＿型の工業化が進められた。

❷ 鉱産資源と分布　国土の広大なロシアは，エネルギー資源が豊富で，ソ連崩壊後の1990 年代以降はメジャーなどが開発に参加した。一方，インフラの整備も進め，現在は石油や天然ガスをヨーロッパだけでなく，中国やインドなどアジアへもパイプラインなどを通じて輸出している。

▼ロシアと周辺諸国の鉱産資源

	原油	石炭	鉄鉱石
ロシア	ヴォルガ・ウラル油田（ヨーロッパロシア） チュメニ油田（シベリア，ロシア最大） オハ油田（極東ロシア）	クズネツク炭田 レナ炭田（シベリア）	マグニトゴルスク鉄山
ウクライナ		ドネツ炭田	クリヴィーリフ（クリヴォイログ）鉄山
アゼルバイジャン	バクー油田		
トルクメニスタン	カスピ海周辺		

▼ロシアと周辺諸国の鉱工業

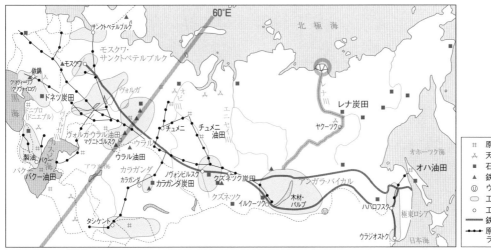

▼ロシアと周辺諸国の主な工業地域

	工業地域	特色
ロシア	モスクワ・サンクトペテルブルク	古くからの工業地域。サンクトペテルブルクやモスクワには，外国資本による自動車工業が立地。
	ウラル	ヴォルガ・ウラル油田を背景とした石油化学工業。 マグニトゴルスク鉄山を背景とした鉄鋼業（コンビナート時代は，シベリアのクズネツク炭田やカザフスタンのカラガンダ炭田から石炭を供給されていた）。
	クズネツク	クズネツク炭田を背景に，シベリア最大都市ノヴォシビルスクを中心としたシベリア鉄道と大河川が交差する付近に重工業が立地。旧ソ連最大のチュメニ油田もウラル山脈の東方に分布。
	アンガラ・バイカル	森林資源，アンガラ川の水力発電を背景にイルクーツクなどで木材・パルプ工業。エニセイ川やその支流アンガラ川と，シベリア鉄道と第二シベリア鉄道との交点（クラスノヤルスク，ブラーツク）。アルミニウム工業が立地。
	極東ロシア	森林資源や水産資源を背景にハバロフスクやウラジオストク（シベリア鉄道の終点）で木材や食品加工業。 サハリン沖の油田や天然ガス開発には，日本やメジャーが資本参加。
ウクライナ	ドニプロ（ドニエブル）	旧ソ連最大の重工業地域。ドネツ炭田，クリヴィーリフ（クリヴォイログ）鉄山を背景に鉄鋼業，機械工業が発達。穀倉地帯を背景に，農業機械工業も発達。
アゼルバイジャン	バクー	バクー油田を背景とした石油関連産業。ジョージア，トルコ経由で地中海へのびるBTCパイプラインが建設された。

実戦演習

解答：別冊 p. 16

右の図1を見て，ヨーロッパに関する下の問いに
答えよ。

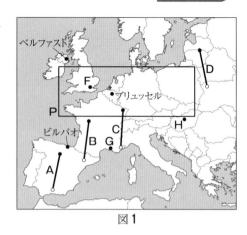

図1

❶ 次の図2は，図1中のA～Dのいずれかの線に沿った地形断面図である。この地形断
面図の位置として最も適当なものを，下の①～④のうちから一つ選べ。ただし，高さ
は強調して表現してある。

地理A（15年・追）16

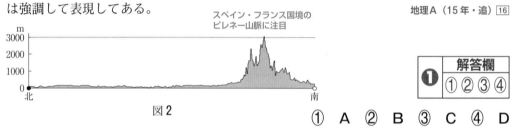

スペイン・フランス国境の
ピレネー山脈に注目

図2

❶	解答欄
	① ② ③ ④

① A ② B ③ C ④ D

❷ 次の図3中のア～ウは，図1中のF～Hのいずれかの地点における月平均気温と月降
水量を示したものである。ア～ウとF～Hとの正しい組合せを，下の①～⑥のうちか
ら一つ選べ。

地理A（15年・追）17

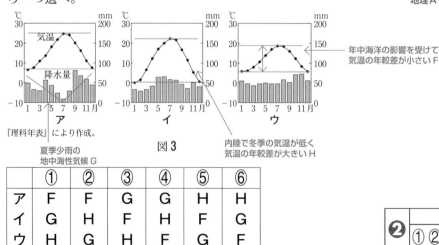

『理科年表』により作成。

図3

年中海洋の影響を受けて
気温の年較差が小さいF

夏季少雨の
地中海性気候G

内陸で冬季の気温が低く
気温の年較差が大きいH

	①	②	③	④	⑤	⑥
ア	F	F	G	G	H	H
イ	G	H	F	H	F	G
ウ	H	G	H	F	G	F

❷	解答欄
	① ② ③ ④ ⑤ ⑥

❸ 次の**サ～ス**の文は，図1中のビルバオ，ブリュッセル，ベルファストの3都市を中心とした地域のいずれかについて述べたものである。**サ～ス**と都市名との正しい組合せを，下の**①～⑥**のうちから一つ選べ。

地理A（15年・追）19

サ カトリック系とプロテスタント系の住民間で紛争が繰り返されてきた。→ プロテスタントのイギリス系とカトリックのアイルランド系の対立

シ ゲルマン系言語を話す住民とラテン系言語を話す住民が共存する。→ ベルギーのブリュッセル

ス バスク語を話す人々が住み，自治の拡大を求める声がある。→ スペイン北部ビルバオ

	サ	シ	ス
①	ビルバオ	ブリュッセル	ベルファスト
②	ビルバオ	ベルファスト	ブリュッセル
③	ブリュッセル	ビルバオ	ベルファスト
④	ブリュッセル	ベルファスト	ビルバオ
⑤	ベルファスト	ビルバオ	ブリュッセル
⑥	ベルファスト	ブリュッセル	ビルバオ

❸ 解答欄 ① ② ③ ④ ⑤ ⑥

❹ 次の図4は，図1中の**P**の範囲について，1人当たりGDP，失業率，人口密度のいずれかの指標に関する高低を示したものである。指標名と**タ～ツ**との正しい組合せを，下の**①～⑥**のうちから一つ選べ。

地理A（15年・追）20

東ヨーロッパの旧社会主義国で高い失業率

タ

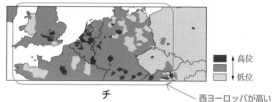
西ヨーロッパが高い1人当たりGDP

チ

高位 低位

	①	②	③	④	⑤	⑥
1人当たりGDP	タ	タ	チ	チ	ツ	ツ
失業率	チ	ツ	タ	ツ	タ	チ
人口密度	ツ	チ	ツ	タ	チ	タ

ツ

統計年次は，1人当たりGDPが2009年，失業率と人口密度が2010年。
EU（欧州連合）の資料により作成。
図4

東ヨーロッパにも高い地域が一部みられる人口密度

❹ 解答欄 ① ② ③ ④ ⑤ ⑥

第3章
南北アメリカ **第1節 北アメリカ**

ココが出る!!

1.農業の動向
2.エネルギー資源の動向
3.都市と都市問題

この地域については，2006〜23年のセンター試験・共通テストでは，第4問「地誌」で扱われてきた。また，地形や気候・植生・土壌などは第1問「自然環境」，農業・工業・エネルギー資源などを巡る動向は第2問「資源と産業」，都市については第3問「村落・都市，人口，生活文化」などで出題されている。

1 自然環境

解答：別冊 p. 11

❶ **大地形** 大地形区分において ① ＿＿＿＿＿＿＿＿＿＿ は，北アメリカの西部から，中央アメリカ，南アメリカの西部にかけて環太平洋造山帯が分布。このうち北アメリカでは，アラスカ山脈や海岸山地，シエラネヴァダ山脈，ロッキー山脈などが南北に走り，山脈の間にはコロラド高原，グレートベースンなどがある。西岸のカリフォルニア州には，プレートの ② ＿＿＿＿＿＿＿ 境界にあたる ③ ＿＿＿＿＿＿＿＿＿＿ 断層が走り，地震多発地域となっているが，付近の太平洋沖には海溝は存在しない。

地理B（09年）27

南東部のアパラチア山脈とその周辺は，低くなだらかな ④ ＿＿＿＿＿＿＿＿＿で，良質な石炭を産出してきた。

⑤ ＿＿＿＿＿＿＿＿＿ は，北部のハドソン湾周辺のカナダ楯状地からミシシッピ川中流域にかけて広がり，ラブラドル高原では良質な鉄鉱石を産出する。

ハワイ諸島は，プレート境界ではないが，⑥ ＿＿＿＿＿＿＿ とよばれる地下（プレートよりも下部のマントル）からマグマが上昇する火山島であり，地震も発生する。

▼北アメリカの地形

新期造山帯
古期造山帯
安定陸塊
― 主な山脈

❷ **小地形** 最終氷期の最寒冷期には，北緯40度付近まで大陸氷河が拡大していたため，五大湖などの ⑦ ＿＿＿＿＿＿＿ 湖が形成され，アラスカからカナダの太平洋岸には ⑧

_____も発達する。五大湖から流出するセントローレンス川河口は，⑨_____

_____（三角江）となっている。アメリカ合衆国の大西洋岸平野からメキシコ湾岸にかけ

ては，離水によって形成された海岸平野が広がり，沿岸部には沿岸州などの砂の堆積地形

もみられる。北アメリカ大陸最長のミシシッピ川の流域には構造平野が広がり，河口に

は，鳥趾状⑩_____（ミシシッピデルタ）が形成されている。

▼アメリカ合衆国の河川

ミシシッピ川	北アメリカ大陸最長の河川で，流域には構造平野が広がる。
（支流）テネシー川	TVA（テネシー川流域開発公社）による総合開発が行われ，アルミニウム工業や原子力産業が立地した。
（支流）ミズーリ川	流域に冬小麦地帯，春小麦地帯がある。
コロンビア川	総合開発（CVA）によって，グランドクーリーダムが建設され，小麦栽培が拡大したほか，アルミニウム工業が立地し，シアトルでの航空機産業に貢献している。
コロラド川	ロサンゼルスやラスヴェガスに上水道（生活用水）や電力を供給。インピリアルヴァレーでは灌漑による綿花栽培が拡大。
リオグランデ川	アメリカ合衆国とメキシコとの自然的国境となっている。
セントローレンス川	五大湖とともにアメリカ合衆国とカナダとの自然的国境となっている。セントローレンス海路は，五大湖と大西洋を結ぶ。

❸ 気候 北極海沿岸は夏季冷涼な⑪_____。その南側には⑫_____が広がり，

東部では五大湖付近まで分布する。西岸は，偏西風と暖流の影響を受けて，アラスカから

カナダ太平洋沿岸部に⑬_____が分布している。

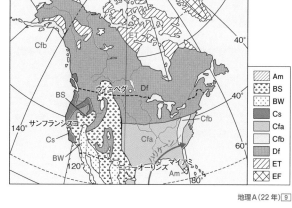

地理A（23年）[14]
地理B（21年・第1日程）[23]

　五大湖よりも南側からメキシコ湾岸にかけては⑭_____が広がり，中央平原の

BS（ステップ気候）に隣接する地域には黒色土のプレーリー土が分布する。フロリダ半

島南端のマイアミは⑮_____である。

　アメリカ合衆国西部の内陸は，海洋から

の湿った大気の供給が少なく⑯_____

気候が広がる。西岸は，カナダのヴァンク

ーヴァーから南に⑰_____，さらに低

緯度側にはBW・BSも分布する。

　フロリダ半島からメキシコ湾岸にかけて

の地域には，⑱_____とよばれ

る熱帯低気圧が襲来する。一

方，アメリカ合衆国の中央平

原ではトルネードとよばれる

竜巻が発生する。

地理A（22年）[9]

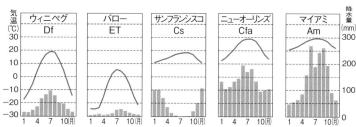

▶アングロアメリカの気候

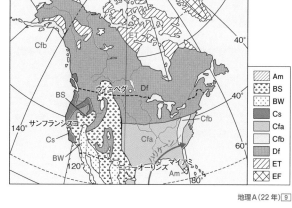 （地図中の地名）バロー，100°，EF，60°，40°，Cfb，ET，Df，BS，ウィニペグ，40°，140°，サンフランシスコ，Cs，Cfa，Cfb，120°，BW，ニューオーリンズ，マイアミ，Am，80°

凡例：Am / BS / BW / Cs / Cfa / Cfb / Df / ET / EF

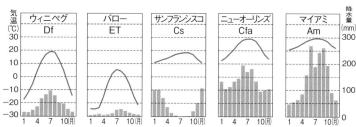 気温（℃）／降水量（mm）グラフ：ウィニペグ Df，バロー ET，サンフランシスコ Cs，ニューオーリンズ Cfa，マイアミ Am

2 アメリカ合衆国

❶ 歴史 北アメリカの先住民はインディアンとイヌイット（エスキモー）で，ともに人

地理B（12年）20

種は⑲＿＿＿＿＿＿＿＿に分類される。17世紀前半よりヨーロッパからの移民がはじま

り，南からは⑳＿＿＿＿＿＿＿人，東からはイギリス人，北東からは㉑＿＿＿＿＿＿＿人

が入植した。

1776年に東部の13州が
イギリスからの独立を宣言
し，合衆国を建国。その後，イ
ギリス・フランス・メキシコ・
ロシア（アラスカ）などから購
入や割譲を受け，領域を拡大
した。国土面積はロシアとカ
ナダに次いで世界第3位。

▶アメリカ合衆国の領土の変遷

❷ 民族 ワスプ（White Anglo-Saxon Protestant：WASP）は，現在は少数集団

地理B（12年）21
地理B（09年）24

（マイノリティ）に属さないほとんどの白人を意味するが，かつては保守派の白人エリート

支配層をさした。ヨーロッパからの移民はイギリス系やアイルランド系，ドイツ系が多い。

アフリカからの黒人奴隷は，南部の㉒＿＿＿＿＿＿＿＿＿＿＿労働者として18世紀末

に多く連行されてきた。南北戦争（1861～65年）後に奴隷解放が行われ，1964年の公

民権法の成立で，法的にはアフリカ系住民に対する差別が撤廃された。

第二次世界大戦後は，中南アメリカ（メキシコなど），カリブ海域（プエルトリコ・キ

ューバなど）出身でスペイン語を母語とする㉓＿＿＿＿＿＿＿＿＿＿（人種は問わない）

や，フィリピン・中国・ベトナム・インドなどの
アジア系の移民が増加。現在，アメリカ合衆国人
口に占めるヒスパニックの割合は18.9％，アフ
リカ系は13.6％である（2021年）。

各民族が共存し並立する社会は「民族のサラダ
ボウル」と表現される。ニューヨークなどの大都
市では，地区によって民族の住みわけ（㉔＿＿＿
＿＿＿＿＿＿＿＿）がみられる。

▼アメリカ合衆国への移民の推移

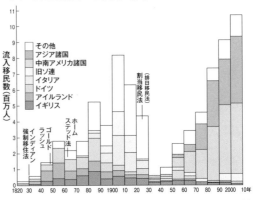

(The 2012 Statistical Abstract, ほか)

▼アメリカ合衆国の人種の分布（2013 年）

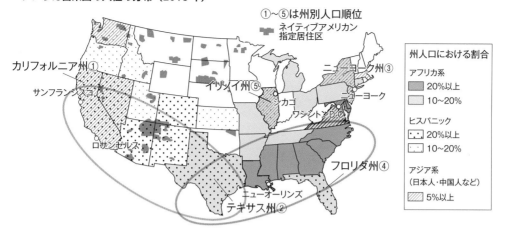

① ～ ⑤ は州別人口順位
ネイティブアメリカン指定居住区

州人口における割合

アフリカ系
20%以上
10～20%

ヒスパニック
20%以上
10～20%

アジア系
（日本人・中国人など）
5%以上

カリフォルニア州①
サンフランシスコ
ロサンゼルス
テキサス州②
ニューオーリンズ
イリノイ州⑤
シカゴ
ワシントンD.C.
ニューヨーク州③
ニューヨーク
フロリダ州④

地理A（23 年）⑯
地理B（21 年・第1 日程）
㉔・㉕・㉖

▼主な州の人口と人種の構成（2021 年）

	州名	人口（万人）	人種構成（%）				ヒスパニック(%)
			ヨーロッパ系	アフリカ系	アジア系	その他	
北東部	ニューヨーク	1,984	69.1	17.6	9.3	3.9	19.5
	マサチューセッツ	698	79.8	9.3	7.5	3.3	12.8
中西部	アイオワ	319	90.1	4.3	2.8	2.9	6.7
	イリノイ	1,267	76.3	14.7	6.1	2.9	18.0
	ノースダコタ	77	86.7	3.5	1.7	8.2	4.4
南部	ジョージア	1,080	59.4	33.0	4.6	3.0	10.2
	ミシシッピ	295	58.8	38.0	1.1	2.1	3.5
	テキサス	2,953	77.9	13.2	5.5	3.4	40.2
	フロリダ	2,178	76.9	17.0	3.0	3.0	26.8
太平洋岸	カリフォルニア	3,924	71.1	6.5	15.9	6.5	40.2
	ワシントン	774	77.5	4.5	10.0	8.0	13.7
	ハワイ	144	25.3	2.2	36.8	35.8	11.1

（データブック　オブ・ザ・ワールド 2023）

❸ **アメリカ合衆国の農業〈特徴と動向〉** 19 世紀の西部開拓時代に成立した

㉕ ＿＿＿＿＿＿＿＿＿＿＿法は，タウンシップ制によって区分された土地の 1 区画（約

65 ha）を，最低 5 年間は農業を行ったという実績をもとに無償で払い下げるもの。大陸

横断鉄道の開通も相まって㉖ ＿＿＿＿＿＿＿＿＿＿（開拓前線）が西進した。

　農業従事者 1 人当たりの農地（耕地・樹園地・牧草地）面積は，185.4 ha と広大

（2019 年）。機械化も進んでおり，開拓を担った家族農場は減少している。穀物の集荷・

貯蔵・運搬などを行う㉗ ＿＿＿＿＿＿＿＿＿＿（巨大穀物商社）が農業関連産業（アグリ

ビジネス）に参入し，農家への支配を強めている。

　環境対策が不十分なままの農業経営により，土壌侵食や砂漠化，過剰揚水による地下水

の枯渇などが問題となっている。

地理A（23 年）⑮
地理B（15 年）⑫
地理B（10 年・追）⑰

地理A（23 年）⑦

▼アメリカ合衆国の農業分布と農業の特色

地理B（15年）10
地理B（14年）27
地理B（10年・追）
18

	名　称	主な場所	特　色
東部	酪農地帯	五大湖〜大西洋岸（ウィスコンシン州など）	冷涼な気候，氷食を受けたやせ地で，農耕に適さないが，大市場に近いため，自然牧草を利用した酪農が行われている。
東部	コーンベルト（トウモロコシ地帯）	五大湖の南側（アイオワ州，イリノイ州など）	商業的混合農業による，トウモロコシ，大豆などの飼料の生産と豚の飼育。肉牛を飼料で肥育するフィードロットもみられる。近年では，家畜飼育または飼料栽培に特化した農家もみられ，分化・専門化が進んでいる。
東部	コットンベルト（綿花地帯）	南部諸州（テキサス州，ジョージア州など）	温暖な気候のもと，かつては黒人奴隷を利用した綿花のプランテーション農業が行われてきた。近年は，連作障害や土壌流出によって，地力が低下したため，多角化が進む。
（小麦）	春小麦地帯	プレーリー北部（ノースダコタ州など）	年降水量 500mm 前後の冷涼な地域。大規模経営による春小麦の単作（企業的穀物農業）が行われている。
（小麦）	冬小麦地帯	プレーリー（カンザス州など）	年降水量 500mm 前後の温暖な地域で，大規模経営による冬小麦の単作（企業的穀物農業）が行われている。
（小麦）	コロンビア盆地	ワシントン州	コロンビア川流域の総合開発（CVA）で，冬小麦栽培が拡大。
西部	放牧・灌漑農業地帯	グレートプレーンズからロッキー山脈にかけての乾燥地域	年降水量 500mm 未満の半乾燥地域で，広大な牧場での肉牛の放牧。センターピボットによるトウモロコシなどの灌漑農業が拡大し，肉牛をフィードロットとよばれる企業的肥育場で肥育することが近年増加しているが，過剰揚水による地下水の枯渇が問題となっている。
西部	地中海式農業	カリフォルニア州	地中海性気候。シエラネヴァダ山脈の融雪水を灌漑に利用して，大規模な果樹栽培のほか，稲作も行われている。
（園芸農業）	近郊農業	メガロポリス周辺	都市居住者向けに野菜や花卉などを栽培する。経営規模が小さく，集約的に行われる。
（園芸農業）	輸送園芸	フロリダ州〜メキシコ湾岸	輸送手段の発達を背景に，温暖な気候を利用して，メガロポリス向けに野菜を生産する輸送園芸が発達している。

▼アメリカ合衆国の州別農畜産物統計（2021 年）

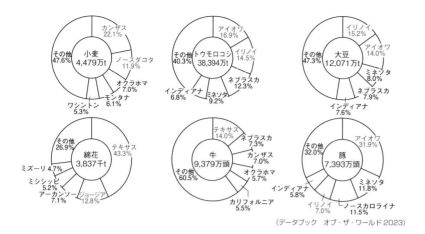

（データブック　オブ・ザ・ワールド2023）

地理B（11年）⓬
地理B（10年）⓴
地理B（07年）⑨

❹ 北アメリカの鉱工業　石炭は，アメリカ合衆国の㉘＿＿＿＿＿＿＿炭田やイリノイ

炭田などが有名であるが，近年は合衆国西部のワイオミング州で産出が増加している。

　原油は，㉙＿＿＿＿＿＿湾岸やカリフォルニア州，㉚＿＿＿＿＿＿州の北極海沿岸，

カナダのロッキー山脈での産出が多い。近年は，アメリカ合衆国では地下深くのシェール

（頁岩）層から採掘する原油，天然ガスの産出が増加（世界1位：2021年），カナダでは

オイルサンドからの産出が増加している（世界4位：2021年）。しかし，掘削による地

下水の汚染やCO₂の大量排出など環境汚染も発生している。

　鉄鉱石はカナダの㉛＿＿＿＿＿＿高原とアメリカ合衆国のメサビ鉄山，銅鉱はアメ

リカ合衆国の㉜＿＿＿＿＿＿山脈での産出が多い。

▼北アメリカの鉱産資源

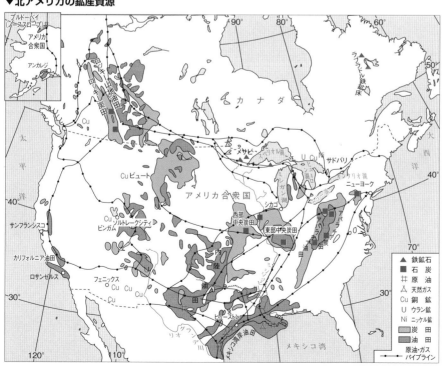

❺ ［アメリカ合衆国の工業の歴史〈入植当時〉］ 北西ヨーロッパからの移民が多かったニューイングランド地方の㉝＿＿＿＿＿＿を中心に，綿工業などの繊維工業が発達。その後，綿工業の中心は，原料産地の㉞＿＿＿＿＿＿地帯に近く，安価な労働力が得られる南部のアパラチア山脈東麓の都市へと移動した。

❻ ［アメリカ合衆国の工業の歴史〈スノーベルト・フロストベルト〉］

大西洋岸から五大湖周辺に，アパラチア炭田の石炭やメサビ鉄山の鉄鉱石などを利用した重工業がおこった。五大湖の水運を利用して，炭田立地型の㉟＿＿＿＿＿＿の鉄鋼業，五大湖沿岸地域の㊱＿＿＿＿＿＿とその周辺には，自動車産業が発達した。

しかし，第二次世界大戦後の1960年代になると，北東部の工業は，日本などアジアの新興国の台頭，原料の劣化や枯渇，設備の老朽化，労働組合の組織率の高さなどから停滞するようになった。

❼ ［アメリカ合衆国の工業の歴史〈北緯37度以南のサンベルト〉］

エネルギー革命後の1970年代になると，安価で未組織の労働力や石油・天然ガスなど豊富なエネルギー・鉱産資源の存在，連邦や州政府の積極的な誘致政策，温暖な気候を背景に南部の㊲＿＿＿＿＿＿（北緯37度以南の地域）へ企業進出が相次ぎ，石油化学や航空宇宙，先端技術産業などが発展した。一方，五大湖周辺など従来の工業が発達する地域は㊳＿＿＿＿＿＿などとよばれ，停滞している。

地理B（21年・第1日程）⓴・㉑

アメリカ合衆国は，20世紀における世界最大規模の鉱工業国であるが，鉄鋼・自動車など従来の基幹産業の競争力の低下がみられる。近年は，㊴＿＿＿＿＿＿（油母頁岩）からの掘削により原油，天然ガスの生産量世界1位（2021年）となり，一次エネルギー消費や発電において石炭の占める割合が急激に低下している。国内では，産業の空洞化が問題となっているが，産業構造の転換も進んでおり，オペレーションシステム（OS）などのソフトウェア開発をはじめ㊵＿＿＿＿＿＿産業などの先端技術産業の発展も著しい。

地理A（23年）⑱

▼アメリカ合衆国の工業地域の変遷

▼サンベルトとハイテク産業

(Statistical Abstract of the United States 2003. ほか)

地理B（21年・第
1日程）22

州名	製造品出荷額		主な製造品
	（億ドル）	%	
テキサス	5,231	9.8	石油，化学薬品，コンピュータ，畜産加工品，プラスチック
カリフォルニア	4,932	9.2	石油，航空宇宙産業，精密機械，半導体，医薬品，ワイン醸造
オハイオ	3,125	5.8	自動車，石油，プラスチック，鉄鋼，航空機，印刷
ミシガン	2,613	4.9	自動車，プラスチック，金属加工機械，非木製事務用家具
イリノイ	2,525	4.7	食料品，石油，プラスチック，化学薬品，農林用機器，医薬品
インディアナ	2,415	4.5	自動車，製鉄，医薬品，石油，プラスチック，印刷
全米計	53,547	100.0	

（データブック　オブ・ザ・ワールド2023）

▼アメリカ合衆国の工業地域

地域	特色	主な工業都市
ニューイングランド地方	市場立地型の綿工業からはじまるアメリカ産業革命の発祥地。綿工業は原料産地付近へと立地が変化し，高級衣類へと移行。 ボストン周辺には大学や研究所が集積し，高速道路沿いにエレクトロニクス産業をはじめ知識集約型産業が立地。	ボストン（エレクトロニクス）
北東部	メガロポリスに位置し，大消費地を背景に都市型総合工業が立地。大西洋に面し，臨海立地型の工業もみられる。ニューヨークのマンハッタンを中心とする先端産業の集積地はシリコンアレーとよばれる。	ニューヨーク（大都市型総合工業） フィラデルフィア ボルティモア（金属）
五大湖沿岸	アメリカ合衆国最大の工業地域。アパラチア炭田の石炭，メサビ鉄山の鉄鉱石，五大湖の水運を背景にピッツバーグなどで原料立地型の鉄鋼業が立地。デトロイトを中心に自動車工業が，周辺地域には部品を供給する関連産業が立地している。 産業構造の転換が遅れていたが，近年は先端技術産業も集積しつつある。	ピッツバーグ，クリーヴランド（鉄鋼） アクロン（ゴム） デトロイト（自動車） シカゴ（農業機械） ミルウォーキー（ビール）など
南部	メキシコ湾岸の原油を背景に，石油化学工業が発達。シリコンプレーンなど先端技術産業も立地するほか，NASA（アメリカ航空宇宙局）の基地があり，宇宙関連産業もみられる。	ヒューストン（石油化学，宇宙関連産業） ニューオーリンズ（石油化学） ダラス（エレクトロニクス） アトランタ（食品，航空機）
太平洋岸	カリフォルニア州では，原油を背景に石油化学工業が発達し，第二次世界大戦後はロサンゼルスを中心に航空機産業が立地。 シリコンヴァレーではコンピュータや半導体などの先端技術産業が集積している。 ワシントン州では，森林資源を背景とした，製材や紙・パルプ工業のほか，シアトルで航空機産業が発達。	ロサンゼルス（航空機，映画） サンフランシスコ（食品，造船） サンノゼ（エレクトロニクス） シアトル（木材，航空機，エレクトロニクス）

第V編　第3章　第1節　北アメリカ

3 カナダ

❶ 社会 　国土面積はロシアに次いで世界第2位で，人口は約3,800万人。住民の大部分は，温暖な南東部や南西部に居住。17世紀にイギリスとフランス間で植民地を巡る戦争がはじまり，18世紀に ④¹＿＿＿＿＿＿＿領となったが，1867年に独立。

地理B（10年・追）
36
地理B（09年）
30・31

　公用語は英語とフランス語で，多文化主義政策を標榜してきた。しかし，フランス語を母語とする住民が多い ④²＿＿＿＿＿州は，分離独立運動を展開。首都 ④³＿＿＿＿＿は，フランス語圏と英語圏との境界に位置し，連邦政府の行政機関などが集中する ④⁴＿＿＿＿＿都市。

地理A（23年）19

　多文化主義政策により，イヌイット（エスキモー）が多い北部のヌナブト準州では，先

185

住民による自治が行われる。先住民に対しての苛烈を極めた同化政策への謝罪と権利の回復が進められている。

❷ 産業〈農林水産業〉　中央部の^㊺＿＿＿＿＿＿＿に位置するアルバータ州やサスカチュワン州，マニトバ州は穀倉地帯で，アメリカ合衆国から続く^㊻＿＿＿＿＿地帯が広がる。西部のブリティッシュコロンビア州が林業の中心で，製材の輸出は世界2位，丸太の輸出は世界6位（2020年）。大西洋側のニューファンドランド島近海にはバンクが発達し，タラ・ニシンの漁獲が行われている。

地理B（09年）
28・29

❸ 産業〈工業〉　五大湖周辺が最大の工業地域で，アメリカ合衆国企業の進出が多い。輸出は，原油・自動車・機械類・金（非貨幣用）が品目上位で，約74％がアメリカ合衆国向け（2020年）。オンタリオ湖沿岸の人口最大都市^㊼＿＿＿＿＿と，セントローレンス川沿いのモントリオールが2大都市で，工業も発達。太平洋岸は^㊽＿＿＿＿＿が最大都市で，アジア系の住民が多い。

地理A（23年）17
地理B（09年）32

▼アメリカ合衆国の主な貿易相手国（2020年）

輸出額	1,431,584	輸入額	2,336,579
カナダ	17.8	中国	18.6
メキシコ	14.9	メキシコ	13.9
中国	8.7	カナダ	11.6
日本	4.5	日本	5.1
イギリス	4.1	ドイツ	4.9

貿易額（百万ドル）と相手国の割合（％）

▼カナダの主な貿易相手国（2020年）

輸出額	390,141	輸入額	428,467
アメリカ合衆国	73.6	アメリカ合衆国	48.9
中国	4.8	中国	14.1
イギリス	3.8	メキシコ	5.5
日本	2.4	ドイツ	3.2
メキシコ	1.2	日本	2.5

（世界国勢図会 2022/23）

▼アメリカ合衆国，カナダの主要統計と主な輸出品（2020, 21年）

国名	面積（万km²）	人口（万人）	GNI/人（ドル）	主な輸出品目
アメリカ合衆国	983	33,700	70,081	機械類，自動車，精密機械，石油製品，医薬品
カナダ	999	3,816	51,741	原油，自動車，機械類，金（非貨幣用），航空機

（世界国勢図会 2022/23 ほか）

▼カナダの主な州の特色

州名	特色
ブリティッシュコロンビア	太平洋岸に面し，アジア系の住民が多い。フレーザー川の河口部のヴァンクーヴァーが中心都市。亜寒帯林を背景に林業が発達。フレーザー川を遡上するサケ・マスの漁業も盛ん。
アルバータ	平原3州といわれる，春小麦の生産が盛んな地域。 ロッキー山脈一帯で原油を産出。油分を含んだ砂（オイルサンド）も多い。
サスカチュワン	北部でウランを産出。
マニトバ	州都のウィニペグは，大陸横断鉄道が交差する交通の要衝で小麦の集散地になっている。
オンタリオ	イギリス系住民が多く，州都トロントはカナダ最大都市。NAFTA結成（2020年からUSMCAに移行）にともない，アメリカ合衆国資本の工場が五大湖岸に進出し，工業化が進展。デトロイトに隣接するウィンザーとその周辺には自動車産業が立地。
ケベック	フランス系住民が多く，分離独立運動が活発。中心都市は旧首都で人口2位のモントリオール。林業のほか，ラブラドル高原で鉄鉱石の産出も多い。水力発電によるアルミニウム工業もみられる。

解答：別冊 p. 16

右の図1を見て，アメリカ合衆国に関する下の問いに答えよ。

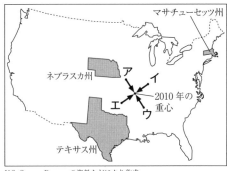

U.S. Census Bureau の資料などにより作成。

図1

❶ 図1中の**ア～エ**の地点と矢印のうち，1950年の人口分布の重心と2010年の重心への移動方向を示したものとして最も適当なものを，次の①～④のうちから一つ選べ。

地理B（21年・第1日程）20

① ア ② イ ③ ウ ④ エ

1970年代からの北緯37°以南のサンベルトへの重心の移動→イ

	解答欄
❶	① ② ③ ④

❷ ❶で示された，1950年から2010年にかけての重心の移動が生じた要因として最も適当なものを，次の①～④のうちから一つ選べ。

地理B（21年・第1日程）21

① 安価な労働力を指向した工場の進出と先端技術産業の成長　サンベルトへの人口重心の移動の背景

② 製鉄業や自動車産業の成長と雇用の増加

③ 大陸横断鉄道の開通と開拓の進展

④ 農村部から大都市圏への大規模な人口の移動

	解答欄
❷	① ② ③ ④

❸ 右の表1は，図1中に示したいくつかの州における取水量の水源別の割合と使用目的別の割合を示したものであり，表1中の**カ～ク**は，テキサス州，ネブラスカ州，マサチューセッツ州のいずれかである。州名と**カ～ク**との正しい組合せを，右の①～⑥のうちから一つ選べ。

地理B（21年・第1日程）22

ネブラスカ州 肉牛の飼育やトウモロコシ・小麦などの栽培が盛ん

表1

（単位：%）

	水源別の割合		使用目的別の割合		
	地下水	地表水	工業用水	生活用水	農業用水
カ	61.3	38.7	31.3	3.1	65.6
キ	27.0	73.0	40.8	48.5	10.6
ク	33.8	66.2	58.6	14.2	27.2

統計年次は2015年。USGS の資料により作成。　工業出荷額全米1位のテキサス州

	①	②	③	④	⑤	⑥
テキサス州	カ	カ	キ	キ	ク	ク
ネブラスカ州	キ	ク	カ	ク	カ	キ
マサチューセッツ州	ク	キ	ク	カ	キ	カ

	解答欄
❸	① ② ③ ④ ⑤ ⑥

第3章
南北アメリカ

第2節 中南アメリカ

ココが出る!!

1.気候や地形などの自然環境
2.鉱産資源と工業化
3.都市と都市問題

この地域については，2006〜23年のセンター試験・共通テストでは，第4問「地誌」で扱われてきた。また，地形や気候・植生・土壌などは第1問「自然環境」，農業・工業・エネルギー資源などを巡る動向は第2問「資源と産業」，都市については第3問「村落・都市，人口，生活文化」や第5問でも出題されている。

◼ 中央アメリカ・カリブ海・南アメリカの自然環境　解答：別冊 p.11 ▶

❶ 中央アメリカ・カリブ海の自然環境　① ＿＿＿＿＿＿造山帯は，中央アメリカと西インド諸島の2列にわかれ，太平洋側，大西洋側にはともに海溝が位置する。ロッキー山脈から続く東・西シエラマドレ山脈の間に ② ＿＿＿＿＿＿ が位置し，付近には火山もみられる。西インド諸島は，狭まるプレート境界の海溝に沿う ③ ＿＿＿＿＿＿（島弧）であり，南東部には火山も多い。この地域の気候は ④ ＿＿＿＿＿ が卓越し，メキシコ湾岸と同様に ⑤ ＿＿＿＿＿＿ が襲来する。

❷ 南アメリカの地形　南アメリカ大陸の太平洋側に
⑥ ＿＿＿＿＿＿ 海溝・チリ海溝が位置する。これに並行して，大陸西端に環太平洋造山帯の ⑦ ＿＿＿＿＿ 山脈が南北に走り，火山もみられる。アンデス山脈以外のほとんどの地域は ⑧ ＿＿＿＿＿ であり，北部にはギアナ高地，中部にはブラジル高原が位置する。これらの楯状地は，かつてのゴンドワナランドの一部である。

　河川は，河口に ⑨ ＿＿＿＿＿（デルタ）が発達するオリノコ川・アマゾン川と，⑩ ＿＿＿＿＿
（三角江）が発達するラプラタ川が大河であり，いずれも流域には構造平野が広がる。

　チリ南部沿岸からフエゴ島にかけては，氷河地形の ⑪ ＿＿＿＿＿＿ がみられる。

❸ 気候と植生　赤道直下のアマゾン盆地は Af・Am で，⑫ ＿＿＿＿＿ とよばれる熱帯雨林が広がる。その南北は ⑬ ＿＿＿＿ で，北側の ⑭ ＿＿＿＿＿ 川流域にはリャノ，南側のブラジル高原には ⑮ ＿＿＿＿＿，パラグアイにはグランチャコとよばれる熱帯草

▼中南アメリカの地形

新期造山帯
古期造山帯
安定陸塊
主な山脈
海溝

地理B（15年）
19・20
地理B（08年・追）
2・3・6

原が広がる。

ラプラタ川下流域は Cfa で，⑯＿＿＿＿＿＿＿とよばれる温帯草原が広がる。西岸のチ

リ中部には⑰＿＿＿＿＿，フィヨルドの発達するチリ南部は⑱＿＿＿＿＿で，南端のフエ

ゴ島南部は⑲＿＿＿＿＿がみられる。また，亜熱帯高圧帯の影響を受け BW・BS が卓越

する回帰線付近にアタカマ砂漠がある。北上する⑳＿＿＿＿＿

（フンボルト）海流の影響を受け下層の大気が冷やされて，

㉑＿＿＿＿＿＿＿が発生しにくいため，エクアドルの海岸～ペ

ルーの首都リマ付近まで㉒＿＿＿＿＿砂漠が続く。一方，アン

デス山脈の東側では偏西風の山地の風下側に位置するアルゼン

チン南部の㉓＿＿＿＿＿＿＿に BW・BS が広がる。

メキシコ高原からアンデス山脈の低緯度地域には，メキシコ
シティやボゴタ（コロンビア），ラパス（ボリビア）などの高
山都市が発達している。

地理B（12 年）3
地理B（10 年・追）
25・28
地理B（08 年・追）
1・4・5
地理B（06 年）
24・25

▼中南アメリカの気候区分

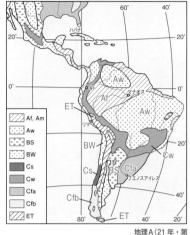

地理A（21 年・第
2 日程）10

▼主要都市の気候

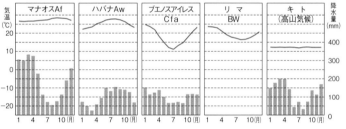

2 社会

❶ カリブ海 ヨーロッパ人が最初に入植した地域で，彼らによって持ち込まれた疾病や

過酷な労働により先住のモンゴロイドの㉔＿＿＿＿＿＿＿＿が激減し，アフリカ大陸から

アフリカ系の人々が連行されてきた。そのため，ジャマイカやハイチなど現在もアフリカ

系の割合が高い国が多い。

❷ 南アメリカ南部 温帯気候地域。農業開拓のためヨーロッパ人が家族単位で入植した

ことから，アルゼンチンやウルグアイではコーカソイドのヨーロッパ系の割合が高い。

❸ アンデス地方 アンデス高地はヨーロッパ系の入植が少なかったため，ボリビアやペ

ルーではモンゴロイドのインディオの割合が高い。

❹ その他の地域 鉱山開発やプランテーション経営などを目的とした，単身男性の入植

者が多かったことから，メキシコやベネズエラ，コロンビアなどでは，ヨーロッパ系と先

住民のモンゴロイドとの混血である㉕＿＿＿＿＿＿＿の割合が高い。また熱帯低地に

は，ヨーロッパ系とアフリカ系との混血である㉖＿＿＿＿＿＿も多い。

第Ⅴ編 第3章 第2節 中南アメリカ

❺ 言語と宗教 ユカタン半島で
はマヤ文明，メキシコ高原では
㉗＿＿＿＿＿＿文明，アンデ
ス高地では㉘＿＿＿＿＿＿文明が
栄えていたが，16 世紀以降，ス
ペインやポルトガルの支配を受け
たことでキリスト教の㉙＿＿＿
＿＿＿＿＿＿が伝播した。ほとんどの
国では㉚＿＿＿＿＿＿語が使用
されるが，ブラジルでは㉛＿＿＿

＿＿＿＿＿語，ジャマイカやガイアナなどでは㉜＿＿＿語，ハイチでは㉝＿＿＿＿＿
語が使用される。

▼中南アメリカの住民

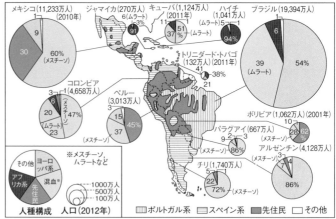

（世界年鑑，ほか）

▼中央アメリカ・カリブ海・南アメリカの国々と旧宗主国

国		住民	公用語	旧宗主国
メキシコからアンデス山脈沿いの国々	メキシコ，ベネズエラ，コロンビア，エクアドル，チリ	メスチーソが最多	スペイン語	スペイン
	ペルー，ボリビア	インディオが最多		
気候が温和な国々	アルゼンチン，ウルグアイ，コスタリカ	大半がヨーロッパ系		
その他の南アメリカの国々	ブラジル	ヨーロッパ系が最多，ついでムラート	ポルトガル語	ポルトガル
	スリナム	インド系，アフリカ系など	オランダ語	オランダ
	ガイアナ		英語	イギリス
カリブ海の島国	ジャマイカ	大半がアフリカ系		
	ハイチ		フランス語	フランス
	キューバ，ドミニカ共和国	ムラートが多い	スペイン語	スペイン

❻ 大土地所有制 スペインやポルトガルによって持ち込まれた封建的な大土地所有制度が
残存し，大地主と土地をもたない小作農が多い。そのため，生産性停滞の原因となりやすい。
　大規模な農牧場は，ブラジルでは㉞＿＿＿＿＿＿，アルゼンチンでは㉟＿＿＿

＿＿＿＿＿＿とよばれ，その他の多くの国ではアシエンダとよばれる。

③ 農業と水産業

❶ 低緯度地域の農業 アマゾン盆地などでは自給的な焼畑も行われている。アンデス山
脈では高度に合わせて異なる作物が栽培され，高山地域では牧畜も行われる。プランテー
ション農業は，ブラジル南東部や北東部でサトウキビの生産が多く，西インド諸島のキュ
ーバなどでも栽培が盛ん。

地理Ｂ（15 年）21
地理Ｂ（14 年）7
地理Ｂ（10 年・追）
26

ブラジルは砂糖の輸出が世界1位である（2019年）。また，中央アメリカから南アメリカ北部では，㊱＿＿＿＿＿＿＿の生産が多く，エクアドルは輸出世界1位で，上位にはグアテマラやコスタリカが入る（2019年）。ブラジル高原南部のテラローシャ分布地域やコロンビアで㊲＿＿＿＿＿＿＿の生産が多く，中央アメリカ，カリブ海のジャマイカなどが有名な産地。

❷ 穀物 アルゼンチンでみられるパンパの年降水量550mm線付近には小麦の企業的穀物農業地域が広がる。南半球に位置し北半球との収穫期が異なるため，北半球の㊳＿＿＿＿＿＿＿に出荷できる有利性をい活かして輸出が盛んである。

　熱帯アメリカ原産のトウモロコシと東アジア原産の大豆は，ブラジルとアルゼンチンが生産・輸出世界上位。

❸ 牧畜 Awが卓越するリャノ・カンポ（セラード）では牛，BSの乾燥パンパからアルゼンチンの㊴＿＿＿＿＿＿＿では羊の企業的牧畜が行われている。アンデス山脈では，アルパカやリャマの放牧も行われている。

❹ 漁業 漁獲量世界上位のペルーは，アンチョビー（カタクチイワシ）を飼料用や肥料用の㊵＿＿＿＿＿＿＿（フィッシュミール）に加工して輸出。チリでは，フィヨルドの湾奥でサケなどの養殖も盛んである。

4 鉱産資源

❶ 石油 メキシコ湾岸やアンデス山脈沿いに油田が分布。メキシコとOPECの原加盟国のベネズエラでの生産・輸出が多いが，海底油田開発が進んだブラジルが中南アメリカでは生産・輸出1位（2021年）で，コロンビアやエクアドルでも輸出上位品目となっている。

❷ 鉄鉱石 ブラジル高原やギアナ高地（ベネズエラ）で産出。ブラジルは世界生産上位（2021年世界2位）で，北部のカラジャス鉄山，南東部のイタビラ鉄山が有名である。

▼中南アメリカの熱帯商品作物

Ψ　バナナ
O　コーヒー
O　カカオ
Φ　綿花
↑　サトウキビ
δ　ブドウ
▨　主なプランテーション

地理B（09年）17

▼高度に応じて変化する
　アンデス地域の農業

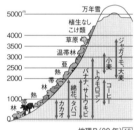

地理B（09年）19

▼中南アメリカの鉱産資源

■　石炭
#　石油
入　天然ガス
▲　鉄鉱石
Al　ボーキサイト
Ag　銀鉱
Cu　銅鉱
＋-＋　原油パイプライン

地理B（15年）22

❸ 銅鉱 アンデス山脈沿いに分布。チリは世界生産の約 3 割を占め，ペルーも上位に入る。

❹ ボーキサイト Aw を中心に分布し，ブラジル・ジャマイカは世界生産上位。南アメリカ大陸北部のガイアナやスリナムでも産出。

❺ 銀鉱とすず鉱 銀鉱は，メキシコやペルーが世界生産上位。すず鉱は，ペルー・ボリビア・ブラジルが世界生産上位である。

地理 B（14 年）⑨

5 中央アメリカ・カリブ海・南アメリカの国々

❶ メキシコ 高山都市である首都メキシコシティは，人口約 2,200 万人の ㊶＿＿＿＿＿＿＿＿＿＿＿＿＿＿＿＿。盆地状の地形で大気汚染が深刻。また，湖を埋め立てて造成された市街地は地震による ㊷＿＿＿＿＿＿＿＿＿＿＿＿ が発生するなど，地震被害も大きい。

アメリカ合衆国との国境沿いを中心として，㊸＿＿＿＿＿＿＿＿＿＿ とよばれる輸出加工区（保税加工制度を利用する工場）が分布。外資を導入して，自動車や機械などの工業が立地。1994 年に発効した NAFTA（㊹＿＿＿＿＿＿＿＿＿＿＿＿＿＿＿）（2020 年に USMCA に移行）に加盟し，輸出額の約 80％，輸入額の約 45％をアメリカ合衆国が占める。

❷ ブラジル 南東部に人口が集中し，人口最大の ㊺＿＿＿＿＿＿＿＿＿ と旧首都の ㊻＿＿＿＿＿＿＿＿＿＿＿ が 2 大都市。首都 ㊼＿＿＿＿＿＿＿＿ は，国民統一の象徴として，また内陸部の開発拠点として建設された計画都市。アマゾン地方では 1970 年代の ㊽＿＿＿＿＿＿＿＿＿＿＿＿（トランスアマゾニアンハイウェー）建設後，開発が急激に進む。

地理 B（06 年）㉗

かつてはエネルギー資源に乏しく，ブラジル高原南東部にダムを建設したり，サトウキビ由来のバイオエタノールの利用を促進したりしてきた。しかし近年，㊾＿＿＿＿＿＿＿＿ 沖の海底油田などの開発が進み，石油は自給を達成している。

ベロオリゾンテ付近のイタビラ鉄山を含む「鉄の四辺形地帯」の周辺で鉄鋼業が発達。リオデジャネイロとサンパウロでは，自動車や航空機工業なども発達している。

▼中南アメリカ主要国のまとめ（2020, 21 年）

	面積 （万 km²）	人口 （万人）	GNI/人 （ドル）	主な輸出品目
メキシコ	196	13,026	9,956	機械類，自動車，野菜・果実，精密機械，原油
ジャマイカ	1	297	5,023	アルミナ，石油製品，アルコール飲料
アルゼンチン	278	4,561	10,590	植物性油かす，トウモロコシ，大豆油，肉類，野菜・果実，自動車
コロンビア	114	5,127	6,003	原油，石炭，金（非貨幣用），コーヒー豆，石油製品，装飾用切花
チリ	76	1,921	15,320	銅鉱，銅，野菜・果実，魚介類，パルプ・古紙
ブラジル	852	21,399	7,305	大豆，鉄鉱石，原油，肉類，機械類
ベネズエラ	91	2,871	3,528	原油，石油製品
ペルー	129	3,336	6,446	銅鉱，金（非貨幣用），野菜・果実，銅，魚介類，魚粉

（世界国勢図会 2022/23 ほか）

解答：別冊 p. 16

右の図1を見て，南アメリカに関する下の
問いに答えよ。

図1

❶ 図1中の **A~D** の地域の地形について述べた文として**適当でないもの**を，次の①~
④のうちから一つ選べ。 地理B（15年）20

① **A** にはサバナを流れる河川が形成した三角州（デルタ）がみられる。→オリノコ川

② **B** は新期造山帯に属し，標高の高い火山がみられる。→アンデス山脈

③ **C** は古期造山帯に属し，起伏の小さな高原がみられる。→ブラジル高原

④ **D** には大規模な山岳氷河があり，U字谷（氷食谷）がみられる。

解答欄
❶ ① ② ③ ④

→パタゴニアにはフィヨルドなど氷河地形もみられる。

❷ 次の①~④の文は，図1中の **F~I** のいずれかの地域にみられる農牧業の特徴を述べ
たものである。**H** に該当するものを，次の①~④のうちから一つ選べ。 地理B（15年）21

① 穀物メジャーによる企業的農業が行われ，大豆やトウモロコシなどが生産されてい
る。H（カンポ〔セラード〕）

② 植民地時代に起源をもつプランテーション農業が行われ，コーヒーやバナナなどの
商品作物が栽培されている。F（コロンビア）

③ 粗放的な農牧業が営まれ，ジャガイモなどの栽培とリャマや牛などの放牧が行われ
ている。G（ペルー・ボリビア・チリにまたがるアルティプラノ）

→ Ｉ（アルゼンチンの大土地所有
制度下の大農牧場）

④ 大土地所有制度を背景とした牧畜業が発展し，大規模なエス
タンシアにおいて牛や羊の放牧が行われている。

解答欄
❷ ① ② ③ ④

❸　図1中の **K〜M** はブラジルにおける人口 100 万人以上の三つの都市を示したもので
あり，次の**ア〜ウ**の文は **K〜M** のいずれかの特徴を述べたものである。**K〜M** と**ア〜
ウ**との正しい組合せを，下の**①〜⑥**のうちから一つ選べ。 地理B（15年）22

ア　19 世紀後半から 20 世紀初頭に天然ゴムの集散地として栄え，自由貿易地域に指
定されてからは電気機械工業や輸送機械工業が発展した。→ K（マナオス）

イ　イタビラ鉄山を含む「鉄の四辺形地帯」の近くに位置し，豊富な鉱産資源を利用し
た鉄鋼業や金属製品工業が発達している。→ M（ブラジル南東部）

ウ　国土の均衡ある発展をめざして 1950 年代に建設された計画都市で，国の政治機能
が集まる中心部の街並みは世界文化遺産に登録されている。→ L（ブラジリア）

	①	②	③	④	⑤	⑥
K	ア	ア	イ	イ	ウ	ウ
L	イ	ウ	ア	ウ	ア	イ
M	ウ	イ	ウ	ア	イ	ア

解答欄
❸ ① ② ③ ④ ⑤ ⑥

第1節 オセアニア

ココが出る!!

1. 気候や地形などの自然環境
2. エネルギー・鉱産資源

この地域については，2006〜23年のセンター試験・共通テストでは，第4問「地誌」で出題されて
きた。また，地形や気候・植生・土壌などは第1問「自然環境」，農業やエネルギー・鉱産資源などを
巡る動向は第2問「資源と産業」，環境問題や都市問題については第5問でも出題されている。

---

1 オーストラリア地誌

解答：別冊 p. 12 ▶

❶ 自然環境〈地形〉 大部分はかつてのゴンド

ワナランドに属する①＿＿＿＿＿＿＿で，中央

部には侵食から取り残された巨大な一枚岩の

②＿＿＿＿＿＿＿＿（ウルル）がある。

東部のグレートディヴァイディング山脈は低

くなだらかで，南東部のタスマニア島とともに

③＿＿＿＿＿＿＿に属する。

全大陸中唯一④＿＿＿＿＿＿が存在せ

ず，面積が最もせまい大陸である。

北東部の⑤＿＿＿＿＿＿＿＿＿（大堡礁）は，世界最

大のサンゴ礁。

▼オーストラリア・ニュージーランドの地形

| 新期造山帯 | 安定陸塊 |
| 古期造山帯 | — 主な山脈 |

▼オセアニアの気候

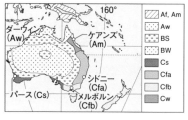

	Af, Am
	Aw
	BS
	BW
	Cs
	Cfa
	Cfb
	Cw

地理B（11年・追）
⑲

❷ 自然環境〈気候〉 南回帰線が大陸の中央部を横断するため，

大陸中央部から西岸にかけて BW・BS が広がり，乾燥気候の割

合は全大陸中最も高い。大陸北端は⑥＿＿＿＿＿で，北東部に

Am・Cw。東岸は⑦＿＿＿＿＿が卓越するが，南東端とタスマニア島は Cfb。南緯30度

前後の南西部と南部には⑧＿＿＿＿＿が分布している。

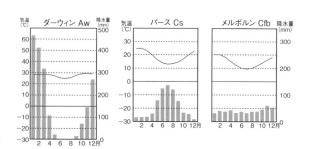

▶オーストラリアの主な都市の気候

❸ 社会〈歴史〉 18世紀末から⑨＿＿＿＿＿＿の流刑植民地として開拓がはじまり， 地理B（11年・追）23

その後，一般のヨーロッパ系白人が移住。19世紀半ばのゴールドラッシュで中国人が流

入した。

1901年の独立以前から，ヨーロッパ系白人の失業者が増加したことを背景に，有色人

種の移民の流入を制限する人種差別的な⑩＿＿＿＿＿＿政策を採った。しかし，第二次

世界大戦後の労働力不足や1973年のイギリスの⑪＿＿＿＿＿への加盟，アジア諸国の工

業化の進展などを背景に，1970年代に段階的に廃止された。現在は，多文化主義政策を 地理A（22年）12

標榜し，アジア系移民が増加している。

ゆるやかな共同体であるイギリス連邦に属する立憲君主国で，イギリス国王を元首とす

るが，共和制への移行も議論されている。

❹ 社会〈先住民〉 先住民⑫＿＿＿＿＿＿の人種はオーストラロイドで，伝統的に

は狩猟採集民。人口は60万人前後（2019年）で，大部分は都市に居住しているが，入

植者により収奪された土地などの返還が政府などにより進められている。

❺ 社会〈人口分布と都市〉 人口は南部の温帯地域に集中し，都市人口率は約9割。 地理B（09年）22 地理B（08年）14

⑬＿＿＿＿＿＿（Cfa）とメルボルン（Cfb）はともに約500万人の2大都市で，ほか

に人口100万人以上の都市は，東部のブリズベン（Cfa），南部のアデレード（Cs），南

西部のパース（Cs）である。首都⑭＿＿＿＿＿は，シドニーとメルボルンの中間

に建設された計画都市で，人口は43万人程度（2021年）。

❻ 農業

牧羊地域	年降水量250mm～750mm地域で牧羊が行われる。ただし，⑮＿＿＿地下水を利用することで有名なグレートアーテジアン（大鑽井）盆地付近は，飼育条件が悪く粗放的で，南東部や南西部には，より飼育頭数の多い地域もみられる。羊毛用のメリノ種の飼育が有名であり，羊毛輸出は世界1位（2019年）。
牧牛地域	北部のAw地域から東部にかけて牧牛が行われる。日本向けのフィードロット（企業的肥育場）も，グレートディヴァイディング山脈の西麓などにみられる。
サトウキビ地域	北東部のAm，Cw地域でプランテーション農業が行われる。
企業的穀物農業地域	年降水量500mm前後の南東部と南西部。南東部のマリー川流域では，オーストラリアアルプス山脈の東麓の湿潤地域に貯水用のダムを建設し，山脈の地下にトンネルを掘削して導水する⑯＿＿＿＿＿＿計画による灌漑が行われている。
酪農地域	冷涼で市場に近い南東部の沿岸部が中心。

▼オーストラリアとニュージーランドの農牧業

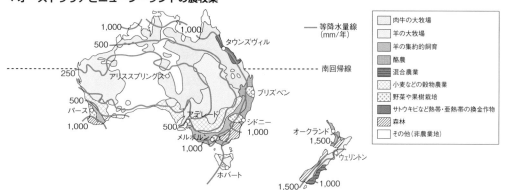

❼ 鉱工業 人口が約2,600万人と少なく，市場が小さいため国内工業は停滞している。

鉱産資源は豊富で，⑰_____は世界生産上位であり，北西部のピルバラ地区が主

な産地である。グレートディヴァイディ

ング山脈付近での産出が多い⑱

_____はインドネシアとともに輸出上

位。ボーキサイトの生産は世界1位

（2020年）で，北部のAw地域から

の産出が多い。近年は北部や東部の沿

岸部で天然ガスの産出も多い。

▲オーストラリアと
　ニュージーランドの鉱工業

地理B（11年・追）
20

❽ 貿易 輸出品目は，かつては⑲_____が中心。近年は石炭や鉄鉱石，金などのエ

ネルギー・鉱産資源や，肉類などの農産物に変化しているが，一次産品中心であることは

変わらない。相手国は，旧宗主国である⑳_____や，日本の地位が低下し，近年

は㉑_____が台頭している。

地理B（11年・追）
22

② ニュージーランド地誌

❶ 自然環境〈地形〉 環太平洋造山帯に属する。北島には火山が分布し，地熱発電所が多

くみられる。南島には高峻なサザンアルプス山脈が走り，山岳氷河も発達している。南西

部には，氷河地形の㉒_____もみられる。

地理B（10年・追）
5
地理B（06年）3

❷ 自然環境〈気候〉 北島と南島を隔てるクック海峡は南緯40度で，㉓_____が

年中卓越し，全土がCfb。山脈が南北に走る南島では，山地風上側の西部が多雨，山地風

下側の東部が少雨。

❸ 社会 人口は約510万人。人口最大都市は，北島北部のオークランド。首都

㉔_____は，北島南部に位置しクック海峡に面する。イギリス連邦に属し，

地理B（13年）29

イギリス系の人口割合が高い。先住民はポリネシア系の㉕＿＿＿＿＿＿＿で，約15％を占

める。公用語は英語とマオリ語である。

❹ 農業 温暖で降水量の多い北島西部は，通年放牧による酪農が盛ん。バターは世界的

地理B（11年・追）
21

なブランドがあり，輸出世界1位（2021年）。南島の西部は山がちで林業地域，東部は

少雨であるため牧羊が中心。平野部では小麦栽培が行われている。

❺ 鉱工業 発電源別構成では，水力の割合が最も高い。オーストラリアなどからボーキ

サイトを輸入し，アルミニウム精錬業が立地。

③ 太平洋の島々

❶ ミクロネシア 「小さな島々」を意味する。赤道以北で経度180度以西の地域。グア

ムやサイパンなどアメリカ合衆国領もみられる。

❷ メラネシア 「黒い島々」を意味する。赤道以南，経度180度以西で，オーストラリ

地理B（10年・追）
6

アは含まれない。パプアニューギニアの位置する㉖＿＿＿＿＿＿＿＿＿島は，島としては

グリーンランドに次ぐ面積。旧イギリス領のフィジーは，先住民とサトウキビのプランテ

ーション労働力として移住したインド系住民との対立がみられる。フランス領㉗

＿＿＿＿＿＿＿＿＿は，ニッケル鉱の産地。

❸ ポリネシア 「多くの島々」を意味する。ほぼ経度180度以東の地域で，ハワイ諸島

地理B（11年・追）
24

の北西にあるミッドウェー諸島とモアイ像で有名なチリ領のラパヌイ（イースター）島，

ニュージーランドを結んだ範囲。ゴーギャンも暮らしたリゾート地として有名な㉘＿＿＿＿

＿＿＿＿島など，フランス領の島々が多い。㉙＿＿＿＿＿＿＿＿環礁ではフランスが核実験を

行った。

▼オセアニアの島々

▼太平洋地域

地域	代表的な島の特色
ミクロネシア	ナウルはりん鉱石の採掘が盛んだったが，枯渇。
メラネシア	パプアニューギニアは，液化天然ガスの産出が多い。フランス領のニューカレドニアでは，ニッケル鉱を産出。フィジーは，旧イギリス領でインド系住民が多い。サトウキビのプランテーションが立地。
ポリネシア	ニュージーランド，ハワイ，タヒチ，ラパヌイ（イースター）島などが含まれる。ハワイ諸島は火山島。ツバルやキリバスは低平なサンゴ礁の島。

解答：別冊 p. 16 ▶

右の図1を見て，オーストラリアに関する
下の問いに答えよ。

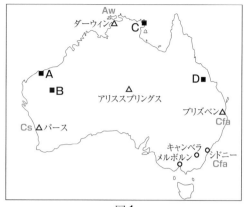

図1

❶　次の図2中の①～④は，図1中のアリススプリングス，ダーウィン，パース，ブリ
ズベンのいずれかの地点における月降水量を示したものである。パースに該当するもの
を，図2中の①～④のうちから一つ選べ。

地理B（16年・追）19

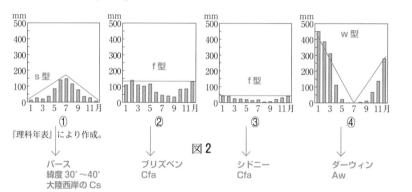

『理科年表』により作成。

図2

❶	解答欄
	① ② ③ ④

❷　図1中に示したA～D付近の資源開発について説明した文として下線部が**適当でない**
ものを，次の①～④のうちから一つ選べ。

地理B（16年・追）20

①　A付近では，天然ガスが採掘され，輸送のためのパイプラインが整備されている。

②　B付近では，鉄鉱石が主に露天掘りで採掘され，その周辺に工業地帯が形成され
ている。
オーストラリアは工業が未発達で，ほとんどの
鉱産資源は輸出用である。

③　C付近では，ボーキサイトが産出され，20世紀以降に外国企業が相次いで参入し
ている。

④　D付近では，大規模な炭田が数多く分布し，石炭は沿岸部の積出港まで鉄道で輸
送されている。

❷	解答欄
	① ② ③ ④

❸　次のア～ウの文は，図1中のキャンベラ，シドニー，メルボルンの各都市の発達とその背景について述べたものである。都市名とア～ウとの正しい組合せを，下の①～⑥のうちから一つ選べ。

地理B（16年・追）21

ア　18世紀後半のイギリス人による入植は，ここから始まり，現在ではオーストラリア最大の都市となった。→シドニー

イ　19世紀後半のゴールドラッシュ時に金の集散地となり，多くの資本が集積し，現在では，国内第二の人口規模をもつ都市となった。→メルボルン

ウ　20世紀前半に建設が開始され，放射環状路型の街路や，官庁，大学，商業施設などをもつ都市となった。→キャンベラ（首都）

	①	②	③	④	⑤	⑥
キャンベラ	ア	ア	イ	イ	ウ	ウ
シドニー	イ	ウ	ア	ウ	ア	イ
メルボルン	ウ	イ	ウ	ア	イ	ア

❸ 解答欄
① ② ③ ④ ⑤ ⑥

第1節 日本の自然環境や産業

ココが出る!!

1. 日本の自然環境　2. 日本の人口・都市

日本列島は，亜熱帯・温帯・亜寒帯（冷帯）の気候環境がみられ，土壌や植生も地域によって特色がみられる。また，4つのプレートが相対する狭まる境界に位置する新期造山帯であり，高く険しい山地が背骨のように中央部を走ることも，各地の自然環境に大きな影響を与えている。2006～23年のセンター試験・共通テストでは，第1問「自然環境」，第3問「村落・都市，人口，生活文化」，第5問「地域調査」で出題されている。

1 地形

解答：別冊 p.12 ▶

❶ 狭まるプレート境界 　新期造山帯に属する日本列島は，2つの①_____プレート（②_____プレートとフィリピン海プレート）が，2つの③_____プレート（北海道から中部地方東部にかけての④_____日本が位置する北アメリカプレートと，中部地方西部から九州地方へかけての西南日本が位置する⑤_____プレート）の下に沈み込み，⑥_____に沿って形成された⑦_____（島弧）である。

　本州には，東北日本と西南日本をわけ，プレート境界にあたる⑧_____（大地溝帯）が位置する。その西縁には，糸魚川・静岡構造線が南北に走る。また，西南日本は大断層線の⑨_____（メジアンライン）によって内帯と外帯にわけられる。

❷ 火山の分布 　プレートが沈み込む海溝から200～300kmほど離れた大陸プレート側では，地下でマグマが生成されるため火山活動が活発であり，火山前線（火山フロント）が形成される。

　日本列島では，東日本火山帯と西日本火山帯が火山前線（火山フロント）にあたる。しかし，火山前線と⑩_____の間に位置する四国地方や紀伊半島などには火山は分布しない。

❸ 地震災害 　日本列島付近で発生した大地震には，東北地方太平洋沖地震（2011年）や関東大地震（1923年）などのプレート境界型の地震と，熊本地震（2016年），新潟県中越地震（2004年）や兵庫県南部地震（1995年）などの⑪_____による直下型地震がある。

地理B（23年）6
地理A（23年・追）4

▼日本の地体構造

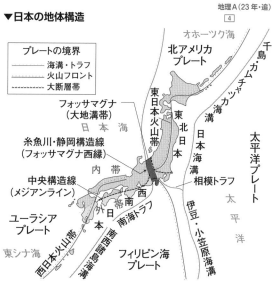

プレートの境界
―――― 海溝・トラフ
‥‥‥‥ 火山フロント
--------- 大断層帯

オホーツク海
北アメリカプレート
千島・カムチャッカ海溝
フォッサマグナ（大地溝帯）
東日本火山帯
東北日本
日本海
日本海溝
太平洋プレート
糸魚川・静岡構造線（フォッサマグナ西縁）
内帯
中央構造線（メジアンライン）
相模トラフ
外帯
西南日本
南海トラフ
伊豆・小笠原海溝
ユーラシアプレート
東シナ海
西日本火山帯
琉球海溝（南西諸島海溝）
フィリピン海プレート
太平洋

2 気候

日本列島は，ユーラシア大陸の東に位置し，季節風（モンスーン）の影響を強く受ける。夏季は高温で，冬季は低温となり，四季が明瞭な温暖湿潤気候（Cfa）が広く分布する。

❶ 冬季 　低温で乾燥したシベリア高気圧から吹く ⑫＿＿＿＿＿＿ 季節風が，日本海で水蒸気を供給されて雪雲をつくる。これが，山脈の ⑬＿＿＿＿＿ 側にあたる日本海側に降雪をもたらす。一方，⑭＿＿＿＿＿ 側の太平洋側では晴天となる。

地理A（23年）③
地理A（23年・追）
⑥
地理B（07年）③①

❷ 初夏 　オホーツク海高気圧（寒帯気団）と小笠原高気圧（熱帯気団）との間に生じた梅雨前線（寒帯前線）が停滞すると，長雨となる。日本列島では，5月上旬に南西諸島（九州南端から台湾北東部の島々）が，小笠原高気圧に押されて前線が北上する6月上旬からは本州の多くの地域が，⑮＿＿＿＿＿ 入りする。

地理A（21年・第
2日程）②・③
地理B（13年）③①

❸ 夏季から秋季 　梅雨前線が北上して梅雨が明けると，本州以南は小笠原高気圧に覆われ盛夏となる。盛夏を過ぎると，寒帯前線は小笠原高気圧の勢力の衰えとともに南下し，本州付近に停滞する。これによる長雨を ⑯＿＿＿＿＿ などとよび，8月下旬から9月にかけて北日本から順に東日本，西日本が天候不順となる。

この季節には台風が日本列島を襲うが，⑰＿＿＿＿＿ には梅雨がなく，台風の襲来もほとんどない。

▼日本付近の1月，6月，8月の気団

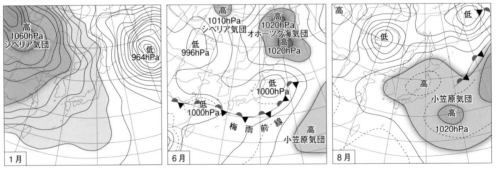

❹ 気候区分 　ケッペンの区分では，北海道は ⑱＿＿＿＿＿＿＿＿（Df），本州以南は ⑲＿＿＿＿＿＿＿＿（Cfa）である。

降水の季節配分や年降水量に注目すると，日本海側と太平洋側とにわけられる。年降水量に注目すると，年間を通して低温で，梅雨がなく台風の襲来もほとんどない北海道や，山地に季節風がさえぎられる中央高地，⑳＿＿＿＿＿ 地方は少雨である。

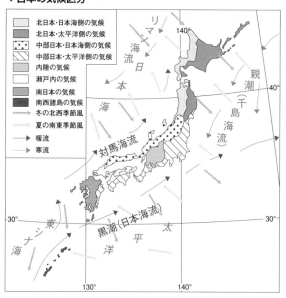

▼日本の気候区分

- 北日本・日本海側の気候
- 北日本・太平洋側の気候
- 中部日本・日本海側の気候
- 中部日本・太平洋側の気候
- 内陸の気候
- 瀬戸内の気候
- 南日本の気候
- 南西諸島の気候
- → 冬の北西季節風
- → 夏の南東季節風
- → 暖流
- → 寒流

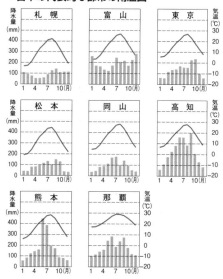

▼日本の代表的な都市の雨温図

札幌　富山　東京　松本　岡山　高知　熊本　那覇

地理B（21年・第2日程）⑨

3 農業

❶ 経営規模 国土面積に占める農地（耕地・樹園地，牧場・牧草地）の割合は，約12%と低い。また，農林水産業活動人口割合は3.4%で，農林水産業従事者1人当たりの農地面積は1.9ha。これは，イギリスの49.8ha，アメリカ合衆国の185.4haと比べ非常にせまい（2019年）。このため，せまい農地に労働力や肥料，農薬を投入して集約的農業が行われ，㉑＿＿＿＿＿生産性は高いが，㉒＿＿＿＿＿生産性は低い。

❷ 経営形態 人口の㉓＿＿＿＿＿が進み農業従事者数が減少するなかで，日本の農業を生産性の高い産業へ転換していくことが課題となっている。2021年の農業構造動態調査によると，個人と団体を合わせた農業経営体は減少している。このうち，個人経営体は減少する一方，団体経営体は増加しており，なかでも法人経営体は継続して増加している。耕地面積をみると，農業従事者の減少により㉔＿＿＿＿＿＿＿が増加し，総面積は減少を続けているが，団体経営体の増加とともに農地の集約，集積化が進んで，より広い耕地を利用する経営体が増加している。

❸ 自給率 農産物輸入が多く，カロリーベースの食料自給率は約37%，生産額ベースで67%である（2020年）。穀物自給率は約28%でOECD（経済協力開発機構）加盟38か国のうち，32番目と低い（2019年）。鶏卵や㉕＿＿＿＿＿，牛乳・乳製品，㉖＿＿＿＿＿の自給率は比較的高いが，㉗＿＿＿＿＿やトウモロコシ，大豆の自給率は低い。特に㉘＿＿＿＿＿＿＿として利用されるトウモロコシの自給率は極めて低い。

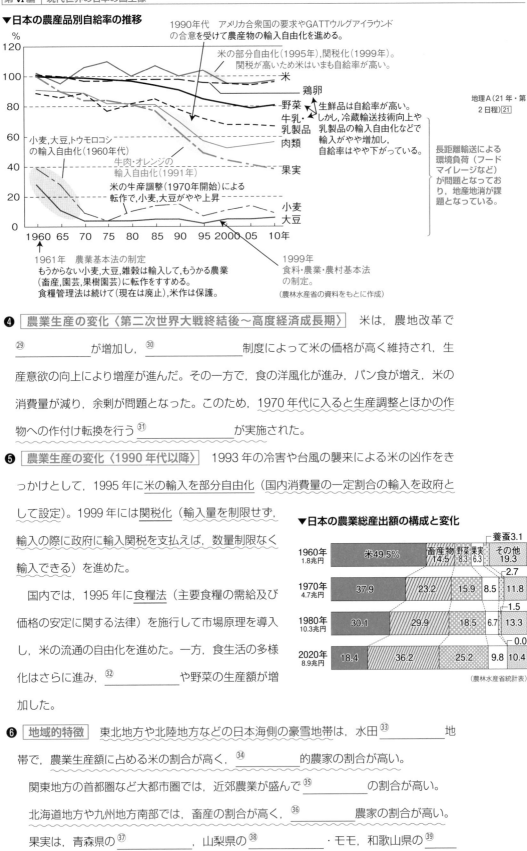

▼日本の農産品別自給率の推移

1990年代　アメリカ合衆国の要求やGATTウルグアイラウンドの合意を受けて農産物の輸入自由化を進める。

米の部分自由化(1995年),関税化(1999年)。関税が高いため米はいまも自給率が高い。

地理A(21年・第2日程)21

生鮮品は自給率が高い。しかし,冷蔵輸送技術向上や乳製品の輸入自由化などで輸入がやや増加し,自給率はやや下がっている。

長距離輸送による環境負荷(フードマイレージなど)が問題となっており,地産地消が課題となっている。

小麦,大豆,トウモロコシの輸入自由化(1960年代)

牛肉・オレンジの輸入自由化(1991年)

米の生産調整(1970年開始)による転作で,小麦,大豆がやや上昇

米　鶏卵　野菜　牛乳・乳製品　肉類　果実　小麦　大豆

1961年　農業基本法の制定
もうからない小麦,大豆,雑穀は輸入して,もうかる農業(畜産,園芸,果樹園芸)に転作をすすめる。食糧管理法は続けて(現在は廃止),米作は保護。

1999年　食料・農業・農村基本法の制定。

(農林水産省の資料をもとに作成)

❹　**農業生産の変化〈第二次世界大戦終結後～高度経済成長期〉**　米は，農地改革で㉙＿＿＿＿＿＿が増加し，㉚＿＿＿＿＿＿＿制度によって米の価格が高く維持され，生産意欲の向上により増産が進んだ。その一方で，食の洋風化が進み，パン食が増え，米の消費量が減り，余剰が問題となった。このため，1970年代に入ると生産調整とほかの作物への作付け転換を行う㉛＿＿＿＿＿＿が実施された。

❺　**農業生産の変化〈1990年代以降〉**　1993年の冷害や台風の襲来による米の凶作をきっかけとして，1995年に米の輸入を部分自由化（国内消費量の一定割合の輸入を政府として設定）。1999年には関税化（輸入量を制限せず，輸入の際に政府に輸入関税を支払えば，数量制限なく輸入できる）を進めた。

　国内では，1995年に食糧法（主要食糧の需給及び価格の安定に関する法律）を施行して市場原理を導入し，米の流通の自由化を進めた。一方，食生活の多様化はさらに進み，㉜＿＿＿＿＿や野菜の生産額が増加した。

▼日本の農業総産出額の構成と変化

				養蚕3.1	
1960年 1.8兆円	米49.5%	畜産物14.5	野菜8.3	果実6.3	その他19.3
1970年 4.7兆円	37.9	23.2	15.9	8.5	2.7 / 11.8
1980年 10.3兆円	30.1	29.9	18.5	6.7	1.5 / 13.3
2020年 8.9兆円	18.4	36.2	25.2	9.8	0.0 / 10.4

(農林水産省統計表)

❻　**地域的特徴**　東北地方や北陸地方などの日本海側の豪雪地帯は，水田㉝＿＿＿＿＿地帯で，農業生産額に占める米の割合が高く，㉞＿＿＿＿＿的農家の割合が高い。

　関東地方の首都圏など大都市圏では，近郊農業が盛んで㉟＿＿＿＿＿の割合が高い。

　北海道地方や九州地方南部では，畜産の割合が高く，㊱＿＿＿＿＿農家の割合が高い。

　果実は，青森県の㊲＿＿＿＿＿，山梨県の㊳＿＿＿＿＿・モモ，和歌山県の㊴＿＿＿＿＿などブランド化が進み，それぞれ農業生産額に占める割合が高い。

4 林業

❶ 険しい地形と輸入先の変化　日本は，国土面積に占める森林面積の割合が 約 7 割と高いが，多くが ⑩_____林であり，輸送に不便で経営規模も小さい。このため，第二次世界大戦後に急増した住宅需要に対応できず，外国からの豊富な木材に依存するようになった。景気の低迷により木材消費は停滞しており，木材自給率は 41.8%（2020 年）で，2000 年の 18.9%に比べ増加しているが供給量は低迷している。

　1980 年代頃まではフィリピンや ⑪_____，マレーシアなどの東南アジア諸国からの ⑫_____の輸入が多かった。しかし，近年はそれらの地域からの輸入量も減少し，⑬_____やアメリカ合衆国，ロシアなどの割合が増加している。

❷ 森林の役割　日本の森林の約 40%は，戦後の植林による ⑭_____で，その多くは ⑮_____である。近年は，山村の ⑯_____化，林業の就業者の高齢化が進み，人工林の放置が問題となっており，林業が衰えると，森林が手入れされなくなり荒廃してしまう。森林には，⑰_____の防止，⑱_____涵養，レクリエーションの場としての機能などがあり，その多面的機能が再認識されるようになった。

▼木材の供給量と自給率

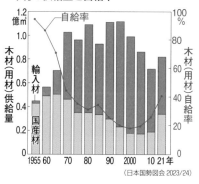

（日本国勢図会 2023/24）

▼木材の輸入先の推移

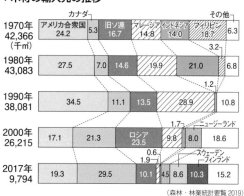

（森林・林業統計要覧 2019）

5 水産業

❶ 漁獲高と漁業種類の変化　日本は，⑲_____，中国と並ぶ水産物輸入大国である。一方で，1970 年代から 1980 年代にかけて世界一であった漁獲量は減少している。

　この背景には，⑳_____による燃料費の高騰や，200 海里の㉑_____の設定による 1970 年代半ばからの遠洋漁業の縮小があった。また，1980 年代後半からの太平洋北部での北洋漁業からの撤退による遠洋漁業のさらなる衰退と，マイワシの不漁による㉒_____の衰退がある。

これにともなって，水産物の輸入が増加し，魚介類の自給率は約6割となっている（2021年）。

この中で，養殖業の漁獲量は少しずつ増加している。近年は稚魚や稚貝を放流して，水産資源を増やす⑤③_____漁業も行われ，「とる漁業」から「育てる漁業」，「つくる漁業」へと変化しているが，放流による生態系への悪影響が問題視されている。

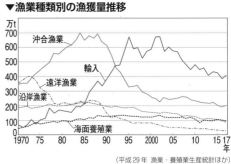

▼漁業種類別の漁獲量推移

（平成29年 漁業・養殖業生産統計ほか）

地理A（23年）12

6 日本の工業

❶ | 工業化の歴史1 | 明治時代以降の工業化政策により，第一次世界大戦後には，京浜・中京・阪神・北九州の⑤④_____が形成された。第二次世界大戦前は軽工業中心で，主要な輸出品目は⑤⑤_____，綿織物，絹織物であった。

❷ | 工業化の歴史2 | 1950〜53年までの朝鮮戦争による特需をきっかけとして，急速に復興が進んだ。

1955〜73年の⑤⑥_____には，重化学工業化が進展。原燃料を輸入し，工業製品を輸出する⑤⑦_____貿易で成長した。

1965年には，日本の⑤⑧_____超過（黒字）となり，アメリカ合衆国などとの間に貿易摩擦が発生した。貿易摩擦は，1960年代に繊維製品，1970年代に⑤⑨_____，1980年代にカラーテレビ・VTR・自動車で生じた。

❸ | 工業化の歴史3 | 1970年代から，安価な労働力を求めてアジアNIEsへ企業が進出した。さらに1980年代半ばからは円高が進み，日本はASEAN諸国や中国へ生産拠点を移した。また，1980年代には⑥⓪_____を回避するため，自動車を中心に市場である欧米諸国にも生産拠点を立地させた。

1985年のプラザ合意後の1986年末から続いた好景気（バブル経済）は，1991年に崩壊し，不況となった。その後，工業化の進む新興国への輸出で，2002年以降景気は緩やかに回復したが，2008年の金融危機（リーマンショック）により輸出が大きく減少した。さらに，2011年の東北地方太平洋沖地震と原子力発電所事故，原燃料価格の高騰などの影響を受け，⑥①_____超過（赤字）となった。

▼工業出荷額の内訳の変化

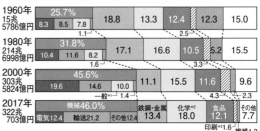

1960年 15兆5786億円	25.7%	8.3	8.5	7.8	18.8 1.1	13.3	12.4	12.3 2.5	15.0
1980年 214兆6998億円	31.8%	10.4	11.6	8.2	17.1 1.6	16.6	10.5	5.2 3.3	15.5
2000年 303兆5824億円	45.6%	19.6	14.6	10.0	一般*1 1.4 11.1	15.5	11.6	4.3 2.3	9.6
2017年 322兆703億円	機械46.0% 電気12.4 輸送21.2 その他12.4				鉄鋼・金属 13.4	化学*2 18.0 印刷*31.6	食品 12.1 繊維1.2		その他 7.7

＊1 一般機械は2008年に分類変更のため削除。
＊2 化学工業には化学肥料や石油化学製品，油脂製品，石けん・合成洗剤，化粧品などが含まれる。
＊3 1960年，1980年は出版・印刷。

（平成30年 工業統計表 ほか）

❹ 主な工業地域　都道府県別の製造品出荷額は，第1位は⁶²_____で，大阪・静岡・神奈川・兵庫が続く（2020年）。都市別でみると，第1位は豊田（愛知）で，川崎（神奈川）・市原（千葉）・横浜（神奈川）・倉敷（岡山）・大阪・堺（大阪）が続く（2019年）。

①京浜（東京・神奈川）	かつて出荷額日本一であったが，工場移転などで減少。東京・神奈川ともに出荷額第1位は輸送用機械。東京は上位に大都市型の工業の典型である⁶³_____業が入る。
②中京（愛知・三重）	かつて繊維・窯業中心だったが，自動車工業が中心となり，1999年以降は出荷額日本一。
③阪神（大阪・兵庫）	第二次世界大戦前までは日本一の工業地帯だったが，繊維工業や金属工業の衰退により現在は低迷。
④関東内陸（栃木・群馬・埼玉）	京浜工業地帯の拡大にともない発展。群馬（太田など）では自動車工業が中心。
⑤京葉（千葉）	石油化学工業が中心。
⑥東海（静岡）	浜松などで輸送用機械（自動車・二輪自動車）工業が発展。富士には製紙・パルプ工業。
⑦瀬戸内（岡山・広島・山口・香川・愛媛）	石油化学工業，造船，金属が発展。
⑧北九州（福岡）	かつて金属中心であったが，近年は電子工業部品や，自動車とその関連工場の進出がみられる。

▼主な工場の分布

鉄鋼：太平洋ベルトと室蘭が特徴。老朽化した製鉄所は操業を停止し，最新鋭の大規模製鉄所が残っている。

自動車：群馬県の太田市，神奈川県の横須賀市，愛知県の豊田市，三重県の鈴鹿市，広島県の広島市は覚えよう。1990年以降，福岡県の宮若市や苅田町にも立地。

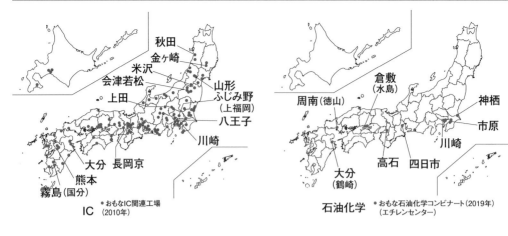

IC：研究開発部門は首都圏に，量産部門は交通の便の
よい地方に立地。九州はシリコンアイランド，東
北はシリコンロードといわれる。

石油化学：太平洋ベルトのみに立地。

（日本鉄鋼連盟，日本自動車工業会資料，ほか）

7 消費行動と消費関連産業

❶ 小売業と卸売業　小売業販売額と⁶⁴＿＿＿＿＿＿＿＿販売額を合わせた日本の商業販売額

地理B（21年・第
1日程）13
地理B（13年）
7・8
地理B（12年・追）
17
地理B（10年・追）
23
地理B（08年）35
地理B（07年）17
地理B（06年）34

はおおよそ450兆円である（2019年）。小売業販売額は，コンビニエンスストア・スー

パーマーケット・デパートなどの小売業者が，消費者に販売した金額。卸売業販売額は，

卸売業者がメーカー（製造業者）から商品，市場から食材を仕入れたりするなどして，小

売業者に販売した金額である。

▼人口上位14都市の諸統計

	人口¹⁾ （万人）	昼夜間人口比率²⁾	製造品出荷額等³⁾ （億円）	卸売業販売額⁴⁾ （億円）	小売業販売額⁴⁾ （億円）
東京	957	132.2	29,275	1,631,396	150,767
横浜	376	91.1	39,269	66,877	40,119
大阪	274	132.5	35,747	369,855	45,782
名古屋	230	111.9	32,969	238,838	34,756
札幌	196	99.7	5,896	76,661	22,899
福岡	156	109.8	5,823	116,033	21,399
神戸	153	102.5	34,211	37,796	18,687
川崎	152	83.6	40,828	17,945	12,287
京都	140	109.0	24,620	35,337	18,296
さいたま	132	90.9	8,892	38,397	13,785
広島	119	101.0	31,008	63,808	14,633
仙台	107	105.3	9,944	76,326	14,914
千葉	97	97.1	12,760	25,704	11,119
北九州	94	102.1	23,221	16,472	10,495

※1）2021年，2）2020年，3）2019年，4）2018年。　　　　　　　（国勢調査ほか）

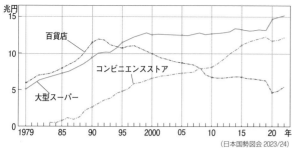

（日本国勢図会 2023/24）

◀**小売業の販売額推移**

卸売業は，メーカーと小売業との橋わたしとしての役割をもち，流通の拠点となる大都市に集積する。東京・大阪・⑥⁵＿＿＿＿＿＿＿のほか，広域中心都市（地方中枢都市）で，九州地方の中心である⑥⁶＿＿＿＿＿＿，東北地方の中心である仙台などで金額が多い。一方，小売業販売額は，⑥⁷＿＿＿＿＿にほぼ対応し，商業販売額の約 30％を占める（2019 年）。

❷ 買い物行動と買い物圏　食料品や薬など日常的に購入する⑥⁸＿＿＿＿＿＿＿を扱う商店やコンビニエンスストア，スーパーマーケットなどの買い物圏（商圏：買い物客が居住する範囲）は小さい。一方，高級衣料品や家具など⑥⁹＿＿＿＿＿＿＿を扱うデパートや専門店の商圏は大きい。

❸ 消費行動の変化　都市の拡大や自動車の普及（モータリゼーション）により，大規模な駐車場をもつショッピングモール（ショッピングセンター）などが⑦⁰＿＿＿＿＿に立地。徒歩や鉄道・バスなどの⑦¹＿＿＿＿＿＿＿の利用を前提としていた地方の中小都市の駅前商店街は衰退している。また，生活時間の多様化にともない，コンビニエンスストアや，店舗をもたないテレビ・インターネット経由の通信販売が増加している。

地理 B（08 年・追）
17

8 日本の都道府県別の人口（第二次世界大戦後）

❶ 向都離村と過疎・過密　1947〜49 年の第一次⑦²＿＿＿＿＿＿＿以降，合計特殊出生率が低下傾向にあった。1955 年頃からはじまった高度経済成長期の初期には，東京・大阪・名古屋などの大都市に，地方から就業機会を求めて多くの若年層が流入し，全国的に⑦³＿＿＿＿＿・過密が社会問題化した。

❷ ドーナツ化現象とニュータウン　ドーナツ化現象や地方からの人口流入により，東京大都市圏では 1960〜65 年に⑦⁴＿＿＿＿＿＿・埼玉県・千葉県の人口増加率が東京都を上回るようになった。遅れて 1970〜75 年には，大阪大都市圏でも⑦⁵＿＿＿＿＿＿と滋賀県の人口増加率が大阪府を上回るようになった。このため，これら大都市圏の郊外県では，新たに住宅団地（ニュータウン）が造成され，社会増加率だけでなく，自然増加率も高かった。

地理 B（21 年・第
1 日程）17

❸ U ターンと J ターン　⑦⁶＿＿＿＿＿＿＿後の 1970 年代後半の低成長期には，地

方から大都市圏への人口移動は沈静化し，大都市圏から地方への⑦_____（出身

地へもどる）や，⑧_____（出身地に近い広域の中心都市へもどる）もみられた。

そのため，地方での人口減少県が少なくなった。

❹ 少子化・高齢化 1980年代半ば以降になると，少子化・⑨_____化が進み，社

会増加率がマイナスのままで⑧⓪_____が低下して人口増加率がマイナスと

なった人口減少県が大幅に増加し，これが現在まで続いている。

地理B（23年）14
地理B（23年・追）17
地理B（22年・追）17
地理B（21年・第1日程）18

❺ 人口の都心回帰 バブル経済崩壊後の地価下落によって，都心周辺や⑧①_____地

域（ウォーターフロント）などの再開発が進み，高層マンションが次々と建設され，人口

の⑧②_____がみられるようになった。東京都はドーナツ化現象で人口が減少して

いたが，1995～2000年には人口増加に転じた。2000～05年，2005～10年，2015～

2020年には，人口増加率が全国一となった。近年は大阪でも，都心とその周辺の再開発

が進み，東京と同様に人口の都心回帰もみられる。

▼東京都・島根県・沖縄県の人口ピラミッド

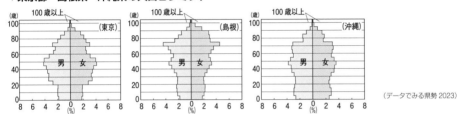

（データでみる県勢2023）

▼都道府県別自然増加率（1960～2020 年）

(%)

都道府県	1960～65 年	1965～70 年	1970～75 年	1975～80 年	1980～85 年	1985～90 年	1990～95 年	1995～2000 年	2000～05 年	2005～10 年	2010～15 年	2015～20 年
全国	5.3	5.7	6.4	4.6	3.3	2.2	1.4	1.0	0.5	−0.2	−0.9	−1.6
北海道	6.2	5.7	6.0	4.8	3.4	2.1	1.2	0.5	−0.1	−1.0	−1.9	−2.8
青森	6.4	5.9	5.6	4.4	3.3	2.0	0.9	0.2	−0.7	−1.8	−2.9	−3.8
岩手	5.1	4.4	4.4	4.0	3.0	1.7	0.8	0.0	−0.7	−1.8	−3.1	−3.7
宮城	4.9	4.7	5.6	5.1	4.1	2.8	1.7	1.2	0.6	−0.2	−1.4	−1.7
秋田	4.1	3.3	3.4	3.3	2.3	1.0	−0.1	−0.9	−1.8	−2.8	−3.9	−5.0
山形	3.5	2.8	3.2	3.2	2.4	1.5	0.4	−0.2	−0.9	−1.9	−2.9	−3.7
福島	4.5	3.6	4.3	4.1	3.3	2.3	1.3	0.6	−0.1	−1.1	−2.4	−3.1
茨城	4.2	4.4	5.7	4.6	3.6	2.4	1.6	1.1	0.5	−0.4	−1.3	−2.2
栃木	4.1	4.3	5.8	4.7	3.5	2.4	1.4	0.9	0.5	−0.3	−1.2	−2.0
群馬	4.2	4.6	5.7	4.4	3.1	2.0	1.4	1.0	0.4	−0.5	−1.5	−2.4
埼玉	6.8	9.3	10.2	6.4	4.3	3.0	2.6	2.1	1.4	0.7	−0.1	−1.0
千葉	5.7	7.4	8.8	6.0	4.3	2.9	2.1	1.7	1.1	0.4	−0.4	−1.2
東京	7.4	7.8	7.3	4.5	3.2	2.0	1.2	0.8	0.5	0.3	0.1	−0.3
神奈川	8.1	9.4	9.5	6.1	4.2	3.1	2.4	2.1	1.6	0.9	0.1	−0.7
新潟	3.9	3.8	4.3	3.7	2.6	1.6	0.7	0.2	−0.6	−1.4	−2.3	−3.3
富山	3.5	4.0	5.1	3.5	2.1	1.2	0.4	0.2	−0.2	−1.2	−2.2	−2.8
石川	3.9	4.5	5.9	4.3	3.0	1.8	1.1	0.9	0.4	−0.4	−1.2	−1.8
福井	4.0	3.7	4.7	3.7	2.8	2.0	1.2	0.8	0.2	−0.6	−1.4	−2.3
山梨	4.0	3.9	4.1	3.2	2.3	1.7	1.3	0.8	0.1	−0.9	−1.9	−2.5
長野	3.4	3.5	4.3	3.5	2.3	1.5	0.9	0.6	0.0	−0.9	−1.8	−2.7
岐阜	5.1	5.2	5.9	4.2	3.0	2.0	1.3	1.0	0.5	−0.4	−1.2	−2.2
静岡	5.6	5.8	6.7	4.9	3.6	2.5	1.6	1.2	0.7	−0.1	−1.0	−2.1
愛知	6.9	7.8	8.5	5.7	4.1	3.1	2.4	2.2	1.7	1.1	0.4	−0.4
三重	4.3	4.2	5.0	3.5	2.5	1.7	1.0	0.8	0.3	−0.5	−1.3	−2.1
滋賀	3.6	3.9	5.8	4.9	3.8	2.8	2.0	1.9	1.6	0.9	0.3	−0.5
京都	4.5	5.5	6.3	4.3	2.8	1.7	0.9	0.8	0.3	−0.3	−1.0	−1.6
大阪	8.0	8.8	8.6	5.2	3.6	2.5	1.8	1.7	1.0	0.2	−0.5	−1.3
兵庫	5.8	6.4	7.0	4.6	3.2	2.0	1.2	1.2	0.6	0.0	−0.7	−1.5
奈良	4.0	5.2	6.5	4.4	3.2	2.1	1.4	1.1	0.4	−0.4	−1.3	−2.1
和歌山	4.0	4.1	4.6	2.9	1.9	0.9	0.1	−0.1	−0.9	−1.8	−2.7	−3.4
鳥取	3.1	2.4	3.5	3.1	2.5	1.5	0.4	−0.1	−0.5	−1.4	−2.0	−2.8
島根	2.4	1.9	2.5	2.2	1.7	0.9	−0.1	−0.7	−1.2	−2.0	−2.7	−3.4
岡山	3.1	3.7	5.1	3.6	2.6	1.5	0.8	0.6	0.2	−0.5	−1.3	−1.9
広島	4.1	5.0	6.4	4.4	3.1	2.0	1.2	0.8	0.4	−0.2	−0.8	−1.6
山口	3.5	3.6	4.4	3.1	2.1	0.9	−0.1	−0.5	−1.0	−1.8	−2.6	−3.4
徳島	2.8	2.4	3.2	2.6	2.1	1.1	0.1	−0.3	−1.0	−1.7	−2.6	−3.3
香川	2.9	3.1	4.6	3.5	2.4	1.3	0.3	0.2	−0.2	−1.0	−1.7	−2.5
愛媛	3.8	3.4	4.3	3.4	2.4	1.3	0.4	−0.1	−0.7	−1.4	−2.3	−3.2
高知	2.4	1.9	2.9	2.0	1.5	0.5	−0.4	−0.8	−1.3	−2.3	−3.2	−3.9
福岡	4.7	5.1	5.7	4.7	3.6	2.2	1.3	1.0	0.5	0.1	−0.3	−1.0
佐賀	4.0	3.6	3.9	3.6	3.0	1.9	0.9	0.5	0.0	−0.7	−1.3	−2.0
長崎	5.2	4.5	4.6	3.8	3.1	2.0	1.0	0.4	−0.3	−1.1	−1.9	−2.6
熊本	4.0	3.3	3.4	3.4	2.9	1.9	1.0	0.5	−0.1	−0.6	−1.2	−2.0
大分	3.3	2.9	3.8	3.3	2.3	1.2	0.4	0.0	−0.5	−1.0	−1.8	−2.6
宮崎	4.8	4.0	4.6	4.4	3.4	2.1	1.2	0.7	0.0	−0.6	−1.5	−2.4
鹿児島	4.1	2.8	2.7	2.7	2.5	1.5	0.4	−0.2	−0.7	−1.3	−1.9	−2.7
沖縄	9.7	8.6	9.1	7.6	6.7	5.6	4.3	3.6	3.1	2.6	2.2	1.3

※各期間（期首年 10 月～期末年 9 月）の自然増加数を期首人口で除した率。総人口による。全国は沖縄県を含む。

（人口統計資料集）

　　は上位，　　は下位 5 位。

▼都道府県別社会増加率（1960～2020年）

地理B（23年）17

(%)

都道府県	1960～65年	1965～70年	1970～75年	1975～80年	1980～85年	1985～90年	1990～95年	1995～2000年	2000～05年	2005～10年	2010～15年	2015～20年
全国	−	−	−	−	−	−	−	−	−	−	−	−
北海道	−3.5	−5.5	−3.1	−0.3	−1.6	−2.8	−0.3	−0.7	−0.9	−1.2	−0.4	−0.1
青森	−7.1	−5.1	−2.7	−0.7	−3.3	−4.7	−1.0	−0.6	−2.0	−2.6	−1.9	−1.6
岩手	−7.7	−7.2	−3.4	−1.3	−2.1	−2.9	−0.6	−0.3	−1.5	−2.2	−0.7	−1.6
宮城	−4.3	−1.0	1.8	1.4	0.4	0.6	1.9	0.4	−0.8	−0.3	0.7	0.4
秋田	−8.3	−6.3	−4.1	−1.3	−2.5	−3.1	−1.1	−1.1	−1.9	−2.4	−1.9	−1.2
山形	−7.8	−5.7	−3.7	−0.6	−1.6	−1.8	−0.5	−0.8	−1.4	−2.0	−1.0	−1.2
福島	−7.8	−5.5	−3.1	−0.8	−1.1	−1.1	0.1	−0.9	−1.5	−1.9	−3.3	−1.1
茨城	−3.7	−0.2	3.5	4.6	3.0	2.0	2.3	−0.1	−0.8	0.2	−0.5	0.5
栃木	−3.6	−0.4	1.7	0.8	0.6	1.3	1.2	0.1	0.1	−0.1	−0.5	−0.1
群馬	−2.4	−1.3	0.1	0.9	0.8	0.3	0.5	0.0	−0.5	−0.3	−0.2	0.7
埼玉	17.3	19.0	14.5	6.0	3.9	6.2	2.9	0.5	0.2	1.3	1.1	2.0
千葉	11.5	17.2	14.5	8.1	4.4	5.1	2.3	0.6	1.1	2.2	0.5	2.2
東京	4.8	−2.8	−5.0	−4.9	−1.3	−1.8	−1.9	1.7	3.7	4.3	2.6	4.3
神奈川	20.6	14.1	7.4	2.2	3.1	4.3	0.9	0.9	2.0	2.0	0.7	2.0
新潟	−5.6	−5.4	−3.0	−1.3	−1.5	−1.8	−0.1	−0.7	−1.2	−1.0	−0.7	−1.2
富山	−4.2	−3.6	−1.1	−0.5	−0.8	−1.0	−0.1	−0.4	−0.6	−0.5	−0.3	−0.1
石川	−3.1	−2.3	0.8	0.3	0.0	−0.8	0.2	−0.8	−1.0	0.0	−0.2	0.0
福井	−4.3	−4.6	−0.8	−1.0	0.1	−1.3	−0.8	−0.6	−1.1	−1.3	−1.0	−0.3
山梨	−6.4	−4.0	−1.3	−0.5	1.2	0.7	2.1	−0.1	−0.5	−1.5	−1.4	−0.5
長野	−4.5	−3.6	−1.2	−0.2	0.2	−0.6	0.9	0.4	−0.9	−1.1	−0.7	−0.5
岐阜	−1.3	−1.7	0.3	0.7	0.5	−0.1	0.3	−0.7	−0.5	−0.9	−1.1	−0.4
静岡	0.1	0.2	0.4	−0.7	0.1	0.2	0.2	−0.4	0.0	−0.7	−0.7	0.2
愛知	7.1	4.5	1.5	−0.6	−0.4	0.6	0.3	0.3	1.3	1.0	0.5	1.2
三重	−2.3	−2.3	0.4	0.2	1.1	0.9	1.7	0.1	0.2	−0.2	−0.8	−0.4
滋賀	−2.3	0.3	5.0	4.7	3.2	2.9	3.3	2.4	1.2	1.3	−0.2	0.6
京都	1.0	1.5	1.5	−0.1	−0.5	−1.1	0.1	−0.2	−0.2	−0.1	0.0	0.4
大阪	12.9	5.7	0.0	−2.9	−1.3	−1.7	−1.1	−1.6	−0.9	0.3	0.2	1.3
兵庫	4.5	1.9	0.0	−1.6	−0.6	0.4	−1.3	1.6	0.1	0.0	−0.2	0.3
奈良	1.8	7.4	9.3	7.8	4.7	3.3	2.6	−0.3	−1.9	−1.1	−1.3	−0.8
和歌山	−1.5	−2.6	−1.7	−1.5	−1.9	−2.1	0.4	−0.9	−2.3	−1.4	−1.2	−0.9
鳥取	−6.3	−4.3	−1.3	0.8	−0.6	−1.5	−0.5	−0.2	−0.5	−1.7	−0.6	−0.7
島根	−10.0	−7.7	−3.1	−0.1	−0.5	−2.6	−1.1	−0.6	−1.3	−1.3	−0.5	0.0
岡山	−4.5	0.1	1.2	−0.4	−0.1	−1.1	0.5	−0.9	0.2	−0.1	0.0	0.2
広島	0.4	1.8	2.2	−0.9	−0.2	−0.9	−0.1	−0.9	−0.5	−0.4	0.2	0.1
山口	−7.2	−5.7	−1.5	−1.0	−1.2	−2.7	−1.0	−1.3	−1.3	−1.0	−0.6	−1.1
徳島	−6.6	−5.4	−1.5	−0.1	−0.9	−1.5	0.0	−0.7	−0.8	−1.3	−1.2	−1.5
香川	−4.8	−2.3	1.3	0.5	−0.1	−1.2	0.0	−0.6	−0.9	−0.7	−0.3	−0.1
愛媛	−7.4	−5.4	−1.0	−0.5	−0.8	−2.3	−1.0	−0.8	−1.0	−1.1	−1.0	−0.4
高知	−7.3	−5.0	−0.1	0.8	−0.4	−2.2	−0.6	0.5	−0.8	−1.7	−1.6	−1.2
福岡	−5.7	−3.5	0.9	1.4	0.1	−0.2	1.2	0.7	0.2	0.3	0.9	1.7
佐賀	−11.5	−7.4	−4.0	−0.3	−1.3	−2.2	−0.2	−1.4	−1.2	−1.2	−0.6	−0.5
長崎	−12.0	−8.9	−4.5	−2.6	−2.8	−4.0	−2.1	−2.2	−2.2	−2.4	−1.6	−2.1
熊本	−8.6	−7.3	−2.6	1.0	−0.3	−1.7	0.1	−0.5	−0.8	−0.7	−0.5	−0.7
大分	−7.5	−5.6	−0.8	−0.1	−0.5	−2.3	−0.9	−0.8	−0.5	−0.1	−0.7	−1.1
宮崎	−9.5	−6.7	−1.4	1.7	−1.4	−2.7	−0.6	−1.2	−1.4	−0.9	−1.3	−0.7
鹿児島	−9.7	−9.5	−3.0	0.8	−0.6	−2.6	−0.6	−0.3	−1.2	−1.4	−1.5	−1.0
沖縄	−4.0	−7.4	1.3	−1.5	−0.2	−1.9	−0.1	−0.1	0.2	−0.3	0.8	1.0

※各期間における人口増加から自然増加を差し引いた社会増加を期首人口で除した率。
□は上位，■は下位5位。

（人口統計資料集）

ドーナツ化現象

人口の都心回帰

▼都道府県別年平均人口増加率（1960〜2020年）

(%)

都道府県	1960〜65年	1965〜70年	1970〜75年	1975〜80年	1980〜85年	1985〜90年	1990〜95年	1995〜2000年	2000〜05年	2005〜10年	2010〜15年	2015〜20年
全国	1.02	1.08	1.35	0.90	0.67	0.42	0.31	0.21	0.13	0.05	−0.15	−0.15
北海道	0.52	0.05	0.59	0.88	0.37	−0.13	0.17	−0.03	−0.20	−0.43	−0.46	−0.59
青森	−0.14	0.15	0.57	0.74	0.01	−0.55	−0.02	−0.08	−0.54	−0.90	−0.97	−1.10
岩手	−0.52	−0.57	0.21	0.52	0.16	−0.23	0.04	−0.05	−0.44	−0.81	−0.77	−1.10
宮城	0.11	0.74	1.45	1.27	0.89	0.66	0.70	0.31	−0.04	−0.10	−0.12	−0.27
秋田	−0.85	−0.61	−0.14	0.39	−0.04	−0.43	−0.23	−0.41	−0.75	−1.06	−1.19	−1.28
山形	−0.89	−0.60	−0.09	0.51	0.16	−0.05	−0.02	−0.20	−0.45	−0.79	−0.78	−1.01
福島	−0.67	−0.38	0.25	0.65	0.44	0.23	0.28	−0.06	−0.34	−0.60	−1.16	−0.86
茨城	0.09	0.84	1.79	1.78	1.27	0.87	0.76	0.20	−0.07	−0.04	−0.36	−0.34
栃木	0.11	0.76	1.45	1.09	0.81	0.73	0.50	0.21	0.12	−0.09	−0.34	−0.42
群馬	0.34	0.66	1.15	1.03	0.77	0.46	0.38	0.21	−0.01	−0.16	−0.35	−0.35
埼玉	4.40	5.10	4.51	2.37	1.58	1.78	1.08	0.52	0.33	0.39	0.20	0.21
千葉	3.22	4.50	4.27	2.68	1.69	1.53	0.86	0.44	0.44	0.52	0.02	0.20
東京	2.34	0.97	0.46	−0.09	0.36	0.04	−0.14	0.49	0.84	0.91	0.54	0.78
神奈川	5.17	4.31	3.17	1.59	1.43	1.43	0.66	0.59	0.70	0.58	0.17	0.24
新潟	−0.36	−0.32	0.26	0.49	0.22	−0.03	0.11	−0.10	−0.36	−0.47	−0.60	−0.91
富山	−0.14	0.08	0.79	0.60	0.27	0.03	0.05	−0.04	−0.16	−0.33	−0.50	−0.60
石川	0.15	0.44	1.31	0.91	0.58	0.21	0.26	0.02	−0.12	−0.07	−0.27	−0.38
福井	−0.06	−0.17	0.78	0.53	0.58	0.15	0.08	0.05	−0.18	−0.37	−0.49	−0.51
山梨	−0.49	−0.03	0.55	0.54	0.70	0.48	0.67	0.14	−0.08	−0.49	−0.66	−0.61
長野	−0.24	−0.01	0.61	0.65	0.50	0.18	0.34	0.19	−0.17	−0.40	−0.50	−0.49
岐阜	0.75	0.68	1.21	0.97	0.69	0.37	0.32	0.07	0.00	−0.25	−0.47	−0.53
静岡	1.11	1.19	1.38	0.82	0.73	0.53	0.36	0.16	0.13	−0.14	−0.35	−0.37
愛知	2.67	2.34	1.92	0.99	0.74	0.72	0.53	0.50	0.59	0.43	0.19	0.16
三重	0.39	0.38	1.05	0.74	0.71	0.51	0.54	0.17	0.10	−0.13	−0.42	−0.51
滋賀	0.25	0.84	2.07	1.84	1.37	1.13	1.04	0.85	0.55	0.44	0.03	0.01
京都	1.07	1.36	1.51	0.83	0.46	0.12	0.21	0.11	0.02	−0.09	−0.20	−0.25
大阪	3.87	2.74	1.67	0.47	0.46	0.15	0.14	0.02	0.03	0.11	−0.06	0.00
兵庫	1.99	1.61	1.35	0.60	0.51	0.48	−0.01	0.54	0.14	−0.01	−0.19	−0.25
奈良	1.12	2.40	2.98	2.34	1.53	1.06	0.79	0.17	−0.30	−0.29	−0.53	−0.59
和歌山	0.49	0.31	0.56	0.28	0.00	−0.24	0.11	−0.20	−0.64	−0.66	−0.78	−0.87
鳥取	−0.65	−0.38	0.44	0.78	0.39	−0.01	−0.03	−0.05	−0.21	−0.61	−0.52	−0.71
島根	−1.56	−1.20	−0.12	0.41	0.25	−0.34	−0.25	−0.26	−0.51	−0.68	−0.65	−0.68
岡山	−0.30	0.74	1.23	0.62	0.49	0.09	0.26	0.00	0.07	−0.12	−0.25	−0.35
広島	0.87	1.32	1.67	0.69	0.58	0.22	0.22	−0.02	−0.02	−0.11	−0.12	−0.31
山口	−0.74	−0.42	0.57	0.41	0.18	−0.36	−0.22	−0.36	−0.47	−0.56	−0.65	−0.91
徳島	−0.77	−0.60	0.35	0.49	0.23	−0.08	0.02	−0.20	−0.35	−0.61	−0.77	−0.98
香川	−0.40	0.16	1.15	0.79	0.45	0.02	0.07	−0.08	−0.21	−0.33	−0.40	−0.54
愛媛	−0.73	−0.39	0.66	0.56	0.31	−0.20	−0.11	−0.18	−0.34	−0.50	−0.65	−0.74
高知	−1.00	−0.64	0.54	0.56	0.20	−0.35	−0.20	−0.07	−0.44	−0.81	−0.97	−1.03
福岡	−0.21	0.31	1.29	1.19	0.72	0.39	0.50	0.33	0.14	0.09	0.12	0.13
佐賀	−1.55	−0.78	−0.02	0.66	0.33	−0.05	0.15	−0.17	−0.24	−0.39	−0.40	−0.52
長崎	−1.39	−0.88	0.02	0.24	0.04	−0.39	−0.23	−0.37	−0.50	−0.71	−0.71	−0.96
熊本	−0.94	−0.81	0.18	0.86	0.52	0.03	0.21	0.00	−0.18	−0.27	−0.35	−0.54
大分	−0.86	−0.54	0.59	0.64	0.34	−0.21	−0.09	−0.17	−0.19	−0.22	−0.51	−0.74
宮崎	−0.97	−0.55	0.64	1.20	0.41	−0.11	0.12	−0.10	−0.29	−0.31	−0.56	−0.63
鹿児島	−1.14	−1.38	−0.06	0.69	0.39	−0.24	−0.04	−0.09	−0.37	−0.54	−0.69	−0.74
沖縄	1.13	0.23	1.98	1.20	1.28	0.72	0.82	0.69	0.65	0.45	0.58	0.47

※年平均人口増加率（%）は，$(\sqrt[n]{P_1/P_0}-1)\times100$ によって算出。ただし，P_0，P_1はそれぞれ期首，期末人口，nは期間。
　　　　　は上位，　　　　　は下位5位。

（人口統計資料集）

第Ⅵ編　第1章

第1節　日本の自然環境や産業

実戦演習

解答：別冊 p.16

❶ 次の図1中の**ア〜ウ**は，図2中の **A〜C** のいずれかの範囲において発生した地震*の震源について，東西方向の位置と深度を示したものである。**ア〜ウ**と **A〜C** との正しい組合せを，後の①〜⑥のうちから一つ選べ。

地理B（23年）⑥

*2012〜2020年に発生したマグニチュード3以上の地震。

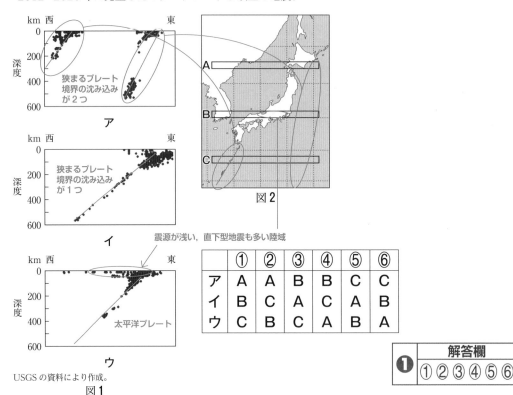

USGSの資料により作成。
図1

	①	②	③	④	⑤	⑥
ア	A	A	B	B	C	C
イ	B	C	A	C	A	B
ウ	C	B	C	A	B	A

❶ 解答欄
① ② ③ ④ ⑤ ⑥

❷ 農業の立地には市場からの距離に加え様々な要因が作用する。右の図1中の**ア〜ウ**は，米，野菜，果樹のいずれかについて，東日本の14都県における，東京からの距離と農地面積当たり収益の推計値*を示したものである。また，次ページの図2中の **A〜C** は，田，畑，樹園地のいずれかについて，その14都県の農地面積の構成比を指数で示したものである。野菜と畑との正しい組合せを，次ページの①〜⑨

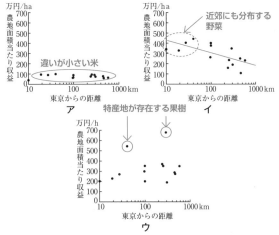

東京からの距離は各県庁所在地までの直線距離で，東京都は10 kmとした。
野菜の産出額は野菜・豆・いもの合計。
統計年次は2017年。『生産農業所得統計』などにより作成。
図1

*農地面積当たり収益は，作物別農業産出額を田，畑，樹園地の面積で割った値。

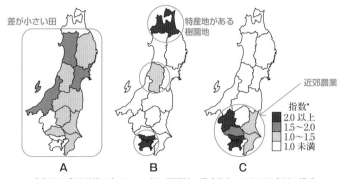

差が小さい田

特産地がある樹園地

近郊農業

指数*
■ 2.0 以上
▨ 1.5〜2.0
▧ 1.0〜1.5
□ 1.0 未満

A　　　　B　　　　C

＊各都県の農地面積に占める田，畑，樹園地の構成比を，それぞれ全国の構成比で割ったもの。
統計年次は2017年。『作物統計調査』により作成。
図2

❷ 解答欄
① ② ③ ④ ⑤ ⑥ ⑦ ⑧ ⑨

	①	②	③	④	⑤	⑥	⑦	⑧	⑨
野菜	ア	ア	ア	イ	イ	イ	ウ	ウ	ウ
畑	A	B	C	A	B	C	A	B	C

❸　鹿児島県で生まれたカヲルさんは，1960年代前半に大学進学のため県外へ移動した。その話を聞いた東京都に住む孫のミノルさんは，地方から大都市圏への人口移動について調べた。次の図は，1960年と2018年における，日本のいくつかの地方から三大都市圏（東京圏，名古屋圏，大阪圏）*への人口移動とその内訳を示したものである。図中の**ア**と**イ**は四国地方と九州地方**のいずれか，凡例 **A** と **B** は東京圏と大阪圏のいずれかである。九州地方と東京圏との正しい組合せを，後の①〜④のうちから一つ選べ。

近い

*東京圏は東京都，埼玉県，千葉県，神奈川県，名古屋圏は愛知県，岐阜県，三重県，大阪圏は大阪府，京都府，兵庫県，奈良県。

**沖縄県は含まない。

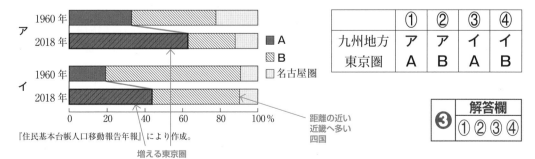

	①	②	③	④
九州地方	ア	ア	イ	イ
東京圏	A	B	A	B

距離の近い
近畿へ多い
四国

増える東京圏

ア　1960年　2018年
イ　1960年　2018年

■A　▨B　□名古屋圏

0　20　40　60　80　100 %

『住民基本台帳人口移動報告年報』により作成。

❸ 解答欄
① ② ③ ④

❹ 　東京都に住むミノルさんは，鹿児島県に住む祖父のカヲルさんから過疎化の進行によって全国で様々な問題が起きていることを聞いた。右の図は，過疎市町村*の面積が都道府県面積に占める割合，老年人口の増加率，老年人口に占める食料品へのアクセスが困難な人口**の割合を示したものである。図を見てミノルさんたちが話し合った会話文中の下線部①～④のうちから，**誤りを含むもの**を一つ選べ。　　　　地理B（23年）17

*総務省が定める要件を満たす市町村。

**自宅から店舗まで500m以上，かつ自動車利用が困難な老年人口。

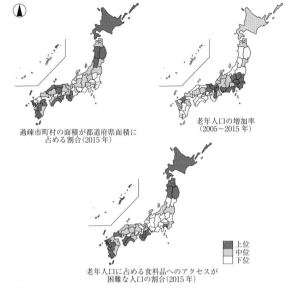

過疎市町村の面積が都道府県面積に
占める割合(2015年)

老年人口の増加率
(2005～2015年)

老年人口に占める食料品へのアクセスが
困難な人口の割合(2015年)

上位
中位
下位

国勢調査などにより作成。

❹	解答欄
	① ② ③ ④

ミノル 「過疎市町村は，人口減少率や高齢化の進展度合いなどで決まると学校で習ったよ。全体的な傾向として，①過疎市町村の面積が都道府県面積に占める割合は，三大都市圏よりも三大都市圏以外の地域で高い傾向にあるね」

カヲル 「最近の老年人口の増加率は，三大都市圏の方が高い傾向にあるね」

ミノル 「②三大都市圏における老年人口の増加傾向は，三大都市圏以外からの高齢者の流入が主な原因であると考えられるよ」→高齢者の移動は少ない

カヲル 「老年人口に占める食料品へのアクセスが困難な人口の割合が高い都道府県は，三大都市圏以外に多いよ」

ミノル 「農山村地域では，③移動が困難な高齢者のために，食料品を積んで集落を回る移動販売車があると聞いたよ」

カヲル 「老年人口に占める食料品へのアクセスが困難な人口の割合が高い都道府県は，神奈川県などの三大都市圏にもみられるね」

ミノル 「これは，④駅から離れた丘陵地に1970年代前後に開発された住宅地に住む高齢者が多いことも理由の一つだと思うよ」→1955～1973年の高度経済成長期から
新興住宅地（ニュータウン）が建設された

カヲル 「過疎化・高齢化に伴う問題の解決は，日本全体の課題といえるね。高齢化は，日本の人口構造の変化とも関係しているよ。調べてみたらどうかな」

大学受験

ココが出る!! ☞

地理ノート

地理総合，地理探究

改訂版

別冊
解答

旺文社

第Ⅰ編 地図でとらえる現代世界

第1章 地球

第1節 地球と地球表面

① 40,000 …………… 006
② 23.4
③ フランス
④ 対蹠点（たいせきてん）
⑤ ニュージーランド
⑥ 海洋
⑦ 大洋底
⑧ 海嶺（かいれい）
⑨ 大陸棚（たいりくだな）
⑩ 海溝（かいこう）

第2章 地図とGIS

第1節 地図と地理情報システム

① 正積（せいせき）…………… 007
② サンソン
③ モルワイデ
④ サンソン
⑤ モルワイデ
⑥ メルカトル
⑦ 等角（とうかく）
⑧ 海図
⑨ 正距方位（せいきょほうい）………… 008
⑩ 大圏（たいけん）
⑪ 国連
⑫ 一般 …………… 012
⑬ 国土地理院
⑭ 実測図
⑮ 編集図
⑯ 東京湾 …………… 013
⑰ 高
⑱ 主曲線（しゅきょくせん）
⑲ 10
⑳ 20
㉑ 高
㉒ 低
㉓ 低
㉔ リモートセンシング …………015
㉕ 地理情報システム
㉖ ハザードマップ
㉗ 全球測位衛星システム〔GNSS〕

第3章 現代世界の結びつき

第1節 国家と国家群

① 領域 …………… 018
② 領海
③ 排他的経済水域（はいたてきけいざいすいいき）
④ 公海
⑤ 中央集権〔単一〕
⑥ 連邦
⑦ 共和国
⑧ 君主国
⑨ アフリカ …………019
⑩ OECD
⑪ NATO
⑫ ヨーロッパ石炭鉄鋼共同体 …………020
⑬ ヨーロッパ原子力共同体
⑭ ヨーロッパ共同体
⑮ 東ティモール
⑯ ASEAN自由貿易地域
⑰ アフリカ統一機構
⑱ ブラジル

第2節 国際化の進む現代世界

① 貨物 …………… 021
② 旅客
③ 高速
④ 路面電車
⑤ 旅客
⑥ 貨物
⑦ パークアンドライド
⑧ ロードプライシング …………… 022
⑨ スエズ
⑩ パナマ
⑪ ジブラルタル
⑫ ボスポラス
⑬ パナマ
⑭ タンカー
⑮ 原料
⑯ ドナウ
⑰ ミシシッピ
⑱ ハブ
⑲ ハブアンドスポーク
⑳ 遠
㉑ 少量多品種 ……… 023
㉒ 発展途上国
㉓ 情報格差
㉔ 週休2日制 ……… 024
㉕ ソフトツーリズム
㉖ ハードツーリズム
㉗ グリーンツーリズム
㉘ バカンス ………… 025
㉙ ドイツ
㉚ スペイン
㉛ エコツーリズム
㉜ 韓国
㉝ 韓国
㉞ 水平
㉟ 垂直
㊱ 一次産品
㊲ 保護
㊳ WTO ………… 026
㊴ サービス
㊵ 知的財産
㊶ 中国
㊷ ドイツ
㊸ 日本
㊹ ドイツ
㊺ 輸入超過

㊻ 輸出超過

㊼ アメリカ合衆国

㊽ 旧宗主············ 027

㊾ MERCOSUR

〔メルコスール〕

㊿ アメリカ合衆国

51 韓国

52 韓国

53 加工貿易

54 輸出超過

〔貿易黒字〕

55 輸入超過

〔貿易赤字〕

56 液化天然ガス

57 成田国際空港···· 028

58 東京港

59 集積回路〔IC〕

60 自動車

61 衣類

62 ODA

63 アメリカ合衆国

64 高

65 低

66 ヨーロッパ

67 非政府組織

68 非営利組織

69 PKO

第Ⅱ編 自然環境

第1章 地形と防災

第1節 大地形

① ゴンドワナ······ 031

② 海洋

③ 大陸

④ 横ずれ〔トランスフォーム〕·········· 032

⑤ カリフォルニア

⑥ サンアンドレアス

⑦ ホットスポット

⑧ ハワイ

⑨ 鉄鉱石

⑩ 石炭

⑪ 銅鉱

⑫ 古生代············ 033

⑬ テンシャン

⑭ 新生

⑮ アルプス＝ヒマラヤ

第2節 小地形

① 侵食平野·········· 035

② 堆積平野

③ 海岸平野········· 036

④ 段丘

⑤ 沈水············ 038

⑥ 河食

⑦ リアス

⑧ 氷食

⑨ フィヨルド

⑩ 河口

⑪ エスチュアリ

〔三角江〕

⑫ 沿岸流

⑬ 砂嘴

⑭ 砂州

⑮ 陸繋砂州

〔トンボロ〕

⑯ 裾礁··············· 039

⑰ 堡礁

〔バリアリーフ〕

⑱ 環礁

⑲ 裾礁

⑳ 大陸氷河〔氷床〕

㉑ カール〔圏谷〕

㉒ ホーン〔尖峰〕

㉓ U字谷

㉔ フィヨルド

㉕ 氷河湖

㉖ モレーン〔堆石〕

㉗ 風食··············· 040

㉘ 砂砂漠

㉙ メサ

㉚ ビュート

㉛ 石灰岩

㉜ 溶食

㉝ スロベニア

㉞ ドリーネ

㉟ ウバーレ

㊱ 鍾乳洞

第3節 小地形の地形図読図

① 砂礫··············· 041

② 扇央

③ 水無川〔かれ川〕

④ 扇端

⑤ 水田

⑥ 天井川

⑦ 蛇行··············· 042

⑧ 砂

⑨ 自然堤防

⑩ 泥

⑪ 後背湿地

⑫ 三日月湖〔河跡湖〕

⑬ 自然堤防

⑭ 後背湿地

⑮ 人工堤防

⑯ 泥

⑰ 三角州〔デルタ〕

⑱ 崖··············· 043

⑲ 単調·············· 044

⑳ 微高地〔浜堤〕

㉑ 微高地〔浜堤〕

㉒ 砂丘

㉓ 砂丘

第2章 気候と防災

第1節 気候要素と気候因子

① 年較差（ねんかくさ）………… 048
② 高緯度
③ 6〔5.5～6.5〕…… 049
④ エクアドル
⑤ ケニア
⑥ 年較差
⑦ 日較差（にちかくさ）
⑧ 内
⑨ 沿岸〔海岸〕
⑩ 高圧 ……………… 050
⑪ 低圧
⑫ 下降
⑬ 上昇
⑭ 北
⑮ 南
⑯ 熱帯収束〔赤道低圧〕
⑰ 亜熱帯高圧
　〔中緯度高圧〕
⑱ 亜熱帯高圧
　〔中緯度高圧〕
⑲ 偏西（へんせい）
⑳ 貿易
㉑ 偏西
㉒ 西
㉓ 東
㉔ 貿易
㉕ 北東
㉖ 南東
㉗ 偏西
㉘ 高圧
㉙ 季節風
　〔モンスーン〕
㉚ インドシナ

㉛ 南西
㉜ 北東
㉝ 南東 …………… 051
㉞ 北西
㉟ アルプス
㊱ フェーン
㊲ ボラ
㊳ 北西季節風
　〔北西モンスーン〕
㊴ 太平洋
㊵ やませ
㊶ 台風
㊷ サイクロン
㊸ ハリケーン
㊹ オホーツク …… 052
㊺ 小笠原（おがさわら）
㊻ 梅雨前線
㊼ 南西季節風
　〔南西モンスーン〕
㊽ ヒマラヤ
㊾ 偏西風
㊿ アンデス
51 熱帯収束
　〔赤道低圧〕
52 亜熱帯高圧
　〔中緯度高圧〕
53 乾燥

第2節 ケッペンの気候区分と大陸西岸の降水の季節配分

① 植生（しょくせい）…… 053
② 最寒月平均気温
③ －3
④ －3
⑤ 18

⑥ 18
⑦ 最暖月平均気温
⑧ 10
⑨ 最暖月平均気温
　………… 054
⑩ 最暖月平均気温
⑪ 最暖月平均気温
⑫ 最寒月平均気温
⑬ 10
⑭ ユーラシア
⑮ 最寒月平均気温
⑯ 10
⑰ 3
⑱ 22
⑲ 18
⑳ 西 ……………… 055
㉑ 東
㉒ 熱帯収束帯
　〔赤道低圧帯〕
㉓ 北上
㉔ 南下
㉕ 亜熱帯高圧帯
　〔中緯度高圧帯〕
㉖ 亜寒帯低圧帯
　〔高緯度低圧帯〕
㉗ 熱帯収束帯
　〔赤道低圧帯〕
㉘ Af 気候
　〔熱帯雨林気候〕
㉙ 熱帯収束帯
　〔赤道低圧帯〕
㉚ 亜熱帯高圧帯
　〔中緯度高圧帯〕
㉛ Aw 気候
　〔サバナ気候〕
㉜ 亜熱帯高圧帯

　〔中緯度高圧帯〕
㉝ BW 気候
　〔砂漠気候〕
㉞ Cs 気候
　〔地中海性気候〕
㉟ 亜熱帯高圧帯 …… 056
　〔中緯度高圧帯〕
㊱ 亜寒帯低圧帯
　〔高緯度低圧帯〕

第3節 植生・土壌と各気候区の特徴

① セルバ ………… 057
② ジャングル
③ マングローブ
④ 落葉広葉樹（らくようこうようじゅ）
⑤ 硬葉樹（こうようじゅ）
⑥ 照葉樹（しょうようじゅ）
⑦ 混合林〔混交林〕
⑧ タイガ
⑨ サバナ
⑩ リャノ
⑪ カンポ〔セラード〕
⑫ プレーリー
⑬ パンパ
⑭ ステップ
⑮ 成帯土壌（せいたいどじょう）………… 058
⑯ 間帯土壌（かんたいどじょう）
⑰ 熱帯収束〔赤道低圧〕
　………………… 059
⑱ スコール
⑲ 高床式
⑳ 熱帯収束〔赤道低圧〕
㉑ 亜熱帯高圧
　〔中緯度高圧〕
㉒ ゲル ………… 061

㉓ 季節風

　〔モンスーン〕

㉔ 22

㉕ 照葉樹

㉖ 亜熱帯高圧帯

　〔中緯度高圧帯〕

㉗ 亜寒帯低圧帯

　〔高緯度低圧帯〕

㉘ 地中海性〔Cs〕

㉙ 偏西

㉚ 22

㉛ 北半球…………… 062

㉜ 偏西風

㉝ 永久凍土

㉞ 高床式

㉟ トナカイ

㊱ ヤク

㊲ 氷河

第4節　陸水と海洋

① 氷河……………… 064

② 地下水

③ 氷河

④ グリーンランド

⑤ 自由

⑥ 被圧

⑦ 地盤沈下

⑧ 季節配分………… 065

⑨ 融雪洪水

⑩ 大きい

⑪ 小さ

⑫ 貿易

⑬ 偏西

⑭ 時計〔右〕

⑮ 反時計〔左〕

⑯ 潮目〔潮境〕

⑰ 貿易

⑱ 湧昇流

⑲ エルニーニョ

⑳ 多雨

㉑ 少雨

㉒ ラニーニャ

第Ⅲ編　資源と産業
第1章 農林水産業と食料問題
第1節　農業

① 東南アジア……… 070

② サバナ

③ 雑穀

④ 西アジア

⑤ 小麦

⑥ 中南アメリカ

⑦ 自然……………… 071

⑧ 社会

⑨ 遊牧

⑩ 1,000

⑪ 棚田

⑫ 等高線耕作

⑬ 市場

⑭ 資本

⑮ 野菜

⑯ 集約……………… 072

⑰ 粗放

⑱ 高

⑲ 低

⑳ 高

㉑ 労働生産性

㉒ 家畜……………… 073

㉓ 発展途上

㉔ 販売

㉕ 新大陸

㉖ 社会主義国

㉗ 二圃式…………… 074

㉘ 三圃式

㉙ 飼料……………… 075

㉚ 混合

㉛ 産業

㉜ 商業的混合農業

㉝ 酪農

㉞ 園芸農業

㉟ 飼料……………… 076

㊱ ライ麦

㊲ 豚

㊳ 小麦

㊴ 牛

㊵ コーンベルト

㊶ 生乳

㊷ チーズ

㊸ バルト海

㊹ 五大湖

㊺ 果樹

㊻ 地中海

㊼ オリーブ

㊽ 小麦

㊾ 移牧

㊿ 穀物メジャー … 077

51 アグリビジネス

52 粗放

53 低

54 高

55 プレーリー

56 パンパ

57 ウクライナ

58 マリーダーリング

59 黒土〔黒色土〕

60 センターピボット

61 冷凍船………… 078

62 コーヒー豆

63 モノカルチャー

64 多角化

第2節　農産物と農業統計

① 8………………… 079

5

② モンスーンアジア
③ ドイモイ〔刷新〕
④ パキスタン
⑤ 8
⑥ 黒土（こくど）〔黒色土（こくしょくど）〕
⑦ 2
⑧ 冬
⑨ 春
⑩ 端境期（はざかいき）
⑪ 12……………………080
⑫ 飼料
⑬ バイオエタノール
⑭ ブラジル
⑮ 中国
⑯ ポーランド
⑰ アンデス…………081
⑱ 焼畑
⑲ ナイジェリア
⑳ バイオエタノール
㉑ 18
㉒ 混合
㉓ 飼料
㉔ 北海道
㉕ コートジボワール
㉖ ケニア……………082
㉗ イギリス
㉘ イギリス
㉙ エチオピア
㉚ ブラジル
㉛ 東南アジア
㉜ フィリピン
㉝ アマゾン
㉞ 東南アジア
㉟ マレーシア
㊱ アブラヤシ
㊲ バイオディーゼル
㊳ インドネシア
㊴ 8
㊵ オアシス…………083
㊶ 灌漑（かんがい）
㊷ 乾燥
㊸ 中国
㊹ 繊維（せんい）
㊺ イタリア
㊻ ワイン
㊼ パリ
㊽ 15 ……………………084
㊾ ヒンドゥー
㊿ 10
(51) ドイツ
(52) イスラーム
(53) オーストラリア

第3節 世界の食料問題

① 先進…………………085
② 発展途上
③ 穀類
④ 熱帯雨林
⑤ イモ
⑥ 牧畜
⑦ 遊牧
⑧ 宗教的
⑨ ナイジェリア
⑩ インド
⑪ 日本
⑫ モンゴル
⑬ ブラジル
⑭ 中国
⑮ スペイン
⑯ アメリカ
⑰ 日本 ………………086
⑱ イタリア
⑲ イギリス
⑳ ドイツ
㉑ アメリカ
㉒ フランス
㉓ 米
㉔ トウモロコシ
㉕ 自給
㉖ 灌漑（かんがい）
㉗ 資本
㉘ 格差

第4節 林業

① ロシア……………087
② アメリカ合衆国
③ 日本
④ コンゴ民主共和国
⑤ ブラジル
⑥ アメリカ合衆国
⑦ ロシア
⑧ 薪炭（しんたん）
⑨ 用
⑩ 針葉（しんよう）
⑪ 広葉（こうよう）
⑫ マレーシア
⑬ 日本
⑭ 中国…………………088
⑮ ヨーロッパ
⑯ 針葉
⑰ 中国

第5節 水産業

① バンク……………089
② 潮目（しおめ）
③ プランクトン
④ 労働
⑤ 資本
⑥ 中国
⑦ 内水面
⑧ エビ
⑨ マングローブ
⑩ ノルウェー
⑪ ペルー海流……090
⑫ アンチョビ
⑬ 魚粉（ぎょふん）
⑭ メキシコ湾流
⑮ 北大西洋海流
⑯ 資源管理

第2章 エネルギー・鉱産資源と工業

第1節 エネルギー・鉱産資源

① 薪炭（しんたん）………… 093
② 石炭
③ 石油
④ エネルギー
⑤ 石油危機〔オイルショック〕
⑥ 天然ガス
⑦ アメリカ合衆国
⑧ 発展途上国
⑨ 中国 ……………… 094
⑩ インドネシア
⑪ アメリカ合衆国
⑫ オーストラリア
⑬ サウジアラビア ……… 095
⑭ アメリカ合衆国
⑮ 資源ナショナリズム
⑯ OPEC〔石油輸出国機構〕
⑰ 石油危機〔オイルショック〕
⑱ 原子力
⑲ 省エネルギー
⑳ 需要
㉑ 供給
㉒ シェール………… 096
㉓ シェールガス
㉔ パイプライン
㉕ アメリカ合衆国
㉖ ロシア
㉗ アメリカ合衆国
㉘ 中国

㉙ ノルウェー
㉚ カナダ
㉛ 火山 …………… 097
㉜ ニュージーランド
㉝ デンマーク ……… 098
㉞ オーストラリア
㉟ オーストラリア
㊱ チリ
㊲ カッパーベルト
㊳ アルミニウム…… 099
㊴ ジャマイカ
㊵ オーストラリア
㊶ 都市鉱山

第2節 工業

① イギリス………… 101
② 蒸気機関
③ 鉱産資源
④ 輸入代替型
⑤ 輸出指向型
⑥ 韓国
⑦ 輸送費 ………… 102
⑧ セメント
⑨ 清涼飲料水
⑩ 印刷
⑪ 鉄鋼業（てっこうぎょう）
⑫ 輸送費
⑬ 九州
⑭ インド ………… 103
⑮ 中国
⑯ イタリア
⑰ 日本
⑱ 中国
⑲ アメリカ合衆国
⑳ 石油危機〔オイルショック〕

㉑ 水力…………… 104
㉒ 韓国
㉓ シアトル
㉔ トゥールーズ
㉕ アメリカ合衆国
㉖ 韓国 ……… 105
㉗ シリコンヴァレー
㉘ シリコンプレーン
㉙ エレクトロニクスハイウェー
㉚ ベンガルール〔バンガロール〕
㉛ シリコンアイランド
㉜ パイプライン

第IV編 生活文化と多様性

第1章 生活と文化

第1節 環境問題

① 環境基本………… 108
② スウェーデン
③ UNEP（ユネップ）
④ リオデジャネイロ
⑤ 足尾（銅山）（あしお）（どうざん）… 109
⑥ 水俣病（みなまたびょう）
⑦ イタイイタイ病
⑧ 石炭
⑨ 富栄養（ふえいよう）
⑩ 赤潮（あかしお）
⑪ 硫黄酸化物（いおうさんかぶつ）……… 110
⑫ 窒素酸化物（ちっそ）
⑬ 越境汚染
⑭ フロン
⑮ 紫外線
⑯ 南極
⑰ メタン
⑱ アメリカ合衆国
⑲ 中国
⑳ 炭素税
㉑ ウクライナ ……… 111
㉒ チョルノービリ〔チェルノブイリ〕
㉓ フランス
㉔ 薪炭材（しんたんざい）
㉕ アマゾン
㉖ 不毛地
㉗ サヘル
㉘ 過耕作
㉙ 過放牧
㉚ 塩害

㉛ Recycle ………… 112

　〔リサイクル〕

㉜ Reuse〔リユース〕

㉝ Repair〔リペア〕

㉞ Reduce

　〔リデュース〕

第2節 人口

① 居住地域………… 115

② アジア

③ アフリカ

④ ロシア

⑤ アフリカ

⑥ ヨーロッパ

⑦ バングラデシュ

⑧ 医療〔医薬〕…… 116

⑨ 乳幼児

⑩ 人口爆発

⑪ アフリカ………… 117

⑫ アジア

⑬ ヨーロッパ

⑭ 家族計画………… 118

⑮ 高齢化

⑯ ドイツ

⑰ 自然減少

⑱ ロシア

⑲ 老年

⑳ 富士山

㉑ 釣鐘

㉒ つぼ

㉓ ひょうたん……… 119

㉔ 星

㉕ 一人っ子政策…… 120

㉖ 西アジア

㉗ 家族計画

㉘ 合計特殊出生率

㉙ 少子高齢化

㉚ 北ヨーロッパ

㉛ ユダヤ

㉜ オーストラリア

㉝ シベリア

㉞ 国連難民高等弁務官

　事務所

㉟ スペイン……… 121

㊱ プランテーション

　〔大農園〕

㊲ 東南アジア

㊳ 華人

㊴ コワントン〔広東〕

㊵ ブラジル

㊶ 農業

㊷ ドイツ

㊸ フランス

㊹ 石油危機

　〔オイルショック〕

㊺ メキシコ

㊻ スペイン

㊼ ブラジル

第3節 村落・都市

① 第1次 ………… 124

② オアシス

③ 水害

④ 微高地

⑤ 丘上

⑥ 散村

⑦ 道路

⑧ 林地村

⑨ 砺波平野……… 125

⑩ ホームステッド法

⑪ 土地区画

⑫ 江戸時代

⑬ 北海道………… 126

⑭ タウンシップ制

⑮ 屯田兵

⑯ 長安

⑰ 囲郭都市〔城塞都
　市，城郭都市〕

⑱ 門前

⑲ 定期市

⑳ 宿場町

㉑ イスタンブール

㉒ ロンドン

㉓ ニューオーリンズ

㉔ 碁盤目〔格子〕…… 127

㉕ キャンベラ

㉖ 政治

㉗ サービス

㉘ 生産

㉙ 交易

㉚ 消費

㉛ 商圏 …………… 128

㉜ 札幌

㉝ 仙台

㉞ 広島

㉟ 福岡

㊱ 金沢

㊲ 高松

㊳ 同心円………… 129

㊴ 中心業務地区

㊵ 昼間

㊶ 夜間

㊷ 地価

㊸ ターミナル…… 130

　〔始発・終着駅〕

㊹ 副都心

㊺ 地価

㊻ ドーナツ化

㊼ 住宅

㊽ ニュータウン

　〔ベッドタウン〕

㊾ スプロール

㊿ 大都市

51 ボストン

52 空洞化………… 131

53 スラム

54 モータリゼーション

55 セグリゲーション

56 田園都市構想

57 田園都市

58 スプロール

59 グリーンベルト

60 大ロンドン

61 ウォーターフロント

62 都心回帰

63 景観

64 副都心

65 ジェントリフィケー
　ション ………… 132

66 社会基盤
　〔インフラ，インフ
　ラストラクチャー〕

67 プライメートシティ

68 スラム

69 インフォーマルセク
　ター

第4節 民族問題

① コーカソイド…… 135

② モンゴロイド

③ ネグロイド

④ 単一民族国家…… 136

⑤ スイス

⑥ シンガポール

⑦ アラビア

⑧ スワヒリ

⑨ 旧宗主国（きゅうそうしゅこく）

⑩ カトリック

⑪ 正教会

⑫ 宗教改革

⑬ プロテスタント

⑭ スペイン

⑮ カトリック

⑯ 礼拝……………… 137

⑰ モスク

⑱ スンナ

⑲ シーア

⑳ 大乗仏教（だいじょう）

㉑ 上座（部）仏教（じょうざ ぶ）

㉒ タミル人………… 138

㉓ トルコ

㉔ カトリック

㉕ プロテスタント

㉖ カフカス………… 139

㉗ フランス

㉘ 等質地域………… 140

㉙ 機能地域

第Ⅴ編 世界地誌
第1章 アジア・アフリカ
第1節 東アジア

① 安定陸塊（あんていりくかい）……… 141

② テンシャン

③ 古期造山帯

④ 弧状列島（こじょうれっとう）

⑤ モンスーン…… 142

⑥ 冬季少雨

⑦ 温暖湿潤気候

⑧ 漢（民）………… 143

⑨ イスラーム

⑩ 一人っ子

⑪ 高齢化

⑫ 人民公社……… 144

⑬ 生産責任制

⑭ チンリン山脈・ホワイ川

⑮ 三大鉄鋼基地

⑯ 経済特区

⑰ 郷鎮企業（ごうちんきぎょう）……… 145

⑱ 民工潮（みんこうちょう）

⑲ 西部大開発

⑳ 一帯一路（いったいいちろ）

㉑ リアス………… 146

㉒ オンドル

㉓ キリスト

㉔ ハングル

㉕ インチョン

㉖ ポハン

㉗ アルタイ

第2節 東南アジア

① インドシナ…… 147

② スンダ

③ カリマンタン

④ 海溝（かいこう）

⑤ 三角州（さんかくす）

⑥ マレー

⑦ 熱帯収束〔赤道低圧〕

⑧ マングローブ

⑨ シナ・チベット

⑩ 上座（部）（じょうざ ぶ）……… 148

⑪ マレー・ポリネシア

⑫ イスラーム

⑬ フィリピン

⑭ カトリック

⑮ バリ

⑯ 華僑（かきょう）

⑰ イギリス

⑱ フランス

⑲ タイ

⑳ オランダ

㉑ アメリカ合衆国

㉒ ベトナム

㉓ 東ティモール

㉔ モノカルチャー

㉕ 輸出指向型

㉖ プランテーション …… 149

㉗ 緑の革命

㉘ 二期作（にきさく）

㉙ アグロインダストリー

㉚ 冷凍

㉛ 中継

㉜ 中国

㉝ タミル

㉞ イギリス

㉟ ブミプトラ

㊱ イスラーム

㊲ クアラルンプール

㊳ バンコク

㊴ 2.7

㊵ ジャカルタ

㊶ ヒンドゥー

㊷ 合板（ごうばん）……… 150

㊸ マニラ

㊹ 英語

㊺ ハノイ

㊻ ドイモイ〔刷新〕

第3節 南アジア

① 安定陸塊（あんていりくかい）……… 151

② デカン

③ レグール

④ チベット

⑤ 三角州（さんかくす）

⑥ 南西

⑦ アッサム

⑧ Aw

⑨ ガンジス………… 152

⑩ ジュート

⑪ パンジャブ

⑫ 綿花

⑬ セイロン

⑭ タミル

⑮ パキスタン

⑯ バングラデシュ

⑰ カシミール

⑱ ヒンディー

⑲ 英語

⑳ イスラーム

㉑ ムンバイ

㉒ デリー………… 153

㉓ ジュート

㉔ ダモダル

㉕ ソフトウェア

㉖ バンガロール〔ベンガルール〕

㉗ ウルドゥー

㉘ ベンガル

㉙ 綿花

第4節 中央・西アジア，アフリカ

① アラビア……… 154

② ティグリス

③ ペルシア

④ アルプス＝ヒマラヤ

⑤ 広がる

⑥ 地溝(ちこう)

⑦ アラビア……… 155

⑧ Cs

⑨ BW

⑩ Af

⑪ BW

⑫ Aw

⑬ Cw

⑭ 亜熱帯高圧帯

⑮ ナミブ

⑯ サヘル

⑰ 砂漠化

⑱ 環境

⑲ コーカソイド…. 156

⑳ インド

㉑ ペルシア

㉒ アルタイ

㉓ イスラエル

㉔ クルド

㉕ ネグロイド

㉖ マダガスカル

㉗ キリスト

㉘ スワヒリ

㉙ エチオピア

㉚ カナート……… 157

㉛ 外来河川

㉜ ナツメヤシ

㉝ オリーブ

㉞ キャッサバ

㉟ 雑穀(ざっこく)

㊱ ギニア

㊲ OPEC(オペック)

㊳ メジャー

㊴ ドバイ………… 158

㊵ アルジェリア

㊶ ナイジェリア

㊷ 南アフリカ共和国

㊸ カッパーベルト

第2章 ヨーロッパ・ロシアとその周辺

第1節 ヨーロッパ

① 新期造山帯…… 163

② 安定陸塊(あんていりくかい)

③ ケスタ

④ 古期造山帯

⑤ 大陸氷河〔氷床(ひょうしょう)〕

⑥ リアス海岸

⑦ スロベニア

⑧ テムズ

⑨ エスチュアリー

⑩ 三角州

⑪ ET

⑫ Df

⑬ Cs………………… 164

⑭ 北大西洋

⑮ 偏西風(へんせいふう)

⑯ 年較差(ねんかくさ)

⑰ ゲルマン

⑱ ラテン

⑲ スラブ

⑳ ウラル

㉑ バスク

㉒ プロテスタント

㉓ カトリック

㉔ カトリック

㉕ イスラーム

㉖ ECSC…………… 165

㉗ EEC

㉘ EC

㉙ マーストリヒト

㉚ ブリュッセル

㉛ フランクフルト

㉜ (域内) 移動

㉝ 支持価格……… 166

㉞ 補助金

㉟ 財政負担

㊱ 難民

㊲ 拠出金

㊳ スコットランド

㊴ スペイン

㊵ リスボン

㊶ 遊牧

㊷ 酪農(らくのう)

㊸ 混合農業

㊹ 移牧(いぼく)

㊺ ポーランド…… 167

㊻ スウェーデン

㊼ 蒸気機関……… 168

㊽ 炭田立地

㊾ 臨海立地

㊿ 先端技術

(51) 青いバナナ〔ブルーバナナ〕

第2節 ロシアとその周辺諸国

① カフカス……… 170

② レナ

③ テンシャン

④ 東ヨーロッパ

⑤ ET………………… 171

⑥ タイガ

⑦ Df

⑧ Dw

⑨ 偏西風(へんせいふう)

⑩ 高床式

⑪ カスピ海

⑫ 黒海(こっかい)

⑬ 北極海

⑭ 洪水

⑮ アラル海

⑯ 綿花

⑰ 社会主義国 ……… 172

⑱ バルト3国

⑲ バルト語

⑳ エストニア

㉑ プロテスタント

㉒ カトリック

㉓ モルドバ

㉔ 正教会 ………… 173

㉕ ウクライナ

㉖ コルホーズ

㉗ ソフホーズ

㉘ ダーチャ

㉙ トナカイ

㉚ 大麦

㉛ チェルノーゼム

㉜ 小麦

㉝ 酪農

㉞ コンビナート ……174

㉟ 原料立地

第3章 南北アメリカ

第1節 北アメリカ

① 新期造山帯 ……… 178

② ずれる

③ サンアンドレアス

④ 古期造山帯

⑤ 安定陸塊

⑥ ホットスポット

⑦ 氷河

⑧ フィヨルド

⑨ エスチュアリー

⑩ 三角州 …………179

⑪ ET

⑫ Df

⑬ Cfb

⑭ Cfa

⑮ Am

⑯ B〔BW・BS〕

⑰ Cs

⑱ ハリケーン

⑲ モンゴロイド…… 180

⑳ スペイン

㉑ フランス

㉒ プランテーション

㉓ ヒスパニック

㉔ セグリゲーション

㉕ ホームステッド

㉖ フロンティア …… 181

㉗ 穀物メジャー

㉘ アパラチア ……… 183

㉙ メキシコ

㉚ アラスカ

㉛ ラブラドル

㉜ ロッキー

㉝ ボストン ……… 184

㉞ 綿花

㉟ ピッツバーグ

㊱ デトロイト

㊲ サンベルト

㊳ スノーベルト〔フロストベルト，ラストベルト〕

㊴ シェール

㊵ ICT〔情報通信技術〕

㊶ イギリス ……… 185

㊷ ケベック

㊸ オタワ

㊹ 政治

㊺ プレーリー …… 186

㊻ 春小麦

㊼ トロント

㊽ ヴァンクーヴァー

第2節 中南アメリカ

① 環太平洋 ……… 188

② メキシコ高原

③ 弧状列島

④ Aw

⑤ ハリケーン

⑥ ペルー

⑦ アンデス

⑧ 安定陸塊

⑨ 三角州

⑩ エスチュアリー

⑪ フィヨルド

⑫ セルバ

⑬ Aw

⑭ オリノコ

⑮ カンポ〔セラード〕

⑯ パンパ ………… 189

⑰ Cs

⑱ Cfb

⑲ ET

⑳ ペルー

㉑ 上昇気流

㉒ 海岸

㉓ パタゴニア

㉔ インディオ

㉕ メスチーソ

㉖ ムラート

㉗ アステカ ……… 190

㉘ インカ

㉙ カトリック

㉚ スペイン

㉛ ポルトガル

㉜ 英

㉝ フランス

㉞ ファゼンダ

㉟ エスタンシア

㊱ バナナ ………… 191

㊲ コーヒー（豆）

㊳ 端境期

㊴ パタゴニア

㊵ 魚粉

㊶ プライメートシティ

㊷ 液状化現象 …… 192

㊸ マキラドーラ

㊹ 北米自由貿易協定

㊺ サンパウロ

㊻ リオデジャネイロ

㊼ ブラジリア

㊽ アマゾン横断道路

㊾ リオデジャネイロ

第4章 オセアニア

第1節 オセアニア

① 安定陸塊………… 195

② エアーズロック

③ 古期造山帯

④ 新期造山帯

⑤ グレートバリアリーフ

⑥ Aw

⑦ Cfa

⑧ Cs

⑨ イギリス………… 196

⑩ 白豪主義

⑪ EC

⑫ アボリジニ

⑬ シドニー

⑭ キャンベラ

⑮ 被圧

⑯ スノーウィーマウンテンズ

⑰ 鉄鉱石………… 197

⑱ 石炭

⑲ 羊毛

⑳ イギリス

㉑ 中国

㉒ フィヨルド

㉓ 偏西風

㉔ ウェリントン

㉕ マオリ………… 198

㉖ ニューギニア

㉗ ニューカレドニア

㉘ タヒチ

㉙ ムルロア

第Ⅵ編 現代世界の日本の国土像

第1章 日本

第1節 日本の自然環境や産業

① 海洋……………… 201

② 太平洋

③ 大陸

④ 東北

⑤ ユーラシア

⑥ 海溝

⑦ 弧状列島

⑧ フォッサマグナ

⑨ 中央構造線

⑩ 海溝

⑪ 活断層

⑫ 北西……………… 202

⑬ 風上

⑭ 風下

⑮ 梅雨

⑯ 秋雨〔秋霖〕

⑰ 北海道

⑱ 亜寒帯〔冷帯〕湿潤気候

⑲ 温暖湿潤気候

⑳ 瀬戸内

㉑ 土地……………… 203

㉒ 労働

㉓ 高齢化

㉔ 耕作放棄地

㉕ 野菜 ⎫
㉖ 肉類 ⎭ ※順不同

㉗ 小麦

㉘ 飼料

㉙ 自作農………… 204

㉚ 食糧管理

㉛ 減反（政策）

㉜ 畜産物

㉝ 単作

㉞ 副業

㉟ 野菜

㊱ 主業

㊲ リンゴ

㊳ ブドウ

㊴ ミカン

㊵ 山地……………… 205

㊶ インドネシア

㊷ 丸太

㊸ カナダ

㊹ 人工林

㊺ 針葉樹

㊻ 過疎

㊼ 土砂災害

㊽ 水源

㊾ アメリカ合衆国

㊿ 石油危機〔オイルショック〕

51 排他的経済水域

52 沖合漁業

53 栽培……………… 206

54 四大工業地帯

55 生糸

56 高度経済成長期

57 加工

58 輸出

59 鉄鋼

60 貿易摩擦

61 輸入

62 愛知……………… 207

63 印刷

64 卸売業………… 208

65 名古屋………… 209

66 福岡

67 人口

68 最寄り品

69 買い回り品

70 郊外

71 公共交通機関

72 ベビーブーム

73 過疎

74 神奈川県

75 奈良県

76 石油危機〔オイルショック〕

77 Uターン………… 210

78 Jターン

79 高齢

80 自然増加率

81 臨海

82 都心回帰

第Ⅰ編 地図でとらえる現代世界①
(地球・地図と GIS) 016

❶解答	①
❷解答	④
❸解答	①
❹解答	④

第Ⅰ編 地図でとらえる現代世界②
(現代世界の結びつき) 029

❶解答	①
❷解答	①
❸解答	②
❹解答	④

第Ⅱ編 自然環境① (地形と防災) 045

❶解答	③
❷解答	②
❸解答	③
❹解答	②
❺解答	②
❻解答	④

第Ⅱ編 自然環境② (気候と防災) 066

❶解答	②
❷解答	②
❸解答	①
❹解答	②
❺解答	②
❻解答	②
❼解答	①
❽解答	③

第Ⅲ編 資源と産業①

（農林水産業と食料問題） 091

❶解答	③
❷解答	②
❸解答	③
❹解答	③

第Ⅲ編 資源と産業②

（エネルギー・鉱産資源） 100

❶解答	④
❷解答	③

第Ⅲ編 資源と産業③（工業） 106

❶解答	④
❷解答	③
❸解答	②
❹解答	③

第Ⅳ編 生活文化と多様性①

（環境問題） 113

❶解答	①・⑤
❷解答	④
❸解答	⑥
❹解答	②

第Ⅳ編 生活文化と多様性②（人口） 122

❶解答	②
❷解答	④
❸解答	②
❹解答	①

第Ⅳ編 生活文化と多様性③

（村落・都市） 133

❶解答	④
❷解答	②
❸解答	④
❹解答	④

第Ⅴ編 世界地誌①
（アジア・アフリカ）　　　161

❶解答　　②
❷解答　　③
❸解答　　⑤
❹解答　　⑤

第Ⅴ編 世界地誌②
（ヨーロッパ・ロシアとその周辺）　　　176

❶解答　　②
❷解答　　④
❸解答　　⑥
❹解答　　③

第Ⅴ編 世界地誌③（北アメリカ）　　　187

❶解答　　②
❷解答　　①
❸解答　　⑤

第Ⅴ編 世界地誌④（中南アメリカ）　　　193

❶解答　　③
❷解答　　①
❸解答　　②

第Ⅴ編 世界地誌⑤（オセアニア）　　　199

❶解答　　①
❷解答　　②
❸解答　　⑤

第Ⅵ編 現代世界の日本の国土像　　　214

❶解答　　⑤
❷解答　　⑥
❸解答　　①
❹解答　　②